# WEIFANYING XINLIXUE

# 微反应心理学

## 人际交往中的心理策略

张静波◎编著



中国社会出版社
国家一级出版社·全国百佳图书出版单位

**图书在版编目（CIP）数据**

微反应心理学 ：人际交往中的心理策略 / 张静波编著. -- 北京 ：中国社会出版社，2020.8（2025.1 重印）
ISBN 978-7-5087-6377-4

Ⅰ.①微… Ⅱ.①张… Ⅲ.①心理交往－通俗读物
Ⅳ.①C912.11-49

中国版本图书馆 CIP 数据核字（2020）第 133638 号

**微反应心理学：人际交往中的心理策略**

**出 版 人：**程　伟
**终 审 人：**王　前
**责任编辑：**刘云燕
**策划编辑：**杜　康
**装帧设计：**尹　帅
**出版发行：**中国社会出版社
（北京市西城区二龙路甲 33 号　邮编 100032）
**印刷装订：**中国电影出版社印刷厂
**版　　次：**2020 年 9 月第 1 版
**印　　次：**2025 年 1 月第 3 次印刷
**开　　本：**170mm×240mm　1/16
**字　　数：**250 千字
**印　　张：**15
**定　　价：**45.00 元

---

# 序　言

在人际交往中，我们总是渴望一眼看穿对方。

英国侦探小说家柯南·道尔笔下的福尔摩斯似乎就有这种能力，他在实验室第一次见到华生时，就判断出对方去过阿富汗，还当过军医。

清代中兴名臣曾国藩也是一位读心高手，凡是经他断定的人，基本上八九不离十。

福尔摩斯的本领来自其细心的观察和严谨的逻辑分析，曾国藩的本领则来自其数十年阅人无数的经历。那么，作为普通人，我们也可以拥有这样的能力吗？答案是肯定的。

研究表明，人在受到意外刺激时，第一反应是减少身体动作，保持瞬间静止，以便看清状况并作出判断。这种身体突然僵住的反应是本能的，不受大脑意识的控制。

心理学家将这种反应称为心理应激微反应，简称微反应。它转瞬即逝，但却真实反映了人内心吃惊、恐惧、愤怒或喜悦等心理感受。即便是最高明的伪装高手，也不可能将这种微反应完全隐藏起来。

微反应为我们察言观色、洞悉人心提供了很好的渠道。近年来，很多心理学家都对这种心理活动进行了大量研究，并形成一系列的读心术理论。例如，肢体语言专家亚伦·皮斯为我们总结了各种肢体动作所蕴含的心理意义，心理学家保罗·艾克曼则为我们揭示了谎言背后的微表情信号。

如果说上述研究还停留在学术层面的话，热播剧《别对我撒谎》（*Lie To Me*）则为读心术的普及起到了推波助澜的作用。正是在它的推动下，神秘的读心术开始为人们所熟知。

如今，读心术已经在全球范围内得到了广泛应用。神探邦德所在的英国军情六处就邀请保罗·艾克曼对其特工进行读心术的培训，而大名鼎鼎的美国联邦调查局（FBI）则在近百年的发展中积攒了大量的经验，其中不少曾在

FBI 担任要职的专家如乔·纳瓦罗，更是著书立说，向人们介绍自己多年来在FBI 的读心体会。

在本书里，你将领略到肢体语言和心理学领域的最新研究成果，包括上述专家的研究心得。这些知识将有助于你拨开云雾见晴天，看懂他人内心的真实世界。

当然，读心只是人际交往的第一步。古往今来，凡成大事者，或者有心计的人，不仅善于观察他人不曾留意的细节，而且总是懂得在读心的基础上，运用相应的心理策略来处理常见的人际关系问题。虽然他们对这些策略并没有清晰的概念，但是，在他们看来，这一切似乎水到渠成，再自然不过。换句话说，这些心理策略已经融入他们的日常生活中。

在本书中，你将看到富兰克林在面对政敌的挑衅时，如何通过请对方帮个小忙，成功地化解了对方的敌意；斯大林在面对罗斯福的核威慑时，如何通过沉默策略，成功地瓦解了对方的企图；林肯在面对下属的责难时，如何通过背后赞美，成功地俘获了对方的心。

人与人的交往，就是心与心的较量。掌握这些心理策略，你就能成为人际关系的赢家！

# 目录
Contents

## 上篇　心理洞察术

上篇

# 心理洞察术

# 第一章 肢体读心策略

DIYIZHANG

## 眼睛：心灵的窗户

**心理策略：**在人类的五官中，眼睛是最灵敏也是最诚实的。一个人瞳孔的变化、眨眼的频率、目光的投向、眉毛的轻扬和眼球的运动，无不在诉说着他的内心世界。因此，想要了解一个人内心的真实想法和意图，首先就要观察他的眼睛。

眼睛是最能反映人们内心世界的一扇窗户。当我们看到令人厌恶或是恐惧的事情时，我们会迅速闭上双眼，甚至用手遮住自己的眼睛；而当我们看到令人兴奋或是高兴的事情时，我们的瞳孔会迅速变大，眼睛也因此而变得炯炯有神。

人们很早就知道通过眼睛来解读别人的内心。例如，古代波斯商人在出售首饰时，通常会根据顾客瞳孔的大小来要价，如果一枚戒指的熠熠光泽能使顾客的瞳孔扩张，他们就会借机抬价。而在我国战国时期，著名思想家孟子更是把眼神作为判断人心善恶的基准。

由此可见，眼睛在传递感情和洞悉人心方面，确实发挥着重要的作用。

**瞳孔变化**

我们都知道，瞳孔是眼睛用来控制进光量的，瞳孔放大进光增多，瞳孔缩小进光减少。因此，在黑暗中，为了看得更清楚，人们的瞳孔会变大。然而，很少有人知道，情绪的变化同样会影响瞳孔的大小。这是美国心理学家埃克哈特·赫斯偶然间发现的。

有一次，赫斯躺在床上翻阅一本精美的画册。当时，卧室里的光线并不暗，可是赫斯的妻子却发现，丈夫的瞳孔大得出奇。这是为什么呢？赫斯百思不得其解。临睡前，他突然想到：也许瞳孔的大小与人的情绪反应密切相关。

事后的实验证明了赫斯的猜想。如今，心理学家已经证实，人们在兴奋、紧张或愉悦时，瞳孔会比平时扩张四倍，而在生气、厌恶或疲倦时，瞳孔则会收缩。

更重要的是，瞳孔的运动是独立、自觉、不受意识控制的。这意味着，人的言行可以作假，眼神却无法掩饰。经验老到之人深谙于此。在牌桌上，我们经常看到戴墨镜的玩家，而电影里的特工或保镖也总是墨镜不离身，他们唯恐自己的瞳孔泄露了天机。

**眨眼频率**

眨眼睛原本是一种很自然的生理反应，在正常而放松的状态下，人们每分钟眨眼 6—8 次，每次闭眼的时间不超过 1/10 秒。然而，突然增加或放缓的眨眼频率，则往往暗示着人们心理上的某些变化。

心理学家告诉我们，眨眼频率与内心的紧张程度密切相关。当人们感觉紧张或压力巨大时，眨眼频率会迅速增加。美国前总统尼克松就是一个很好的例子。当他在公众场合被问及某些棘手的问题时，尽管言辞依然镇定，但不断张闭的眼睑却出卖了他。

相反，当人们感觉厌倦、无趣或是高人一等时，眨眼频率会变得很拖沓，甚至闭上眼睛不愿睁开。这是他们对某人失去兴趣的信号，潜台词是：你的话太无趣了，我不想再听了！

需要注意的是，诸如干燥的空气、花粉之类的因素，也会使人增加眨眼率。

**目光投向**

在人际交往中，两个人之间的沟通离不开彼此的眼神交流。因此，对方注视我们的时间有多长，或者他们的目光投向哪里，往往揭示了其内心的活动。

英国心理学家迈克尔·阿盖尔发现，人们在交谈时，平均有 61% 的时间在注视对方。尽管该结果存在东西方的差异，但注视时间的长短确实反映了人们的某种心理。过长时间的盯视暗含挑衅的味道，给人一种不安全感，而过短时间的注视则暗含厌倦或怯懦的味道。

值得注意的是，转移目光是典型的对谈话失去兴趣的表现。当你和某个特别讨厌的人说话时，你会本能地避开对方的目光，以寻求摆脱这个人的办法。当然，转移目光也有可能是屈从的表示，例如当你因为犯错而遭受上司的责骂时，你可能会采取上述姿势。

**眉毛轻扬**

眉毛轻扬是一种下意识的反应，早在远古时代，人类就利用这个姿势来向距离稍远处的人们打招呼，其目的在于吸引对方的注意力，告诉对方自己正在向他问好。

时至今日，这个“反重力”动作被人们赋予了更多的含义。一般来说，眉毛轻扬时，人的眼睛会相应睁大，眼部吸收进更多的光。这样的姿势，暗含了对人顺从、谦恭和肯定的态度。英国前首相布莱尔就经常轻扬眉毛，以此来表示自己同意并尊重对方的意见。

事实上，这也正是我们和家人或者朋友见面时，眉毛总是会上翘的原因。

**遮住双眼**

当人们看到他们不愿意或者不喜欢看的东西，通常会遮住双眼。这是人们身体感到不舒服的情况下，作出的一种反应，还包括揉眼或眨眼等形式。

举个例子，当你请一位朋友帮个忙，对方虽然同意了，但同时揉了揉眼睛，那说明他并不情愿。

这种遮挡眼睛的动作，清晰地表明了对方的不愿意，或者不舒服。例如，每当乔·拜登说出自己不喜欢的话时，奥巴马总统通常都会这样做。

遮挡双眼是对惊恐、怀疑或分歧的有力展示。这实际上是一种先天行为：即使是天生失明的孩子，在听到坏消息时，也会遮住眼睛。

**眼神接触**

眼神接触会告诉我们很多信息。

例如，当人们说谎时，他们实际上会进行更多的目光交流。他们看着你的眼睛，以便判断你是否相信他们的谎言。

一般情况下，当你和一个人在一起感到很放松、很舒适时，你是不会紧盯着他们看的，更可能是环顾四周。

当然，这也取决于文化因素。

例如在美国，你可以凝视某个人约两秒钟，而不会令他们感到不适。但在阿拉伯或拉丁美洲，这一时间需要长得多。

**持久的眼神交流**

在大多数文化中，与人的眼神交流都是正常的。

但这种对视不宜太久，否则会让对方不舒服。事实上，持久的目光接触通常被认为是一种恐吓手段。

即使在人与动物之间，也不例外。很多孩子之所以被小狗袭击，原因之一，就是他们过于频繁地与宠物进行眼神交流，使其感受到威胁。

**睁大眼睛**

当你指责某人时，你可能会看到他们睁大眼睛看着你。

这是因为人们对自己感到作呕、厌恶的事情，或者感到被指责、被冤枉时，通常会睁大眼睛。

不过，睁大眼睛可以有很多不同的含义，这取决于其他的面部表情。

例如，眼睛睁开，脸颊凹陷，可能表示恐惧。抬起眉毛（拱形）和微笑，表示幸福和兴趣。睁大眼睛，然后恢复正常，略看一眼，这表示惊讶。

**蒙上眼睛**

如果你在讲一个冗长的故事，听众的眼睛望向远处，那表明他们对你的故事可能已经不感兴趣。

如果他们感到很无聊，他们的眼皮会下垂。在其他情况下，他们可能会半闭眼，因为他们对谈话的内容不感兴趣，试图躲避。

如果你正在约会，这是一个很明显的信号，表明对方不太感兴趣。

**眼球运动**

神经科学家告诉我们，人类在思考时，大脑里的不同区域会被激活，而这会导致眼睛以不同的方式运动。因此，通过观察他人的眼球运动，可以解读出他们正在回忆某个过去看过、听过或是摸过的东西。20 世纪 70 年代末，美国心理学家班德勒和葛瑞德在此基础上，提出了眼睛解读线索（EAC）理论，阐述了不同眼球运动所代表的含义。

具体来说，眼球向左上方移动，表示人们在回忆某个真实的画面，而向右上方移动，则表示人们在脑海里创建某个新的画面；眼球向左平行移动，表示人们在回忆某些声音，而向右平行移动，则表示人们在创建新的声音；眼球向右下方移动，表示人们在回忆某种感觉。

有趣的是，根据EAC理论，要判断一个人是否在说谎，只要问他某些必须要回忆才能想起的细节，然后观察他的眼睛即可。如果他在说谎，那么眼球会向右上方移动。

## 鼻子：鼻子胀大表示不满

**心理策略：**鼻子是整个面部的中心，它虽然不能像眉毛、嘴巴一样大幅度运动，但这并不意味着它对人内心的变化就“无动于衷”。不管在中国的相学领域，还是在西方对面部特征的研究中，鼻子都有着非同凡响的意义。在面相大师们看来，鼻子掌管着人的财运，而在西方人眼中，鼻子大小则代表着性能力的强弱，那么这样的判断是否准确、科学呢？

如同世上没有两片相同的树叶一样，每个人的鼻子也都有其自己的个性，有的人塌鼻梁、大鼻头，有的人则是高挺的鹰钩鼻，还有的人是小巧玲珑的纽扣鼻，也有鼻孔稍上翻的朝天鼻……尽管中国相学对于鼻子的外形颇有研究，认为其代表着一定的性格以及处事方法等，但并不一定都是正确的，所以千万不要被这些信息误导。如果想通过鼻子了解对方是怎样的人，不妨借助科学的微表情解读法来识破鼻子的“秘密”。

**鼻孔扩张**

正常情况下，鼻孔由于吸气和呼气所引起的变动是很小的，视觉很难发现其差别，但在人们深呼吸或急促呼吸时则表现得非常明显。如果发现对方鼻孔大幅度扩张，排除运动、搬动重物等引起的呼吸急促外，一定是由其内心活动引起的。一般来说，鼻孔扩大表示兴奋、紧张等情绪，这是因为当人处于这两种情绪状态中时，呼吸和心跳都会不由自主地加快，而呼吸加快自然会使鼻子产生鼻孔扩张的现象。

**鼻翼煽动**

鼻翼煽动往往代表着强烈的情绪波动，尤其是在无比愤怒的时候，鼻孔张得很大，与此同时鼻翼也会有较大幅度的运动。值得注意的是，由于每个人的鼻翼大小不同、厚薄不同，其运动的幅度也会存在很大差别，这就要求我们必须仔细观察或结合其他面部微表情来综合判断，以免引起不必要的判断失误。

**鼻子胀大**

成语“嗤之以鼻”相信大家都比较熟悉。所谓嗤之以鼻，顾名思义，就是用鼻孔出气吭声来表达自己不满、轻视、不屑等情绪。从生理学的角度来看，用鼻孔出气会引发鼻子的形态变化，具体表现为鼻翼胀大，且微微向上皱起。反过来，我们也可以通过鼻子形态的变化来窥视对方内心的真实想法。

**鼻子皱起**

皱鼻子是人在闻到难闻气味时的一种条件反射，引申到社交活动中，则表示对看到的人或事不喜欢、内心抗拒、厌恶。在社交活动中，皱鼻子往往代表着一种傲慢、不屑一顾的态度。遇到这样的人，我们最好避而远之，因为无论你多么热情、友好，都会被对方自动划分到“垃圾”的行列，既然如此，又何必自讨没趣呢？

**鼻头出汗**

当人体需要出汗散热的时候，鼻子肯定不是第一首选，所谓“事有反常即为妖”，如果明明不热，对方额头也没有半点汗珠，但鼻头上却大汗淋漓，那么毫无疑问，其内心必定在“天人交战”，十分焦躁不安。此外，过度紧张也会出现鼻头出汗的表征。

**抚摸鼻子**

如果你真的很口渴，打开冰箱却什么也找不到，那会发生什么？你一定很沮丧，紧接着会作出一些负面的肢体语言，例如触摸鼻子。

千万不要简单地以为对方摸鼻子只是为了生理挠痒，这种情况确实存在，但除此之外这也是一种下意识的举动，暗含着不为人知的内心秘密。人之所以会抚摸鼻子，是为了寻求答案或安慰。当我们对某个人或某件事产生怀疑，或者遇到难题时，往往会下意识地抚摸鼻子以寻求比较好的应对之策。

# 嘴巴：情感宣泄的重要通道

**心理策略：**说起嘴巴，人们首先想到的是它的说话功能。殊不知，嘴巴也是人体肌肉异常发达的区域，能够轻易做出各种各样的动作，而不同的嘴部动作暗示了不同的心理活动。因此，观察并理解嘴部动作的含义，是打开人们内心世界的一把钥匙。

生理学告诉我们，人的脸部肌肉会随着感情的变化而变化，其中尤以眼睛和嘴部四周的肌肉最为明显。根据嘴角弧度的不同，嘴部动作可以分为很多种，或张开或闭合，或向上或向下，或向前或向后，或抿紧或放松，不同的嘴部动作反映了不同的心理活动。例如，嘴角上扬表示喜悦，嘴角下垂表示痛苦，嘴巴大张表示惊讶，嘴唇紧闭表示生气，等等。

心理学家对嘴部动作很感兴趣，并做了大量研究。接下来，我们就来看看，不同的嘴部动作都揭示了怎样的心理秘密。

**咬嘴唇**

咬嘴唇其实是释放压力的一种方式，当人们心有愤怒或怨恨，却又苦于无处发泄时，常常以此来表达自己内心的不满和紧张。例如，英国已故王妃戴安娜就常常咬嘴唇。而当我们遭遇失败等情形时，也常常会做出咬嘴唇的动作，似乎是在有意惩罚自己。

心理学家认为，咬嘴唇的动作源于婴儿时期的吮吸动作，类似的动作还包括咬指甲、咬笔杆或嚼口香糖等。这些动作不仅能帮助我们摄入必需的营养，还能帮助我们平复心情。

**舔嘴唇**

当人们面临很大的压力时，通常会感到口干舌燥，于是会用舌头不断地舔舐嘴唇，以便让它湿润些。同样的道理，当人们感到不自在或者心理紧张时，也会用舌头反复地摩擦嘴唇，以此来安慰自己，并试图使自己镇定下来。

然而，在人际交往中，过多地舔舐嘴唇并不会令人感到更自信，相反地，它会让人感到更加紧张。因此，类似这样的抚慰性动作还是尽量少一些的好。

**捂嘴**

捂嘴的动作常见于孩童。当孩子们撒了谎之后，他们可能会立刻用一只手或双手捂住自己的嘴巴，似乎是想以此来管住自己的嘴巴，不让其再说出不该说的话。

成年以后，人们很少再做出如此夸张的举动。但是，每当他们撒了谎，或者说错了话之后，依然会把手伸向嘴巴，似乎是想以此来收回刚才所说的话。只不过，他们举起的手并没有放在嘴巴上，而是在轻轻划过鼻梁后，最终又归于原位。

**噘嘴**

当一个人的嘴唇往前噘的时候，往往表明他心存不满情绪或者不同意见。从心理学的角度来看，这是当事人希望将不满意的意见“拒之门外”的意思。我们经常看到，在开会时，当一个人不同意其他人的意见时，往往会做出这样的举动。

值得注意的是，除了心存不满外，噘嘴的动作也常见于爱撒娇的女性。因此，具体分析时，要联系不同的肢体语言和情景来作出判断，不能一概而论。

**撇嘴**

当人们不开心的时候，经常会做出下唇向前伸、嘴角下垂的动作，也就是我们常说的撇嘴。与嘴角上扬表示喜悦相反，撇嘴的动作表达了一种负面的情绪。每当人们感到悲伤、绝望、愤怒或者不屑、鄙夷的时候，他们脸上就会浮现出这样的表情。

事实上，无论在克林顿深陷与莱温斯基的性丑闻，还是小布什被指责伊拉克情报失误的时候，我们都能从他们脸上观察到这一经典的动作。

**抿嘴**

当人们面临压力时，一种常见的反应是藏起或拉紧自己的嘴唇。随着压力越来越大，原本丰满的嘴唇会逐渐变得扁平，最终成为一条直线。此时，人们的情绪和自信也跌至谷底。

从心理学的角度来看，嘴唇紧抿是自我抑制的表现，就好像是大脑在告诉我们“紧闭嘴巴，不要让任何东西进入身体里”。这个动作将当事人的焦虑之情暴露无遗。

**紧闭双唇**

这种嘴巴表情表明某种情绪上的紧张或自我克制。可能是愤怒、悲伤、焦虑或沮丧——取决于具体情况。

尽管这种像水坝一样的表情，与消极情绪相关，但也将其视为一种刚硬的个人力量——即使面对坏消息，也能保持镇定。

当然，并非所有人都认为这是一种很好的品质，因为它看上去冷淡而有点强势。

相反，在令人兴奋的场合，例如一对夫妇想要亲吻时，他们的嘴唇通常会稍微松动，并且看向对方的嘴唇。

**挤压嘴唇**

通过挤压嘴唇，可以产生很多嘴部表情。

例如，嘴唇会形成圆形但紧实的形状。想象一下，一个脾气暴躁的老太太，挤压嘴唇，神情严肃，看上去很愤怒的样子。

有时候，这种表情也表现出对方的犹豫不决，不知道该怎么办。

## 下巴：情绪的密码解锁器

**心理策略：**如果你以为下巴只是脸的组成部分，根本没什么表情可言的话，那就大错特错了。美国FBI通过长期的工作经验发现：下巴很难做出大幅度运动，但这并不代表下巴不会动，实际上下巴的运动幅度是相当轻微的，这些轻微的运动用“另一种语言”展现着人们的内心变化。在日常社交活动中，只要我们仔细观察，就能够破解下巴上隐含的心理密码。

在五官当中，下巴位于最下端，是最容易被忽略的部分之一。在绝大多数人看来，直接盯着他人的下巴看是极其不礼貌的，只有关系暧昧的异性或情侣、夫妻等才会含情脉脉地将目光低垂到下巴等较私人的位置。这种思维是比较科学的，因此如果不想被人误会，我们在观察对方下巴的微变化、微表情时就一定要掌握好度，尽量减少视线的停留时间。那么，下巴上究竟隐藏着怎样的秘密，值得我们冒着被人误解的风险去观察和破解呢？

**压低下巴**

喜欢压低下巴的人往往有较强的控制欲，这种控制欲体现在社交活动中表现为：如果其观点、话语或行为得不到周围人的重视，他们就会陷入情绪爆发的边缘，轻则满脸不高兴，重则怒气冲冲，甚至暴跳如雷。压低下巴的人喜欢争强好胜，如果得不到认可，往往就会十分较真地用行动与人一争高低，势必要分出一个胜负。

当然，这并不意味着他们不容易接近，这类人一般都是“直肠子”，性格直爽，待人坦诚，原则性很强，只要不算计、不轻视、不触及他们的底线，是很容易深交并获得信任的。

**抬高下巴**

心理学研究发现，下巴与人的心理状态紧密相连，当自信心爆棚的时候，我们往往会无意识地抬高下巴；反之，当自信心严重不足时，则会不由自主地压低下巴。

抬高下巴与“鼻孔朝天”常常会同时出现。有意思的是，两者所传达的情绪信息也有着惊人的相似之处。那些目中无人、十分傲慢的人最喜欢抬着下巴走路，以显示他们的高高在上，但并不是所有抬高下巴的动作都代表着傲慢。从某种程度而言，下巴代表着人的自我主张，下巴抬得越高表示其主心骨越强，反之则是一个没什么自我主见的人。此外，下巴抬高还有“攻击”的意味，尤其是当人处于愤怒当中时，常常会将下巴抬高并伸向对方，仿佛这样做就能把愤怒情绪抛给对方，从而达到宣泄情绪或攻击对方、威慑对方的目的。

**下巴平缓**

除了压低下巴和抬高下巴外，最常见的下巴运动就是与头部动作保持一致，既不凸出也不压低下巴以减少存在，这类人的性格往往处于自信与自卑之间，他们性格温和，即便遇到不喜欢的人或事也不会针锋相对，而是本着“以和为贵”的原则后退一步，保持冷淡。

在社交活动中，我们很容易被这类人的好脾气所欺骗。实际上，他们的好脾气可不意味着就是“受气包”。从内心角度而言，他们的原则性很强，之所以一直表现出“老好人”的样子，是因为他们有一双洞察世事的眼睛，对人对事都看得透彻，所以做事沉稳，能够控制自己的极端情绪。千万不要轻易触犯这类人的底线，否则一旦发起怒来，他们能一秒钟变身“地狱修罗”，让所有人都望而生畏。

**下巴移位**

很多人在承受压力时，会将颌骨偏向一侧。

当他们遇到困难、信心不足或有疑问时，被抓到做错事时，焦虑以及说谎时，通常会做出这样的动作。

下巴移位本身并不是欺骗的信号，但它清晰地表明某人正在为某事而苦苦挣扎，有问题或可能受到关注。

这种特殊的动作，在一定程度上有助于缓解压力。

当你这样做时，会刺激下巴中的神经。这就是为什么在压力很大时，我们要扭动双手、抚摸头发或按摩太阳穴的原因。这些外部刺激有助于我们平静下来。

这也解释了，为什么人们在压力下，通常会咀嚼口香糖。

重复性行为（包括抚摸、按压等）是舒缓行为，可以帮助我们应对从轻度到高压的状态。

**握住下巴**

与别人打架时，下巴很容易受伤。比下巴更容易受伤的是喉咙，一旦对方掐住你的喉咙，可能会让你窒息。

在这种情况下，握住下巴既保护了下巴，又保护了嗓子，因此是人们在受到威胁时常用的自然防御措施。

握住下巴也可以降低头部，这是顺从的手势。这与防御动作不同，因为头部向下倾斜更多，并且眼睛通常会偏低。

类似地，这可也能是害羞或调情的手势。

**突出下巴**

通常，当一个人感到自信时，其下巴会在抬头时略微伸出，甚至可能稍微向后倾斜。

冲别人露出下巴，通常是一种反抗的信号。言下之意是：“来呀，放马过来，看看会有什么后果!”

一般来说，下巴较大的男人，雄性激素含量也更高。抬起下巴可以增强这一点，仿佛向对方宣战：“别惹我，我是阿尔法男!”

用手指向一个人是一种威胁性的行为。与之相比，突出下巴更加隐蔽，是对他人的一种变相侮辱。

## 微笑：暴露人的底细

**心理策略：** 在人际交往中，微笑是最容易识别的表情，也是最有效的沟通方式之一。心理学研究表明，人们在微笑的时候，会暴露出很多本来想要掩盖的信息，甚至还会在不经意间泄露出其心底最大的秘密。

在所有的肢体动作中，最常见的表情莫过于微笑。或许正是因为它太过普通，所以时常被人们低估。事实上，微笑的复杂程度远远超过一般人的想象。解剖学家贝尔早在 1806 年就指出，微笑可以传达 1000 多种不同的意义。具体而言，微笑既可以象征积极的情绪，例如快乐、幸福、满意等，也可以象征消极的情绪，例如悲伤、愤怒、憎恨等；既可以是发自肺腑的真诚之笑，也可以是言不由衷的虚伪之笑。因此，要想真正了解微笑背后的真实含义，就必须学会区分不同微笑之间的微妙差异。

**开怀大笑**

人们在开怀大笑时，嘴巴张开，下巴低垂，嘴角上扬，给人一种很开心的感觉。经常开怀大笑的人大多心胸开阔，性格开朗、直率，他们从心底里感到放松。

当然，也有很多人利用夸张的笑容来掩饰内心的不安，抑或借机感染身边的人，勾起他们想笑的欲望。这个时候，他们脸上的笑容看起来有些不太自然，让人感觉是别有用心。

**捂嘴笑**

这个动作常见于女性，她们笑起来总喜欢用手捂住嘴巴。这样的女性大多性格内向、温柔，做事比较文静。她们对别人存有戒心，轻易不会向他人吐露自己的心声。

**抿嘴笑**

人们在抿嘴微笑时，双唇紧闭，向后拉伸，形成一条直线。这种微笑其实是一种明显的拒绝信号，表明微笑者不愿和对方分享自己的想法或观点。例如，女性在遇到自己不喜欢的人，而又不好意思拒绝时，通常会露出这样的笑容。

另外，我们经常在访谈节目中看到，被采访的成功人士大谈自己的成功之道。然而，一旦涉及具体方法，他们多半会抿嘴微笑，以此来拒绝透露更多的细节。

**歪脸笑**

人们在歪脸微笑时，脸部是扭曲的，两侧脸庞的表情刚好相反。一边脸颧肌收缩，眉毛上扬，呈现出一种微笑的表情；另一边脸眉头紧缩，嘴角下垂，呈现出一种痛苦的表情。

之所以会这样，主要是因为人们在控制自己意识的过程中，一边脸被成功地调动，而另一边脸则忠实于内心的感受。这种微笑所传递的信息很简单，那就是挖苦讽刺。

**斜眼笑**

人们在斜眼微笑时，头稍稍偏向一侧，眼睛则往上斜瞟。这种微笑常见于女性，俏皮中略带几分腼腆，很容易激发男性心中的保护欲。戴安娜王妃就是用这样的笑容征服了全世界。

对男性来说，斜眼微笑是一种极具挑逗性的信号，因此，大多数女性在求爱时，都会使用这种微笑。而最近的心理学研究也发现，斜眼微笑的女性最具魅力。

**皮笑肉不笑**

当人们心无喜悦，却还要强颜欢笑时，我们就称这种微笑为假笑，也就是人们常说的皮笑肉不笑。尽管假笑在生活中随处可见，但大多数人却无法准确地区分真笑和假笑。

幸运的是，只要掌握一些简单的要领，我们就可以很容易地区分真笑和假笑。首先，人在假笑时，脸部多半是不对称的，左侧的微笑通常比右侧更加明显。其次，假笑不会伴随眼轮匝肌的收缩，因为眼轮匝肌是不受意识控制的。这意味着，假笑时只有嘴角上扬，而眼部几乎没有什么变化，而真笑时不但嘴角上扬，眼角还会出现鱼尾纹，同时眉毛微微下垂。

**紧绷的微笑**

嘴唇张开，笑不露齿，嘴角几乎没有向上卷曲，表明一个人在隐瞒自己的态度，或者犹豫、缺乏自信。

这种紧绷的微笑，通常用于安抚他人或摆姿势拍照，或者在我们不愿社交时使用。例如，萍水相逢的陌生人，在街上相视一笑。

它也可能在紧张或压力情况下出现，例如结识新朋友的时候。因此，我们也将这种微笑称为“礼貌的微笑”。

**冷笑**

人们有时会通过冷笑来彰显自己的优越感。这种微笑通常是不对称的：嘴的一侧抬起，另一侧保持在原位或向下拉。

除了这些动作外，冷笑还可能包括嘴唇卷曲和眉毛抬高，以露出更多的眼白，这两者都是强烈的厌恶和愤怒信号。

研究表明，冷笑会使人心跳加快。这种微笑是一种非语言威胁，身体会作出相应反应。

**杜兴微笑**

杜兴微笑是以纪念法国神经病学家杜兴·德·布伦而命名的。

这是一种真正发自内心的笑容，它同时涉及嘴巴、脸颊和眼睛。这是让你的整个脸庞突然亮起的一种笑容。

真实的杜兴微笑，使你看起来真实、友好、值得信赖。它不但能够帮助你赢得客户，而且还有益于长寿和身心健康。

研究表明，那些带有杜兴微笑的女性，婚后更加幸福。

## 手部：情绪的忠实反映者

**心理策略：**科学研究发现，手是人体中触觉最为敏感、肢体动作最多的部位，所以，手部动作往往能够反映人们内心的真实想法。从这个意义上讲，手就是情绪的忠实反映者。

在人类的进化过程中，我们的双手曾经发挥了至关重要的作用，因此，双手和大脑之间的联系远远超过身体的其他部位。事实上，人的双手就是一套精美的生物系统，能够生动地反映一个人的内心世界。例如，摊开双手表示坦率、诚实和谦恭，紧握双手表示拘谨、焦虑和挫败，手心向上表示妥协、服从和善意，手心向下表示权威、自信和命令。

更重要的是，人们通常习惯把双手放在身体前面，很容易就能观察到，因此，手部的动作哪怕再细微，也能够像一面镜子，把人们的心事照个底朝天。

**双手叉腰**

双手叉腰是一种典型的主导意识的表现。当人们双手叉腰时，撇向外侧的双肘就像武器一样，不仅可以占据更大的空间，还能够起到威慑他人的作用。动物们在搏斗或者求爱时，也会摆出这种让自己的身躯显得更加伟岸的姿势，例如鸟儿会抖动自己的羽毛。

具体观察时，我们要特别留意动作发出者大拇指的位置。如果叉腰时大拇指冲后，说明这个人有着极强的控制欲；如果大拇指冲前，则说明这个人心中充满了质疑。

**双臂交叉于胸前**

双臂交叉于胸前是一种典型的防御性动作。当人们做出这样的举动时，就好比是在自己和他人之间筑起一道屏障，从而将自己不喜欢的人或事物统统挡在外面。尽管双臂交叉的动作有很多种，但它们所传达的意义很明确，那就是拒绝、否定和防御。

具体观察时，根据手部动作的不同，会有细微的差别。如果双臂交叉的同时，还伴随握拳的动作，说明这个人带有明显的敌意；如果双臂交叉的同时，还伴随抓上臂的动作，则说明这个人内心感到紧张和不安，希望以此来安抚、宽慰自己。

**将手背在身后**

将手背在身后总是给人一种权威、自信和力量的感觉。摆出这种姿势的人，通常会将心脏、咽喉等易受攻击的身体部位暴露在外，以此来显示自己的勇气和胆量。事实上，我们经常在巡逻的警察、巡视的领导和授课的教师身上看到这样的动作。

然而，如果背在身后的双手不是握在一起，而是一只手抓住另一只手的手腕，则其所代表的含义就会大相径庭。握住手腕的动作表明这个人的内心充满了挫败感。

**摊开双手**

摊开双手自古以来就被视为是坦率、诚实和谦恭的象征。当人们敞开心扉，或者想说真话的时候，他们多半会下意识地露出全部或部分的手掌，以此来向对方证明自己的诚意。

在法庭上，辩护人在发表辩护意见时，常常会展开双臂，以此来赢得法官的信任；在球场上，犯规的球员会满脸无辜地摊开双手，以此来向裁判表明自己的清白。

**紧握双手**

紧握双手常常被人们误解为自信、胜券在握的象征，因为有此动作的人，总是面带微笑看着对方。然而，谈判专家尼伦伯格和卡莱罗却告诉我们，紧握双手其实是挫败感的体现，当人们在竞争中落败时，紧握的双手如实反映了他们内心的拘谨和焦虑。

而且，心理学研究表明，双手紧握的高低，与人们的心理挫败感或沮丧情绪的强烈程度密切相关。通常情况下，双手位置越高，说明挫败感越强，或者情绪越沮丧。

**摩擦手掌**

摩擦手掌的含义非常丰富。在投掷骰子前，将骰子放在掌心，反复地搓揉，这样的动作体现的是掷骰人内心的期待之情。而且，不同的摩擦速度，反映了人们不同的心理状态。摩擦动作快，表明心中非常期待；摩擦动作慢，表明心中举棋不定。

在病人手术过程中，站在手术室外，边踱步边搓揉手掌，这样的动作体现的是病人家属内心的忧虑之情。而且，随着忧虑情绪的加深，双手的手指可能会交叉在一起。

**用手触摸脸部**

用手触摸脸部的动作经常与撒谎联系在一起。不过在这里，我们主要介绍与兴致高低有关的手部动作。我们都知道，开会时如果有人用手托住腮帮子，多半说明他对别人的发言感到了厌倦，用手作为支撑，就是为了不让脑袋耷拉下去，以免不小心睡着。

当人们头部保持直立，手轻轻靠在脸颊上时，表明他们正在思考问题；而当他们用手抚摸下巴时，则表明他们正在考虑如何作出决定。

**拍打后颈或前额**

如果你拜托别人帮你做件小事，而对方不小心给忘了。然后，当你问起这件事情时，你猜他会有什么反应？不用说，他多半会懊恼地抓挠自己的后颈，或者拍打自己的额头。

有趣的是，谈判专家尼伦伯格发现，习惯抓挠后颈的人多半性格内向，不太容易与人相处；而习惯拍打前额的人多半性格外向，很容易与人相处。

**手指指向**

说话时，用手指指向某个人是展示权威的手势。父母对孩子、老师对不守规矩的学生，通常会这样做。

这通常被解释为激进和愤怒。对同伴而言，这是一种傲慢的表现，它带有对抗性、侵略性和进攻性。

无论如何，指着一个人通常被认为是不礼貌的。当然，伴有眨眼动作的指向某人除外，它是一种令人愉快的认可。

手指指向天空，可以彰显一个人的信心和权威。例如，政治家或传教士在讲话时，通常会用手指指向天空。

**尖塔式手势**

将双手指尖放在一起，然后将手拱起，以使手指指尖看起来像教堂的尖顶。这种尖塔式手势是一种信心的展示，常见于领导人。

例如，德国总理默克尔便以这种尖塔式手势著称。

**大拇指分开**

当一个人感到自信时，通常会将大拇指移离食指。尤其是，当手放在桌子上时，这很容易观察到。

事实上，拇指到食指的距离可以作为衡量人的自信程度的标尺：距离越远，信心就越足。

## 躯干：最受忽视的部位

**心理策略：**面部微表情和手部小动作能够透露人的内心活动，对于普通人而言，这很容易理解，但要说躯干也能传达出人们灵魂最深处的声音，想必大部分人都会嗤之以鼻。躯干是人体最重要的组成部分，四肢残缺犹可生存，但如果没了躯干则生命也就走到了尽头。人体的重要脏器都集中在躯干内部的胸腹腔之内，在漫长的进化过程中，人类已经形成了无意识保护这些重要脏器的边缘行为，这也使得躯干的不少小动作都脱离了大脑的掌控，陷入一种条件反射式的边缘行为模式，因此通过躯干透视人的内心也就有了科学上的依据。

微表情心理学的发展历史并不长，如果说面部微表情是这一领域中的重中之重，那么躯干确实不值一提。实际上，即便是在心理学领域，躯干依然是最受忽视的身体部位。排除诸如运动、搬动重物等劳动，人体的躯干运动幅度是非常小的，在社交场合尤其如此。既然如此，细微的躯干动作中究竟又能挖掘出怎样的心理秘密呢？

**躯干倾斜**

在日常生活当中，躯干倾斜的动作十分常见。当路过热火朝天的篮球场，突然高速旋转的篮球朝你飞奔而来时，人往往会在无意识的情况下，迅速倾斜躯干以躲避突如其来的攻击，以免身体受到伤害。在这种情况下，人的反应速度是非常惊人的，常常大脑还没有下达躲避的指令，身体就已经提前行动了。倾斜躯干意味着躲避攻击、躲避危险，尽管社交场合与球场的突发情况有很大不同，但倾斜躯干所透露出的心理信息却大致相当。诚然，社交场合不会有什么人身危险，但在面临令人抵触的人或事时，内心也会产生危险的感觉，从而产生无意识的躲避行为。如果发现他人在见到自己时有躯干倾斜的行为，那么很明显，对方一点也不喜欢你，甚至对你有很强烈的厌恶情绪。

**躯干转离**

世界是一个多元化的存在，每个人都有不忍直视或害怕见到的事物，当一个恐高症患者站在悬崖边时，当一个晕血者面对一大摊血迹时，当患有密集恐惧症的人看到一大堆毛毛虫时，他们往往会转动躯干，让自己的视线避开讨厌接触的事物。从心理学角度而言，躯干转离的动作是一种下意识的远离行为，人的心理都存在偏好，所以如果我们感到不适，就会条件反射地想转身离开。千万不要以为此种说法没有科学依据，相关研究表明，腹侧是整个躯干中最薄弱的部位，毕竟躯干正面有胸腔保护，而腹侧不仅没有结实的骨架护航，而且距离脏器很近，因此腹侧对危险的感知更为敏感，只要遇到不顺利的情况，就会立马做出远离的自我保护动作。

**保护姿势**

走在熙熙攘攘的大街上，我们很容易可以看到一些将手提包、笔记本等物抱在胸前的行人。如果你认为这只不过是一种很寻常的拿东西的姿势，那就大错特错了。从心理学角度而言，人只有处于陌生不安的环境或内心处于紧张焦虑的状态下，才会下意识地做出诸如胸前保护等壁垒性动作。一般来说，女性比男性更喜欢这种保护躯干的动作，这或许与女性敏感、缺乏安全感的普遍心理有直接关系。如果在社交活动中，发现有人特别热衷于这种保护躯干的动作，那么毫无疑问，他不是身体确实不舒服，就是想保护以及隔离自己，并试图依赖这一保护性的动作来获得心理安慰。

**触摸颈部**

触摸颈部，表明对方在担心。可能因为他们在撒谎，或者对自己正在说的话感到尴尬或不舒服。

当一个人对自己说的话感到不舒服时，颈部肌肉可能会绷紧，从而通过气管收缩或声带拉紧而影响自己的声音。这可能会导致颈部不适，而用手抚摸可缓解这种刺激。

当一个人不舒服时，他们可能会出汗，而紧扣的衣领会进一步刺激他。这时，他可能会拉扯自己的衣领。

颈部的侧面和背面也有主要的肌肉，触摸或挤压这些肌肉表示紧张、焦虑。

突然抓住脖子后背，意味着对方可能很愤怒，就好像要举起手来准备出击一样，也可能表示震惊或惊讶。

**转动肩膀**

单肩或双肩顺时针或逆时针转动。

通常，这样做是为了锻炼僵硬的肩膀，缓解一下焦虑的情绪。该动作也可能伴随着颈部倾斜以及其他肌肉运动。

它表明此人已准备好采取行动，甚至可能要战斗，因此代表了一种攻击性。

**耸肩**

经典的耸肩，即一次性地抬起和放下肩膀，通常表示一种无奈。该动作可能同时伴有隆起的眉毛、向下弯的嘴巴以及双手握在一边。

耸肩也可能与撒谎有关，因为人们担心多说话可能会暴露自己，于是选择耸肩而不是开口。

长时间的耸肩，或者转动肩膀，则表明对方已经准备好进攻，是一种威胁信号。

**呼吸**

人在深呼吸时，胸部会随着膨胀和收缩，吸氧量增加。

当我们经历一些强烈的感情，诸如爱情时，我们通常会深呼吸。而当我们恐惧或愤怒时，也会通过深呼吸来准备好采取行动。

一个特别焦虑的人，可能因为呼吸太快、太深，导致过度换气，吸收了太多氧气而感到头晕甚至昏厥。

而当一个人处于充满希望的悬念状态时，他可能会屏住呼吸，唯恐呼吸会毁掉正在享受的事情。

## 腿脚：最诚实的部位

**心理策略：**越是远离大脑的部位，我们就越不会关注它。然而，恰恰是因为这样，人们很少掩饰或伪装腿脚的动作。这意味着，腿脚是最诚实的部位，能够泄露人们内心的秘密。

第二次世界大战期间，美国间谍活跃在德国境内，窃取了大量机密，令德国高层头痛不已。为了铲除心腹之患，德国方面只得求助于各路专家。结果，在一次鸡尾酒会上，德国特工人员经过行为心理学家的神秘指点，一夜之间俘获了 24 名美国间谍，令美国情报部门大跌眼镜。

那么，究竟是什么高招让德国特工大获全胜呢？答案是坐姿！原来美国人在入座时，常常采取脚踝和膝盖交叉的“4 字腿”坐姿，而欧洲人很少采取这样的坐姿。于是，德国特工就凭借这样简单的规律，将美国间谍一网打尽。由此可见，腿脚在阅人方面的独到之处。

**腿脚轻晃**

躯干保持不动，腿脚轻晃或抖动，这样的动作通常是人们感到不适或者不悦的一种表现。事实上，无论在航站楼、会议室还是约会现场，我们都很容易看到这样的动作。当人们内心焦躁不安，或者对某件事情的进展感到不满时，腿脚轻晃有助于他们缓解压力。

不过，晃动腿脚有时候也可能是人逢喜事精神爽的结果。例如，牌桌上抓到一手好牌的玩家，尽管面无喜色，但晃动的腿脚却暴露了他当时的心情。然而，一旦腿脚晃动变成了踢打，那就说明当事人有可能遇到了消极或不高兴的事情。

**双腿分开**

无论站着还是坐着，双腿分开都是一种捍卫私人空间的举动，象征着自信、权威和控制。实际上，很多人在感到压力或威胁时，都会通过分开的双腿来强调自己的势力范围。例如，街头巡逻的警察会通过分开的双腿来展示自己的威严和神圣不可侵犯。

因此，对于细心的观察者来说，双腿分开是一种强烈的信号，表明某些事情正在准备中，或者麻烦真的要来了。这个时候，将双腿收拢是一种缓解紧张气氛的好方法。

**双腿交叉**

交叉双腿很常见，在不同情况下，可能意味着不同的事情。

站立时，双腿交叉可能意味着某人要么是一个僵硬的人，要么对所讨论的话题持开放态度。通常，此人的观点可能与你不一致。

双腿交叉也可能是顺从的标志。

当一个男人接近一个女人时，如果她的双腿交叉，那对男人来说是一个好兆头，因为这意味着她可能对这个男人的印象不错。

当然，这也可能是因为对方害羞，或者缺乏自信。

有时候，虽然不太常见，但站立时双腿交叉只是意味着有人迫切地想要撒尿。

坐着时，双腿交叉的含义略有不同。

实际上，坐着时有两种双腿交叉的动作。

其中，膝盖交叉被称为欧洲交叉。通常，这表明有人已经对你正在讨论的内容作出了结论。有时，人们只是因为感到冷而交叉腿。

另一种类型称为美国交叉，就是将一只脚踝放在另一只脚踝上。通常，它表明了对方的态度，表明一个人喜欢争论，但并不一定暗示此人不可接受。这仅意味着，他是一个喜欢被别人倾听的人。

**脚踝相扣**

当人们做出脚踝相扣，或者脚踝钩住椅子腿的动作时，他们的内心其实已经产生了微妙的变化。从某种意义上来说，这个动作和紧咬双唇有着异曲同工之妙，都是人们在努力抑制某种消极情绪时不自觉采取的一种姿势，显示了当事人内心的焦虑和警惕。

调查结果显示，大部分遭到传唤的人在接受审讯时，都会做出脚踝相扣的动作。而有经验的护士都知道，在进入手术室前脚踝相扣的病人，往往是那些内心很恐惧的人。

**搓揉大腿**

重复性的动作一般都有安抚和平抑心情的作用，搓揉大腿也不例外。我们经常在办公室里看到刚刚因为工作不力而遭到领导训斥的员工，在回到自己的座位上后，不断地通过这个动作来缓解内心的焦虑。有时候，甚至连自己都不知道摩擦了多少遍。

需要注意的是，很多腿脚麻木的人也经常会做出搓揉大腿的动作。

**脚尖指向**

在所有的下肢动作中，有一个很有趣但也容易被人忽视的细节，那就是脚尖的指向。大部分人都不注意观察别人的脚尖指向，但它却能够告诉我们很多的信息。例如，人们在稍息时，伸出的脚尖所指的方向，往往就是他们内心所想的方向。

通常，人们会将身体转向自己喜欢的人或事，因此，通过观察脚尖指向，我们就能够判断对方是否愿意见到我们。如果在谈话时，对方逐渐移开双腿，那说明他希望尽快离开。

## 坐姿：椅子上的心理暗示

**心理策略：**你喜欢什么样的坐姿？这个问题貌似微不足道，然而，就是这个你不太关注的坐姿，随时可能把你出卖了。美国心理学家的研究发现，坐姿会暴露人们内心的秘密。

在人际交往中，不同的坐姿体现了人们不同的性格特征和心理状态。例如，正襟危坐反映了入座者的严肃和拘谨，身体蜷缩则折射出入座者的自卑和焦躁不安。因此，只要掌握了不同坐姿的心理含义，就能够破解人们内心的秘密。下面是对几种常见坐姿的解读。

**正襟危坐**

坐姿笔直，是有信心的表现。

美国俄亥俄州立大学的研究人员发现，在面试中坐直的人非常自信，通常也有资格胜任这份工作。

这些人在生活中往往坚强、可靠，每个人在需要帮助或安慰时都会求助于他们。

另外，坐直的人通常会以积极的态度思考人生，而较少出现不安全感。

**身体蜷缩**

身体蜷缩在一起，双手夹在大腿中间，这样的坐姿体现的是入座者的自卑和焦躁不安，常见于领导训斥下属、老师教育学生的情境中。采取这种坐姿的人，往往比较自卑，对自己缺乏信心，习惯服从他人的安排。一旦做了错事，心里就会焦虑不安。

**跷二郎腿**

双腿交叉，架腿而坐，这样的坐姿体现的是入座者的优越感和放松心态。根据腿部交叉的位置不同，又可分为膝盖和膝盖交叉、脚踝和膝盖交叉两种。在人际交往中，如果对方做出膝盖和膝盖交叉的动作，那表明他心有戒备，而且对谈话的内容有些漫不经心；如果对方做出脚踝和膝盖交叉的动作，则表明他比较自信，喜欢争强好胜，渴望获得支配地位。

**抱头后仰**

双手交叉放在脑后，身体后仰靠在椅子上，这样的坐姿体现的是入座者的自恃和冷酷。采取这种坐姿的人，通常自我感觉良好，对别人一副居高临下的姿态，甚至无视对方的存在，让人感觉很不舒服。事实表明，职场中的女性最讨厌男人们做出这样的姿势。

**身体前倾**

身体前倾是对谈话感兴趣或愿意交流的信号。从心理学的角度来看，人们总是会将身体倾向给他们带来美好体验的事物，而远离给他们带来糟糕体验的东西。这样的现象我们在久别重逢、亲友相聚或是商务谈判等很多场合都能观察到。

除此之外，身体前倾也是表达尊重的一种简单而有效的方式。试想，如果你希望和某个人说话，而对方始终背对着你，可想而知你的心中会感到多么屈辱。

**骑跨而坐**

将椅背冲向自己，骑跨在椅子上，这样的坐姿体现的是入座者的谨慎和支配欲望。喜欢骑跨而坐的人，通常属于支配欲望很强的人，当他们对谈话内容感到厌烦时，就会试图去控制别人。而这个时候，椅子后背正好充当了他们的挡箭牌，可以有效避免他人的攻击。

**蓄势待发**

身体微微向前倾，一只脚前一只脚后，双手分别放在两个膝盖上。这样的坐姿通常是一种准备就绪的信号，表明当事人对某件事情很感兴趣，正准备洗耳恭听。同时也可以代表随时准备撤离的意思。在一场冗长的会议行将结束之际，很多人都会做出这种等待起跑的动作。

**盘腿坐**

盘腿坐是一个很强烈的信号，表明对方缺乏足够的安全感，甚至可能具有防御性。

实际上，这个动作是在潜意识里保护身体的脆弱部位，例如生殖器。

尽管这并非一种理性的思考方式，但在人们潜意识里发生的事情很少是理性的。始终保持双腿交叉坐着的人，是为了以隐藏的方式保护自己。

**坐在桌子尽头**

始终坐在桌子、沙发或长凳的尽头，展现出一种个性，不仅自信，而且具有领导才能。

根据美国《今日心理学》的说法，那些和别人在一起时，坐在桌子尽头的人，往往在潜意识里想要继续发送信息，表明自己才是支配者。

实际上，以这种方式坐着是一种隐藏的恐吓策略，以便周围的其他人听从他们的命令。

**坐在中心**

与坐在桌子、沙发或长凳的尽头不同，具有合作个性的人，倾向于坐在任何座位的中间。

这种潜意识的动作，旨在告诉周围的其他人：他们平易近人，重视并愿意团队合作。换句话说，他们想与他人合作，而不是领导任何人。

**膝盖分开坐**

膝盖分开坐着的人，往往以自我为中心，但有判断力。这些人经常穿着华丽的服装或很时髦的衣服，并且有很多化妆品。

在别人看来，他们可能很自大，但事实上，他们是完美主义者，充满焦虑，担心做错事，对失败充满恐惧。

## 站姿：透视人心的一面镜子

**心理策略：**在日常生活中，我们每个人都有自己习惯的站立姿势。那么，这个简单的动作究竟告诉了我们什么呢？美国心理学家指出，不同的站姿可以反映出一个人独特的性格特征。

古人云：坐如钟，立如松。站立是人类最普通的姿势，在我们的成长过程中，长辈们总是耳提面命地告诫我们“坐有坐相，站有站相”。然而，现实中除了特定职业如军人外，普通人的站姿却不尽相同，甚至可以说是千差万别。因此，通过观察一个人的站姿，我们就可以探知其性格和心理。从这个意义上讲，站姿就是性格的一面镜子。

**昂首挺胸**

抬头挺胸，双目平视，这样的站姿体现的是站立者昂扬的斗志和高涨的士气。当我们想获得更高的身份和地位时，我们往往会抬头挺胸，让自己看起来更加高大。采取这种站姿的人往往信心十足，给人以气宇轩昂、人逢喜事精神爽的印象。

**含胸驼背**

弯腰曲背，略现佝偻状，这样的站姿体现的是站立者封闭保守、缺乏自信的心态。当我们想表现得恭顺而服从时，我们通常会弯曲身体，让自己看起来比对方矮小。采取这种站姿的人往往在精神上处于劣势，内心惶恐不安，或者有强烈的自我防卫心理。

**手插裤兜**

将双手插入裤兜是男人们比较偏爱的一种姿势。当他们摆出这种姿势时，其内心是趋于封闭的，似乎是想以此来告诉别人，他们不会轻易吐露自己的心事，也不打算加入谈话中。

或许正因为如此，手插裤兜的姿势往往给人留下傲慢无礼的不良印象。美国前常务副国务卿詹姆斯·斯坦伯格就曾因为在会见韩国官员时摆出这样的姿势，而遭到韩国民众的声讨。

**展示胯部**

将拇指放在裤兜里，或者紧扣皮带，这样的姿势代表了一种自信。男人们常常用这样的姿势来标识自己的领地，或者展现自己的英雄气概。美国西部电影里的硬汉们就非常热衷于这样的姿势，而已故摇滚乐巨星迈克尔·杰克逊更是将这一姿势发挥得淋漓尽致。

**双腿合并**

双腿合并，双手自然下垂，即我们常说的立正。这是一种非常正式的站姿，显示出一种中性的态度。当人们摆出这种站姿时，他们并没有明显的或去或留倾向，而是传达出一种不置可否的信号。士兵向军官敬礼、学生跟老师说话、员工与老板交谈时，也都采取这种姿势。

**单腿直立**

单腿直立，另一条腿或弯曲或交叉或斜放在一侧。当人们做出这样的姿势时，身体的重心往往放在一侧的臀部和腿上，从而使得另一条腿得到了休息。这样的姿势表达的是站立者的保留态度或轻微拒绝的意思。当然，也可能是当事人感到拘谨和缺乏信心的表现。

# 第二章

# 服饰读心策略

DIERZHANG

## 服饰：折射人的思想和品位

**心理策略：**古人云：相由心生，衣如其人。衣服是人的第二皮肤，从一个人的服饰我们可以看出他的兴趣、爱好、思想和品位。例如，花季少女喜欢时尚、亮丽的服饰，中年女性喜欢端庄、大方的服饰，阳光少年喜欢夸张、个性的服饰，成熟男性喜欢经典、雅致的服饰。

1961 年，当法国总统戴高乐出现在电视上时，法国人惊奇地发现，他们的领袖并没有身穿那套世人熟知的西服，而是换上了英姿飒爽的军装。这到底是怎么回事呢？原来，就在发表电视讲话前，戴高乐总统刚刚躲过了某右翼组织的一次谋杀。这个时候身着军装，无疑是对政变策划者的严重警告，同时也向民众显示了自己的力量和权威。

由此可见，漂亮的衣服不仅能使穿衣者感到舒服，同时也向外界传达了某种信息。心理学家认为，服饰行为本质上是心理的反映。服饰的选择在很大程度上体现了个人的心理。

**喜欢暖色服装的人**

大家都认为，喜欢暖色系服装的人，比如红色、黄色、橙色等，内心更加温暖、祥和。然而，心理学研究告诉我们，事实恰恰相反。喜欢暖色系服装的人内心更加不安，对生活怀有更多的不确定感。例如，美国心理学家彼得·罗福发现，喜欢穿红色服装的女性在生活中常常感到不满足，她们富有冒险精神，追逐时尚，但变幻无常的性情常常令人琢磨不透。

**喜欢冷色服装的人**

与之相反，喜欢冷色系服装的人，比如绿色、蓝色、紫色等，往往表现出安详、冷漠和喜欢沉思的个性。他们通常性格内向，缺乏自信，害怕冒险和挑战，害怕被人关注，对社会和他人有距离感。例如，美国心理学家彼得·罗福发现，喜欢穿绿色服装的女性在生活中常常安于现状，行动谨慎，习惯压抑自己的欲望，在感情方面羞于表白。

**喜欢华丽服装的人**

喜欢华丽服装的人大多性格开朗，自我表现欲极强，喜欢参加社会活动，但与其外表完全不同的是，他们的内心其实畏缩不前，容易受到外界因素的影响。日本心理学家涩谷昌三认为，这主要是因为他们的界限感很薄弱，感觉不到自己和他人的不同，对自身的性格和能力有强烈的不确定感，因此，希望通过亮丽多彩的服装来消除内心的不安。

**喜欢朴素服装的人**

与之相反，喜欢朴素服装的人大多性格内向，不善于与人交往，他们对自己的满意度很高，有着明确的自我定位，不会随波逐流、人云亦云。他们的生活态度比较现实，感情也很稳定，在人际关系中会根据自己的标准来选择交往的对象。与此同时，他们表现欲不强，不喜欢张扬自我，但在关键时刻却会毫不畏惧地表达或坚持自己的观点。

**喜欢裤装的人**

在职场中，喜欢穿裤装的女性较有女人味，这似乎与我们平时的印象背道而驰，实则不然。心理学研究表明，喜欢穿男性化职装的女人希望与男性同场竞技，以实力说话，而不是靠女性的身份获得特权。这类女性下班后会卸掉自己身上的面具，行为举止变得很淑女。

**喜欢裙装的人**

与之相反，平时穿裙装、工作时也穿女性化服装的人，在潜意识里有着较强的征服欲望，她们将自己视为女性来投入工作，冷静地进行分析、计算，希望运用女性的特质来赢得成功。因此，与其外表所呈现出的柔弱完全不同，她们作风强悍，具有某些男性化的特质。

**喜欢流行服装的人**

穿衣服喜欢追逐时髦的人，在生活中往往缺乏主见，对自己信心不足。他们在挑选衣服时，完全无视自己的需求和爱好，或者压根就不清楚自己真正喜欢什么，仅仅因为流行，就一味地追逐和模仿他人。在感情上，他们大多情绪不稳定，害怕孤独和寂寞。

**喜欢特立独行的人**

与之相反，穿衣服完全不理会潮流的人往往个性十足。这种人做事特立独行，常常以自我为中心，与周围的人或事格格不入。也有些人因为害怕被同化而失去自我，索性将自己关在小黑屋里。但不管怎么说，做事喜欢特立独行的人，总是不易与人相处或共事。

## T恤：彰显个性的标语

**心理策略：**T恤是现代人最喜欢的服饰之一，同时也是最个人化的艺术作品。当你走在大街上时，眼前忽闪而过、五彩缤纷的各式T恤，无不体现着穿衣者对生活和世界的看法。难怪著名时装大师马克·迪克森会感慨万千地写道："一件T恤就是一个态度。"

综观T恤的整个发展史，其实就是一部个性张扬的历史。最初，T恤只是码头工人和水手的内衣，直到1951年电影《欲望号街车》的上映，著名影星马龙·白兰度在剧中身穿白色T恤的性感形象，令无数女性为之倾倒。如梦初醒的人们这才发现，原来内衣也可以当作外套穿！在那以后，T恤迅速从羞于见人的内衣发展为风靡全世界的个性服饰。

如今，T恤已成为最个人化的艺术作品，崇尚个性的人们只需花很少的钱就能买到一件T恤，然后将它和不同风格的服饰随意组合，自由表达着对生活和世界的看法。

**喜欢标语T恤的人**

身为凡夫俗子，难免心中有话，不吐不快。在没有微博的时代，T恤成为展现个性、吐露心迹的最佳舞台。于是乎，幽默的自嘲、讽刺的恶作剧、惊世骇俗的欲望……各种雷人的标语开始出现在T恤上，表达着穿衣人的个性和心情。例如，“别理我，烦着呢”，这句20世纪90年代初红极一时的标语，就曾将很多人无奈、颓废和自嘲的心理表现得淋漓尽致。

**喜欢主题T恤的人**

国际时事，风云变幻，但凡有大事发生，T恤总能以最快的速度“报道”消息，传达民意，并在一定程度上满足人们的参与欲望和纪念之情。例如，汶川地震后，中国大地掀起了一股身穿爱心T恤的热潮，人们纷纷用“四川加油”等标语来表达自己内心的祝愿。而北京奥运会期间，全国上下流行着红心爱国T恤，充分表达了人们的爱国之情。

**喜欢明星T恤的人**

在大街上，我们随处可见身穿明星T恤的人。此类人多属于追星族，他们对自己的偶像无限崇拜，并将其作为自己的生活目标，希望有朝一日成为那样的人。除了娱乐明星外，政治领袖和英雄人物也常常成为人们顶礼膜拜的对象。例如，印有古巴革命领导人切·格瓦拉画像的T恤，就曾在大学校园内红极一时，表达了青年人对理想主义者的崇敬。

**喜欢动漫T恤的人**

以动漫为主题的T恤，因其夸张、逗趣的特质，以及虚拟世界的刺激体验，很容易成为青少年，乃至成年人所追崇的服饰。喜欢穿动漫T恤的人，大多拥有年轻的心态，喜欢幻想，同时在外表举止上也富有童趣。事实上，我们经常看到很多明星身穿动漫T恤。

**喜欢个人T恤的人**

喜欢把自己的名字或头像印在T恤上的人，大多思想比较开放、前卫，容易接受新鲜事物，对陈规陋习多有抵触。此类人性格开朗，喜欢结交朋友，为人诚恳、热情，而且极度自信。例如，The Who乐队的成员就曾将自己的头像印在T恤上，一时间声名大噪。

**喜欢团体T恤的人**

很多组织如学校、企业或社团，都喜欢把自己的名称或标志印在T恤上，以此来扩大自身的影响力。喜欢穿这类T恤的人，对组织有着深厚的感情，并为自己身为其中一员而倍感自豪。他们希望通过这种方式，让别人了解自己的身份，并吸引志同道合的人。

**喜欢旅游 T 恤的人**

但凡出去旅游过的人，想必都见过路边兜售的大量印有景区标志的 T 恤，很多人还为此掏了腰包。喜欢穿这类 T 恤的人，多半对旅游很感兴趣，乐于接受新鲜事物，同时具有一定的冒险精神。他们拥有较强的表现欲望，渴望将自己知道的一切告知别人。

## 化妆：无法掩盖的女人心

**心理策略：**爱美之心，人皆有之。爱美是女人的天性，化妆是女人不可或缺的武器。完美的妆容靠的是女人的智慧和修养，它反映了一个女人的性格和对待生活的态度。

关于化妆，有这样一个小故事：

丈夫坚决要离婚，妻子千哄万哄无效，于是对他说：“不急，不急，等我先化个妆，咱们一起去办手续。”丈夫于是千等万等。良久之后，妻子终于完妆，风姿绰约往前一站，丈夫只好投降，摇头叹道：“算了，算了……”

故事讲完了，化妆的意义由此可见一斑！在日常生活中，化不化妆、化什么妆，其实反映了一个女人的性格和对待生活的态度。尤其是当化妆习惯发生改变，例如突然不化妆，或者淡妆变浓妆时，那一定是她的生活中发生了什么不妙的事情。

**喜欢化浓妆的女人**

喜欢化浓妆的女人，往往个性比较开放、坦率，自我表现欲望强烈，总是希望通过极端的方式来吸引他人，尤其是异性的关注。她们思想前卫，对一些大胆甚至偏激的行为常持包容的态度。当然，也有很多女性把浓妆作为自我保护的面具，以此来掩饰内心的慌乱和沮丧。

**喜欢化淡妆的女人**

喜欢化淡妆的女人，没有太强的表现欲望，甚至不希望别人注意到自己。她们不喜欢太张扬，而是更注重适度和品位，认为浓妆艳抹太过庸俗。她们希望用自己的个性和聪明才智来吸引别人，而不是靠姣好的容颜来打动人心。生活中，她们凡事都喜欢有所保留。

**从来不化妆的女人**

从来不化妆的女人，更注重内在的修养，而不是外在的容颜，给人朴实无华的感觉。生活中，她们喜欢素面朝天，追求“清水出芙蓉，天然去雕饰”的境界，对任何事物都不满足于肤浅的认识，而是更看重实质的东西。除此之外，她们心里有非常强烈的男女平等观念。

**化妆时间长的女人**

花很长时间化妆的女人，是凡事追求尽善尽美的完美主义者。她们有坚强的毅力，为了实现既定目标，会表现出惊人的勇气。但另一方面，也说明她们过分在乎外貌，对自己缺乏信心。澳大利亚心理学家利奥·丝荣说过：切勿过分迷恋化妆，否则它将成为一种自我虐待。

**妆容不变的女人**

长期钟爱同一种妆的女人，是典型的保守主义者，她们害怕改变，拒绝所有的新鲜事物。因为在她们看来，任何的改变都会打乱原本平静的生活，哪怕只是换换眼影的颜色。从这个意义上来讲，长期保持不变的妆容，只不过是这种内心恐惧的外在表现而已。

**喜欢红色唇膏的女人**

盛装打扮的红唇与权威、英勇和自信相联系。

研究证明，男性对女性魅力的看法，与红色唇膏之间有着密切的联系。男人最喜欢女人的嘴唇，尤其是涂抹红色唇膏的嘴唇。

从物理上来说，鲜红的嘴唇还让人联想到被唤醒的感觉，就像路上亮起的交通信号灯一样。

**喜欢长睫毛的女人**

古罗马时期，长长的、完全飘动的睫毛被视为纯洁、魅力和欲望的象征。

老普利尼曾写到，睫毛会在激烈的男欢女爱后掉下来。因此，女性通常会留长而甜美的睫毛以证明自己的贞操。

## 手提包：女人的贴身伴侣

**心理策略：**俗话说：男人看表，女人看包。手提包是女人最贴心的朋友，被很多人称为女人的第二件衣服。而心理学家发现，手提包也像肢体语言一样，会泄露主人的性格密码。

手提包对现代女性而言，不仅是完美装扮的句号，更是日常生活的缩影，如果没有包，她们甚至无法神态自若地出门。女人们对手提包的这种迷恋，常常令男人们感到困惑不解。对此，英国心理学家的解释是，手提包就像女人的贴身伴侣，能够带给她们足够的自信。

而心理学家凯瑟琳·伊斯曼则指出，无论时尚风潮如何变幻莫测，每个女性都会偏爱某种类型的手提包，因此，通过观察包的细节，我们就可以窥知包主人的性格特征。

**喜欢品牌包的女人**

偏爱品牌包的女人，生活中多半喜欢精美的物品。她们对手提包的要求很高，尤其钟情于大品牌或价值不菲的手提包。另一方面，也可以说她们崇尚物质主义，习惯用财富来衡量自己的价值和身份，以为只有这样，才能提升自己的地位，获得别人的欣赏。

**喜欢仿制包的女人**

选择仿制包的女人，对现实有着很清醒的认识，她们知道自己财力不济，却又不甘心落于人后，于是在做人方面，总是制造出一种表面的繁荣，即总想把自己最鲜亮的一面呈现在别人面前，而极力隐藏不尽如人意的一面，或者刻意掩饰自己的负面情绪。

**喜欢大包的女人**

喜欢大包的女人大多外刚内柔，希望给人独立的感觉。她们注重实用，手提包大得跟公文包似的，里面装满各种物件，能给别人及时的帮助，因而在人群中很受欢迎。但同时心理学研究也表明，背大包的女性缺乏安全感，而且包越大，里面东西越多，越缺乏安全感。

**喜欢小包的女人**

喜欢小包的女人多为完美女性。她们的手提包虽然很小，但却分隔出很多间隔。每次装包时，她们只带有用的东西，并为每件东西都准备了空间，以便将它们放在合适的位置。在日常生活中，她们凡事力求简洁，生性洒脱而充满自信，应变能力较强。

**喜欢闪亮包的女人**

喜欢闪亮包的女人大多非常自信，她们在内心里渴望被别人关注，因此，刻意选择色彩艳丽、饰之以珠宝或小金属片的手提包，以此来吸引别人的眼球，获得别人的关注。

**喜欢个性包的女人**

喜欢个性包的女人大多自我意识比较强，凡事喜欢特立独行，追求与他人截然不同的衣着打扮、思维方式等。在选择随身配饰时，她们倾向于有独特设计或新奇装饰的手提包。

**喜欢中性包的女人**

喜欢中性颜色和款式手提包的女人，表现欲不是很强，她们不喜欢被人注意，也不希望得罪别人，而是倾向于保持中立的立场，以此来缓解或消除各种压力。生活中，这类女性通常比较通情达理、善解人意，因此，与她们交往让人感觉很舒服。

**从来不带包的女人**

不喜欢随身带包的女人，常将手机、钱包等零碎东西放在口袋里。这类女性通常比较强势，具有明确的自主意识，渴望自由和独立，极力摆脱束缚，拒绝依赖别人。当然，也有少数女性比较懒惰，觉得带包是一种累赘，所以干脆选择空手出门。

## 领带：男人的介绍信

**心理策略：**对男性而言，领带比任何饰物都重要。法国时尚专家弗兰斯瓦·沙勒曾经说过：领带是男人的概念和风格，是男人身上最能表达自己的工具。因此可以说，在你身上，没有什么东西比领带更能体现你的格调、品位和社会地位的了。

关于领带的起源，流传着这样一个故事：

传说领带是英国妇女发明的，她们对自家先生吃饭时总是弄得满身油污颇感头疼，于是就在丈夫胸前挂上一块布，这样，需要擦嘴时就可以用这块布来擦。由于方法简单实用，很快就流传开来，并演变为今天备受男人们追捧的领带。

传说归传说，其真实性无从考究，但领带在19世纪后日渐风行却是不争的事实，以至大文豪巴尔扎克不无感慨地说道："领带是男人的介绍信。"相比西装、衬衫的单调，领带是男性服饰中唯一带有梦幻性质的部分，因而也最能反映一个男人的格调和品位。

**喜欢条纹领带的男人**

喜欢条纹领带的男人，多半性格保守，成熟稳重，处处散发着庄重、优雅的气质。具体到不同的条纹，又有着微妙的差别。横条纹显得平和、沉稳，竖条纹具有和谐、安静的含义，斜条纹则代表暗藏在成熟中的那份不羁和洒脱，给人自信、勇敢的印象。

**喜欢方格领带的男人**

喜欢方格领带的男人，多半聪明、睿智，富有远见，他们考虑问题思路清晰，做事比较干练，而且富有内涵，给人以儒雅绅士般的感觉。英国著名时尚品牌 Burberry 就凭借其独特的苏格兰方格，成就了一系列经典之作。

**喜欢圆点领带的男人**

喜欢圆点领带的男人，多半性格沉稳，具有罗曼蒂克的浪漫气质，给人一种优雅、成熟的感觉。生活中，他们喜欢照顾别人，对家人和朋友温柔、体贴。当然，不同的圆点会给人不同的感受，如金色小圆点给人贵气、奢华之感，而白色大圆点则充满艺术和叛逆的味道。

**喜欢蓝色领带的男人**

蓝色通常与警察、海军制服相关联，给人一种安全感。也因此，蓝色领带被视为通用的领带色，也是最安全的穿着颜色。

蓝领带可以起到镇定作用，几乎可与任何西装搭配起来，也是海军西装外套的原始搭配。

尤其是带图案的蓝色领带，通常会散发出经典的专业感觉，适用于任何的业务场景而不会发送错误的信息。

喜欢蓝色领带的男人，多半含蓄而缜密，低调而不过分张扬，具有优雅知性的特质，给人以权威、值得信赖的感觉。例如，美国总统奥巴马就曾在多次亮相中，选择浅蓝色的领带，显示出其低调的优雅和充满生机的活力，与其温文尔雅的气质尤其相称。

**喜欢红色领带的男人**

喜欢红色领带的男人，多半性格热情，朝气蓬勃，充满男性魅力。研究显示，红色领带被女人们认为是一个男人性感、有活力的象征。红色在很多情况下，是权力的象征。因此，政客喜欢穿浅色衬衫、深色西装，并搭配红色领带并不是偶然。美国前总统克林顿在竞选期间，就曾因为敢于佩戴鲜红夺目的领带而深受女性公民们的欢迎，从而为胜选打下了基础。

马克·伍德曼研究了几十年色彩。在他看来，红色是力量的纽带，关于红色的东西总让人能恢复力量和激情。

英国杜伦大学的研究表明，人们经常将红色领带与侵略性和愤怒联系在一起。此外，英国 BBC 也报道称，红色领带通常与雄心、力量和热情相关。

无论红色领带传达的是侵略性、激情、野心、力量，还是这些特征的组合，红色都很少传达可信赖性。

因此，如果希望被看作一个热情、诚实的人，请避免在演讲中戴红色领带。但如果你出于某种原因想要稍微恐吓一下听众，红色可能很有效。

此外，红色有很多分类。

较深的红色（例如酒红色）可以帮助建立信任，而较浅的红色和粉红色领带则可以更好地表达个人风格，并与创造力相关。

伍德曼补充说，在过去十年中，粉红色领带有时可以表示对女性友好。

如果你领导一个项目或想要传达一种野心，请考虑一个大胆的闪亮红色。磨砂或印刷的红色领带可能是传达力量的更微妙的方式。

**领带结又小又紧的男人**

领带结打得又小又紧的男人，多半不够自信，做事缺乏组织能力。如果因为身材瘦小而有意为之，则说明他们希望借此来让自己显得高大一些；如果并无体形之忧，则说明他们气量狭小，性格多疑。生活中，他们大多谨言慎行，性格孤僻，容不得别人的半点质疑。

**领带结既大又松的男人**

领带结打得既大又松的男人，多半比较自信，而且善解人意，给人风度翩翩、温文尔雅的感觉。生活中，他们大多感情丰富，崇尚自由，向往无拘无束的生活，喜欢主动与他人交往，拥有高超的人际关系技能，因此，深得女人们的欢心和青睐。

**喜欢紫色领带的男人**

很多商界精英喜欢戴紫色领带，因为紫色显得自信，有助于给人留下持久的第一印象。

紫色在传统上是财富的象征，在职场越来越受欢迎。

著名影星阿诺·施瓦辛格就经常系紫色领带，显得很自信。因此，如果你想以稍微大胆的外观脱颖而出，不妨穿着浅紫色衬衫和深紫色领带。

**喜欢黑色领带的男人**

著名演员莱昂纳多经常系着黑领带出入公众场合。

在某些高档晚宴上，系黑色领带会散发出一种精致的个性。

但要注意，黑色在许多情况下可能会让人感到傲慢或穿着过度，而相对保守一点的灰色通常更聪明。灰色领带让人显得很精致，却又不会显得自命不凡。灰色有点前卫，看起来很现代。

**喜欢黄色领带的男人**

黄色是包括英国在内的很多国家的传统领带色，散发着安心、发光和活力的信号。

黄色领带可以让你与同事更容易相处，因为它是代表太阳的鲜明色彩。对于许多系着黄色领带的人来说，可以表现出积极、乐观的人生观。

不过，当涉及颜色时，一定不要在文化上犯错。例如，在印度，一条黄色领带可以表明某人是商人；而在中国，戴白色领带标志着一段哀悼期。

## 鞋子：穿在脚上的表情

**心理策略：**在人际交往中，大多数人常常忽略了脚下，而恰恰是穿在脚上的鞋子，真实地反映了一个人的性格。华尔街上流传着一句俗语："永远不要相信一个穿着破鞋和不擦皮鞋的人。"而英国鞋商早就知道，要知道对方的身份，只需看看他脚上的鞋子就可以了。

在英国女性中，流传着一种新的择偶方法，她们只需一分钟，就可以确定眼前的这个男人是不是自己心目中的白马王子，而这一切，都是通过观察男人脚上的鞋子来确定的。其实，男人又何尝不是如此呢？在日常生活中，每个人都有自己的穿鞋习惯，透过这些下意识的举动，我们就可以捕捉到对方的性格、品位和社会地位等信息。

**爱穿新鞋子的人**

有焦虑倾向的人，往往渴望得到关注和认可，而一种引起他人注意的策略是穿着令人耳目一新的服饰。

例如，穿一双看起来很新的鞋子。

这使得他们更容易被人观察到，也更容易脱颖而出。

**爱穿鲜艳鞋子的人**

喜欢穿鲜艳鞋子的人，通常被认为性格外向。

Box 公司创始人亚伦·莱维以穿着鲜红色或橙色运动鞋而闻名。他是一个典型的外向者。

著名投资人山姆·奥特曼是另一个对色彩艳丽的鞋子情有独钟的人。他曾经穿着夸张的蓝色运动鞋离开伦敦丽思卡尔顿酒店。

当然，研究也发现，尽管人们倾向于相信色彩鲜艳的鞋子会吸引外向的人，但内向的人穿华丽鞋子的可能性也很高。

如果你想发现外向型的人，不妨看看鞋子的磨损情况。研究发现，外向者更可能穿破旧的鞋子。

**穿昂贵鞋子的人**

鞋子有时候用来彰显身份，昂贵的鞋子属于高收入人士。

在好莱坞收入最高的女演员之一詹妮弗·劳伦斯眼中，只有克里斯提·鲁布托、罗杰·维维亚这些顶级的高跟鞋品牌。每当詹妮弗·劳伦斯出现在红地毯上，她的脚趾不仅包裹着昂贵的名牌鞋履，还采用了最新的款式。

**购买固定款式鞋子的男人**

这种类型的男人通常为怀旧之人。他们对自己熟悉的人或事物，总是怀着深深的依恋，哪怕是自己的爱人无理取闹、任性、孩子气，也会以一颗包容的心对待她，直至她渐明事理。他们对朋友很讲义气，乐于伸出援助之手，让朋友们觉得他们是值得信赖的人。

**穿鞋节俭的男人**

这种类型的男人属于拘谨、放不开的保守型男人。他们一旦买了一双鞋，就会非常珍惜它，希望可以穿得长久些。在为人处世方面，他们不够圆滑，经常得罪了人自己还浑然不觉；在人际关系方面，他们不懂得周旋，四处碰壁。但在专业领域，他们却会获得成功机会。

**穿鞋随便的男人**

这种类型的男人通常不拘小节，眼高手低。他们并不在乎自己穿什么鞋子，甚至鞋子和衣服胡乱搭配，哪怕是鞋子破损不堪、式样陈旧，也毫不介意。生活中，他们做事缺乏条理，喜欢做白日梦，总是幻想自己可以一步登天，但那只不过是自欺欺人罢了。

**爱穿正统黑皮鞋的男人**

这种类型的男人通常有大男子主义倾向。他们不论上班还是休息，总是穿着正统的黑皮鞋，而且鞋面擦得锃亮如新，绝不允许自己穿双脏鞋子或旧鞋子出门。生活中，他们有自己的处事原则，很少为别人作出改变，但对父母的意见却奉若神明、尽量包容。

**爱穿休闲鞋的男人**

这种类型的男人大多态度温和，风趣幽默，注重休闲生活，追求较高的生活品位。他们对鞋子的要求很高，不但要求舒适，而且注重鞋子的款式，以及同服装的搭配。生活中，他们主观意识较强，对自己的要求很严格，凡事喜欢按照事先拟订的计划推进。

**爱穿高跟鞋的女人**

研究表明，当女性穿高跟鞋时，她被认为更具魅力。

高跟鞋一直被视为地位的象征。这种联系可以追溯到远古时代。在路易十六统治时期，男性和女性（甚至是路易十六本人）都穿着高跟鞋来显示身份。

许多人批评说，穿高跟鞋的女性往往缺乏情绪稳定性。她们更有可能缺乏自信心，甚至愿意忍受高跟鞋的痛苦。

但这种观点并没有依据。与其他人相比，穿高跟鞋的人在情绪上并无更大的起伏。

Facebook 首席运营官雪莉·桑德伯格曾穿上一双细高跟鞋，登上《时代》杂志的封面。美国小说家玛丽莎·迈耶在《时尚》杂志上脱颖而出时，穿着她那标志性的高跟鞋。

女人穿高跟鞋不是因为她们不自信，而是因为高跟鞋让她们看起来美丽而有力。

**爱穿靴子的女人**

这种类型的女人通常个性独立，喜欢自由，不愿受人约束，敢于表现自己。一般来说，她们不是相貌出众，就是聪明有能力，所以，很容易成为异性倾慕的对象。不过，虽然她们看上去不难接近，但要想真正赢得她们的芳心，还得有真才实学才行。

**爱穿休闲鞋的女人**

这种类型的女人警惕性很高，非常会保护自己。她们表面上看很坚强，其实内心非常脆弱。在外人看来，她们很容易和男性交往，但那也仅限于普通朋友而已，相反，对于自己心仪的对象，她们却敬而远之，刻意保持一定距离，一般人很难猜透她们的心事。

此外，以下一些穿鞋习惯也能反映一个人的性格特征：

·穿跑鞋的人往往是目标导向的。

·穿工作靴的人往往喜欢提前计划。他们对生活总有一个准备好的策略。

·穿人字拖或凉鞋的人，随和、不拘常规。无论别人怎么想，他们都喜欢做使自己快乐的事情。

·穿运动鞋的人喜欢和每个人在一起。无论年龄、性别如何，他们都有时间聊天，并且肯定会找到共同点。

·穿平底鞋的人专注、谦虚、大方，往往是幕后的领导者。

·把鞋子保养得很好的人，属于有责任心的人。对鞋类保养得一丝不苟的态度，也体现在穿着者生活的其他方面。

·穿不舒服的鞋子的人，通常个性冷静。

## 饰品：喜欢戴手镯的人性格开朗

**心理策略：**早在原始狩猎时期，人们就开始把兽牙或兽骨制作成饰品佩戴。由此不难看出，人们对美丽的装饰品有着与生俱来的兴趣。时至今日，饰品的种类和样式可谓是眼花缭乱，即便是再朴素的人也或多或少有几件饰品。千万不要以为饰品只能起到装饰作用，实际上饰品还在一定程度上映射着一个人的性格与内心。

在日常生活中，人们最常佩戴的饰品主要有项链、胸针、手镯、腰链等，每个人选择饰品的眼光不同，喜好也不同。与服装鞋帽相比，饰品更注重与个人气质的搭配，所以其佩戴的小饰品自然有助于我们判断对方有着怎样的性格特征。

**喜欢戴项链**

项链是常见的颈部装饰品，其材质多为金银或珍珠、钻石等，款式也比较多样，既有体积较大、璀璨夺目的，也有十分精致朴素的。从心理学角度来讲，喜欢戴粗重金项链的人大多喜欢招摇和卖弄，生怕别人不知道自己有多么引人注目，他们内心自卑、敏感，对自我的认同感不强，所以喜欢用这种方式寻找存在感。喜欢佩戴不怎么起眼项链的人大多为人谦虚低调，行事比较稳妥，内心也比较平静，可以做到泰山崩于前而面不改色。

**喜欢戴胸针**

如果你经常出入各类社交场合而又十分善于观察的话，那么就可以发现一个颇为有趣的现象：戴胸针的人似乎走到哪种正式场合都会佩戴胸针，而不戴胸针的人似乎永远都不戴胸针。那么，一枚小小的胸针背后究竟隐藏着怎样的心理学秘密呢？一般来说，喜欢佩戴胸针的人十分在意自己的外部形象，与时刻协调的着装搭配一样，他们为人处世也相当谨慎，面对重大决策时一般都是三思而后行。表面上看，他们永远谦虚有礼，但实际上这只是假象，内心深处他们非常渴望获得众人的关注。

**喜欢戴手镯**

手镯可以把我们的手衬托得更纤细、更具有美感，由于右手在生活和工作中的工作量比左手要大得多，所以人们一般把手镯戴在左手手腕处。有心理学家研究表明：喜欢戴手镯的人大多性格开朗，他们身上有着令人艳羡的朝气与活力，精力也十分旺盛，再加上其聪慧的头脑，所以在事业上一般较为顺利。这类人对自我的认知相当清晰，他们知道自己想要什么、需要什么，并会朝着自己的目标不断努力，所以心想事成的概率要比常人高得多。

**喜欢戴腰链**

在日常生活中，喜欢戴腰链的人相对来说并不多，这类人多为表演者、叛逆少年、不良少女等。实际上，从最常见的佩戴人群中也可以或多或少地发现佩戴者的性格心理。这类人最喜欢标新立异，喜欢用独到的方式表现出自己的与众不同；他们性格上比较自我，且有叛逆倾向，几乎听不进旁人的任何批评与劝告；他们愤世嫉俗，不屑于被主流大众认同。但这并不代表着这类人都是小混混，他们本性并不坏，只是表达自身情绪和感受的方式比较与众不同而已。

## 耳环：彰显个性的装饰物

**心理策略：**耳环，即耳饰，是戴在耳朵上的饰品，古代又称珥、珰。耳环样式繁多，是女性装扮容颜最倾心的饰品之一。耳环不仅可以增添女性的美感和妩媚，不同形状的耳环还能满足不同性格女性的审美需要，换句话说，耳环是能够彰显女性个性的装饰品，因此我们可以通过耳环来解读女性的性格以及审美偏好等。

不戴耳环的女孩大多不在乎外表，更注重内涵和修养，或者感情不顺利，没心情打扮。在此，先不讨论此种情况，仅分析戴耳环女性的心理。人的审美是复杂而多元的，所以会有各种样式的耳环。不同类型的女性喜欢佩戴不同类型的耳环，耳环不仅仅是装饰品，也是性格的代言，千万不要小看耳环，它能够反映一个人的性格和心情，甚至其情感状态。

**环形耳环**

佩戴环形耳环的历史，最早可追溯到公元前2500年的苏美尔人。

后来，在古埃及，连猫都戴了耳环。尤利乌斯·恺撒统治罗马期间戴了耳环。圈形耳环是日本阿伊努人的传统文化之一，男女都佩戴。

事实上，在人类整个历史中，我们都能看到环形耳环，它们代表着强大的能量。

今天，环形耳环的存在，除了希望引起对方的注意之外，没有其他原因。唯一的区别是，箍的大小和制成的材料。

**线状耳环**

线状耳环精致、美丽而不复杂、不拖沓。喜欢佩戴线状耳环的女性一般性格直率、乐观、可亲，在事业上比较好强，做事思路清晰、干净利落。

如果对方喜欢佩戴线状耳环，那么其多半在恋情上追求完美，一旦爱上某个人，会全身心地投入。如果发现自己的伴侣背叛自己，反应会比较强烈，哪怕是大闹一场，也绝不装糊涂。这类女性敢爱、敢恨，爱憎分明，因此反倒不容易陷入爱情困局。

**小巧式耳环**

小巧玲珑的耳环，精致而不耀眼，恰如其分地点缀出主人的美丽典雅，是白领丽人的最爱。喜欢这类耳环的女性自信但不张扬，她们充满理智，处事比较谨慎，生活上追求务实，事业上也比较有眼光。

这类女性遇到自己心仪的异性时，一般会表现得比较沉稳，并喜欢用智慧让对方主动追求自己。她们不会盲目相信甜言蜜语，而是通过对方在恋爱中的行为举止来给对方打分。

**棱角状耳环**

方形、三角形、五角形、棱形等带有棱角形状的耳环有棱角，有个性。喜欢这类耳环的女性大多性格灵活，对事情反应比较快。

这类女性在爱情上也比较喜欢泾渭分明，爱的话会爽快说出来，不爱的话也一样痛快。她们不喜欢优柔寡断的人，但对自信果敢的异性却颇为感兴趣。

**大圆环状耳环**

大圆环状耳环很引人注目，最初男性更倾向于戴这样的耳环，为的是显示自己的凶猛，从而达到威吓他人的目的，因此，当女性戴这种耳环时，虽不至于是出于威吓别人的目的，但也有彰显自我的成分。戴大圆耳环的女性不属于小鸟依人的类型，她们有较强的支配欲望，性格大气磅礴，外向而张扬，做事不拘小节，较平易近人，在人际交往中知分寸、懂进退，温和有礼，比较善于处理各种各样的社交关系。

喜欢戴大圆形耳环的女性在爱情里一般都是“大女人”，她们喜欢倾听对方的心声，对恋人比较体贴照顾，而这种母性光辉也正是她们吸引异性的重要特质之一。

**弧状耳环**

椭圆形、心形等弧状耳环比较有个性，喜欢这类耳环的女性能接受各种各样的事物，对生活比较乐观，对周围的人和事也大多充满美好的期待。

如果对方喜欢佩戴这类耳环，那么基本可以判定其性格温顺，对朋友亲人比较体贴，在恋情上追求轰轰烈烈，喜欢和意中人甜蜜相爱，在爱情上付出较多，生活也会比较幸福。

*第三章*

# 谈吐读心策略

DISANZHANG

## 声音：透视人心的韵律

**心理策略：**在接听电话、与人交谈、听上司发言等场合，你注意过对方的声音吗？每个人的声音都有其独特的音色，只要是熟悉对方的人，即便是在不见其人只闻其声的情况下也能判断出对方是谁。实际上，声音不仅能够帮助我们辨识不同的人，还是窥探对方内心秘密的有力工具。

即便是同一个人，在面对不同的对象、身处不同的场合时，其说话的声音也是有差别的。面对下属时，声音自然低沉而又充满威严；而面对爱人时，声音自然会变成轻哝软语。由此也不难看出，声音确实可以出卖人们内心深处的小秘密。

**声音较大**

尽管每个人都可以自动调节发声时的音量大小，但有些人在说话时总是比常人的嗓门要大，声量要高。喜欢用大嗓门说话的人，通常属于性格豪爽，甚至有些大大咧咧的人，如果有什么需要保密的事情，最好不要告诉他们，因为他们心直口快，根本藏不住话。

**声音较小**

无论什么时候，说话声都像蚊子一样，小到稍有噪声就听不清的程度，这类人要么内心极度内向自卑，不敢在人前大大方方说话，所以声音又小又低；要么属于行事极其低调的一类人，这类人说话声音虽小，但发声时没有丝毫扭捏之感，而是大方、优雅礼貌，他们大脑聪慧，内心活动复杂，比较擅长伪装成一副“太平”表情，其嘴巴比较严，很擅长保守秘密。

**声音粗重**

说话时声音粗重的人，其身材大多比较健壮，以男性居多，但也不乏部分女性。一般来说，这类人在性格上比较老实憨厚，属于没什么心眼和心机的人。他们性格泼辣，不太计较规矩、礼法等，喜欢就是喜欢，不喜欢就是不喜欢，从不伪装自己，说话也是直来直去，比较有粗野之风。

**声音尖细**

按照生理学规律，女性的声音比男性更为尖细。如果男性声音尖细，则代表其性格偏于女性化，缺乏男子汉气概，他们心思细腻、情感丰富，比较容易受外界影响。如果是声音十分尖细的女性，那么对方多半是一个锱铢必较的人，她们大脑聪慧，行动也比较灵敏，但眼里绝对容不得半点沙子，假如被别人欺负了，她们一定会不惜一切代价找回场子，所以千万不要随意招惹她们。

**声音急促**

人们在着急的时候，声音一般都会变得急促。如果对方平常说话一直是不紧不慢，突然声音就变得急促起来，那么很明显对方内心正处在急躁不安的情绪当中，这表明对方肯定在不久前受过特别明显的刺激。如果对方不管什么时候声音都是一副火急火燎的样子，那么毫无疑问对方是一个急性子，干什么都特别追求效率，无法忍受拖拖拉拉的行为。

**声音缓慢**

有些人不管发生什么事情，说话的声音永远都是一副不紧不慢的样子，哪怕是火烧眉毛了，他们说话依旧是慢条斯理的。这类人在事业上属于稳重型，对金钱和名利没有太大欲望，无所谓得失，所以遇事不会惊慌。不过，他们通常缺乏危机意识和紧迫意识，没有拼搏的勇气与精神，更适合那些没有挑战的重复性工作。在情感上，他们属于慢热型，一旦认定了自己的终身伴侣，就会一直忠诚下去。

**语速太快**

语速太快会显得焦虑，并使他人难以理解。

这并不是说，快速讲话总是无效的。事实上，拍卖会上，如果拍卖师的语速太慢，观众可能会对正在出售的标的失去兴趣。拍卖师的语速，可以加快招标过程并激发观众快速出价。

此外，以下一些声音特征也能反映一个人的性格：

· 深沉的语气暗示着成熟，并赢得了他人的信任。这也是广告中的常见语调。

· 坚定、自信的语气让人显得杰出而重要。

· 安静的语调，会让人觉得这个人有很大的弱点或很尴尬。

· 高个子的人，往往拥有更深沉的音调。

## 语速：节奏反映心理变化

**心理策略：**只要是没有语言障碍的人，几乎都有独特的说话方式和语速规律。根据美国联邦调查局（FBI）的研究，语言所表达出来的并不仅仅是话语里的意思，它是一个十分复杂的综合性系统，其中不仅包含语意、语音，语速、说话节奏等也是该系统的重要组成部分。有些时候，我们只要留意一下对方说话时的语速节奏变化，就能够在不经意间洞悉其千方百计想隐藏的秘密。

表面上看，我们只要想说话就可以说，但其实说话这一行为的发生机制十分复杂，它不仅涉及大脑的语言中枢、思维活动，还与人的情感、态度息息相关。随着人们情感以及思想的变化，语速节奏也会不自觉地发生变化，而这种变化可以帮助我们洞悉对方的心理。

**语速由快变慢**

由于性格以及讲话习惯的不同，每个人的语速或多或少都存在差别。如果原本是一个喋喋不休、语速颇快的人，突然间讲话速度变得慢吞吞，甚至一句话都要断断续续说上老半天，那么此时他的内心必定是缺乏信心、自卑而怯弱的。由此不难推断，此人很有可能是受到了某种指控或者指责、质问，面对他人的责备，他底气不足、心虚，所以说话变得磕磕绊绊，甚至连语音也变得含混不清。

**语速由慢变快**

你是否见过平时说话慢条斯理的人，突然间大声且快速地说话反驳或发泄？实际上，语速突然间由慢转快，绝大多数情况下是受到了某种外界刺激，而这种刺激往往是负面的，会给人带来恼羞成怒、不服气等情绪。如果对方经常被人一说就马上加快说话语速，那么基本可以断定，其必定是个急性子，尤其是在自己说话的时候，对于他人的插嘴没有任何容忍度。他们性格张扬而精明，在说话这件事上绝对不允许自己被舆论打败。

**语速由平转快**

绝大多数情况下，我们讲话的语速都是不快不慢的，如果在完全正常的语速情况下突然间就加快了语速，那么其原因很可能是以下两种：一是突然听到令人震惊或出乎意料的消息，于是在说话时会不自觉地提高声调、加快语速；二是对方内心感到焦躁或不耐烦，所以想尽快结束自己的发言，在这种情况下也会主观地加快语速，以便让处在负面情绪中的内心可以尽快平复下来。至于两种情况中究竟是哪种，我们要根据其说话时的情景以及在场的人员等情况进行综合判断。

**语速由快转平**

语速代表一个人的心理状态，由快转平表示其内心正在恢复或试图尝试恢复平常状态。如果对方在与人讨论或争辩的过程中，语速由快转平，则表示对方已经基本上认定目前的结果，不打算再继续讨论或争辩下去。如果其是在演讲或发言的过程中语速突然由快转平，那么很简单，他们语速转平的地方就是他们想要开始强调的内容，之所以会放慢语速，一是为了让大家听得更清楚，二是想通过语速节奏的改变对将要说的话进行强调，提醒大家集中注意力。

## 语气：经常叹气的人内心自卑

**心理策略：**“我讨厌你”，用轻哝柔软的语气说出来是情人间的甜言蜜语，如果换成恶狠狠的语气则会变成厌恶情绪的宣泄。由此可见，同样一句话用不同的语气表达出来会有截然不同的含义，只要我们关注对方的语气，就能够猜透对方的心思。

尽管在不同的语境下，语气是不断变化的，但每个人都会用一种或某几种十分常用的说话语气，而正是这种常用的说话语气，暴露了说话人的心理秘密。

**消极语气**

经常用否定消极语气说话的人，大多性格内向，内心比较自卑，不管是什么事情，他们就好像戴着“悲观”眼镜一样，看什么都只看到糟糕的一面。遇到好事怕乐极生悲，于是说话是否定语气，碰到麻烦事就更是唉声叹气。经常用这种语气说话的人，大多行事十分谨慎，胆小缺乏魄力，所以常常会因此而错失良机。如果在社交活动中遇到他们，千万不要试图向他们讲述与冒险、挑战等有关的事情，否则连你自己的积极性都会被打击。

**积极语气**

与整天唉声叹气的人恰恰相反，大多数情况下持积极肯定语气的人内心充满自信，对于新鲜事物，他们的好奇心和尝试欲从不会耗尽、用完。或许正是因为这种超乎常人的精气神，所以他们看起来总是神采奕奕的样子，言谈举止大方而不扭捏，即便是遇到挫折和麻烦也能够从容不迫地理智对待，属于大脑聪慧，又兼具应变力、责任心的一类人。

**暧昧语气**

如果你以为暧昧语气只存在于情侣、恋人以及夫妻之间的话，那么你对这种语气的认识就狭隘了。不明确答应，也不直接拒绝，而是给出一个模糊不清、模棱两可的答案，这种说话方式都属于暧昧的范畴。这类人是职场中的“老油条”，只要不想回答的问题，他们都能借助暧昧语气顺利将对方应付过去。从性格上来说，他们对承担责任异常恐惧，面对抉择时常常会犹豫不决，为人不干脆。不过，这类人在处事上十分圆滑，很少会因此得罪人，所以关键时刻总能够把自己从泥潭中拔出来置身事外。

**严肃语气**

如果发现对方说话的语气始终一本正经，原因可能有两个：一是对方本来就是一个严肃、刻板、传统的人，他们性格沉稳、严谨，所以在说话语气上自然不可能咋咋呼呼，而只会正经、严肃。二是如果你熟知对方并不属于这类性格的人，那么基本可以断定，此时他们十分不高兴，严肃的说话语气是为了宣泄内心的不快，同时借此来震慑那些令自己产生不快情绪的人。一般说来，当下属犯错超出上司的容忍范围时，对方的说话语气就会不自觉地严肃、低沉起来，实际上这种语气上的变化，就是为了给下属传递“我不满意，不高兴”的信息。

**亢奋语气**

你听过激情澎湃的演讲吗？演讲与我们正常说话时的语气有很大差别，演讲时的语气要更加强烈、更加亢奋、更加高昂……从心理学的角度来讲，用这种亢奋语气讲话的人，其内心也处于亢奋、激动的状态。这种语气是所有说话语气中最具有煽动性的一种，使用这种语气频率较高的人一般都有舆论领袖的潜能，比较适合从事讲师、培训、主持等工作。

## 说话方式：性格决定说话风格

**心理策略：**在日常社交活动中，你留意过他人的说话风格吗？说话风格的形成并不是一朝一夕的事情，而是长期形成的一种习惯。那么，这种习惯来源于何处呢？答案很简单：性格。反过来也是一样，说话方式是性格的一种外在投射，所以我们可以反过来通过说话方式来判断一个人的性格究竟是怎样的。

不同的人有不同的说话方式，而且说话方式还会受到当时的心情以及场合等因素的影响。但万变不离其宗，就算你的说话方式经常变来变去，也并非毫无痕迹，只要稍作观察，就能够破解你的性格密码。那么，不同的说话方式背后究竟隐藏着怎样的真实性情呢？

**说话直来直去**

你身边是否有这样的朋友？他们不管说什么都相当直接，而且丝毫不顾及场合，也不会考虑是否可能引起尴尬等，即便是大家心照不宣、不想说破的事情，他们也会毫无顾忌地开口，因此有时候难免会在公开场合闹出笑话。说话直来直去的人，表面看起来没有任何语言细胞，说话都是硬邦邦的，但其实他们的性格是非分明，绝对不会攀附权贵、人云亦云。他们情绪反应剧烈，自控能力不强，每次说完令大家尴尬的话后又开始后悔怎么没有管住自己的嘴巴。

**说话比较委婉**

在社交场合我们随处都可以听到委婉客气的声音。委婉的说话方式大大提升了别人对自己的好感度，使他们看起来很绅士、很有礼貌。从心理学角度来说，经常用这种说话方式说话的人大多性格温和，待人和善，心思也十分细腻，不仅不会故意为难他人，还会设身处地为周围人着想。当然，还有一类人，他们在特殊的场合说话总是彬彬有礼，私下里却并非这样，那么基本可以判断，他们十分注重自己的公众形象，喜欢表现自己，且有些心口不一。

**说话出口成章**

千万不要以为“掉书袋”只存在于传说中，生活中也有相当一部分人在说话的时候喜欢引经据典、出口成章。显然，经常用这种方式说话的人，多半有点学识。从性格上来说，他们十分自信，有很强的表现欲望，尤其喜欢孤芳自赏，而且对所谓的名人、名士以及权威等超级崇拜。还有一些人虽不是张口就是典故或名言，但却把“我妈说”“奶奶说”“爸爸说”等挂在嘴边，这种说话方式表明其内心极度不成熟，对家人的依赖性很强，没有独立的思维与主见。总体来说，就是一个“未断奶的巨婴”。

**说话掺杂外文**

在与人交谈的时候，明明是在说中文，却突然冷不丁冒出几句英文，这样的说话方式并不少见。那么，他们究竟是出于什么心理呢？一般喜欢这种说话方式的人，大多有出国或留学等特殊经历，他们性格开朗而大方，渴望得到周围人的肯定与赞扬，所以在说话方式上常常是中英掺杂，试图引起他人的注意。此外，还有些人选择这种说话方式完全是为了虚张声势，让自己表面上看起来“高大上”，实际上此时他们的内心是相当紧张和不安的。

**说话以我为主**

三句话不离“我……”的人，其性格大多十分自我，凡事都以自己为中心，很少会考虑他人的感受。他们性格强势，总希望自己可以控制整个局面，是天生的领导者。此外，这类人始终认为自己是非常独特的，自我认同感超强，比较喜欢幻想，很少会务实地关注实际生活中的琐事，因为他们基本上生活在自己创造的世界中，由于天马行空的能力十分出众，所以比较适合从事创造性的文艺类工作。

## 话题：爱打探隐私的人支配欲强

**心理策略：**只要是有人的地方就有交谈，只要是有交谈的地方，就必然会有谈话的主题，也就是我们通常所说的话题。之所以会有各种各样的话题，完全是因为有人在引导大家的谈话方向。换句话说，人们引发不同的话题背后有着各式各样的心理动机，而通过人们谈论的话题则可以看穿其藏在心里的小秘密。

从心理学角度而言，不同的话题有着完全不同的意义，尽管人们引发话题的方式可能是直接询问，也可能是顺着旁人的话语加以引导，但不管开始话题的方式如何，都可以透露出对方内心的真实动机。

**爱打探隐私**

几乎每个人身边都潜藏着一两个“福尔摩斯”，他们最大的爱好就是挖掘别人的隐私，什么东家的孩子谈了个对象黄了，西家的两兄弟昨天晚上又打架了……他们在与人交谈时无外乎两种状态：一是通过询问或旁敲侧击了解情况，二是将自己打探来的隐私散播出去。从心理学角度来看，喜欢打探隐私并常以此为话题的人，大多具有很强的支配欲望，渴望成为舆论上的领袖。他们拥有强烈的好奇心，又不乏和福尔摩斯一样察言观色、逻辑推理的能力，属于比较聪慧且观察能力较强的一类人。

**喜娱乐话题**

从各式各样的综艺节目到电视剧、电影、明星等，有一类人的话题永远围绕着“娱乐”二字打转，他们喜欢八卦，对很多娱乐消息如数家珍。一般来说，这类人性格都相当活泼开朗，朝气蓬勃，精力无比旺盛。他们情绪变化多端，喜欢寻求各类刺激，比较善于接受新事物。如果你身边有这样的好朋友，那么即便你是一个内向自卑的人，也会在对方的感染下变得开朗、阳光起来的。

**常谈论时政**

每个人身边都不乏一些喜欢谈论时政问题的人，看新闻已经成为他们生活中必不可少的一部分，一旦谈到某些国家大事，他们便会十分激动地说出自己的看法，属于典型的“时政发烧友”。常以时政为话题的人大多心怀天下、胸襟宽广，他们不管做什么事情都很有全局观念和整体观念，性格沉稳严谨，遇事有主见且不畏强权，即便是面对诸多质疑，照样可以面不改色地说出自己的真实想法和理念。

**话家庭成员**

“我家……”“我老公……”“我家孩子……”，几乎每天都可以听到无数类似这样的话题。喜欢以家庭成员为话题的人多为女性，且是已婚女性。说话离不开家庭话题的人都有很强的家庭观念，与在事业上飞黄腾达相比，他们更喜欢家庭和睦的平淡生活。他们关心家人胜过关心自我，甚至为了家庭甘愿放弃自我，是相当有牺牲和奉献精神的一类人。

**以工作为主**

在我们身边，通常有这样一类人，他们工作时谈论工作，业余时间还是谈论工作。实际上，他们之所以处处以工作为话题，完全是因为工作是他们生活中最重要、最关键的组成部分。这类人大多属于“工作狂”，他们头脑聪慧，与金钱名利相比更在乎事业上的成功，其精力十分旺盛，而且愿意为了工作付出努力，所以大多在职业领域有或大或小的成绩。

## 称呼：反映双方的心理距离

**心理策略：**千万不要小看谈话过程中的称呼，它可是体现人与人之间关系亲密度的重要因素。一般来说，彼此间越不熟悉，称呼就越正式、庄重，如果双方已经熟得不能再熟，其称呼自然也会变得轻松随意起来。基于此，我们不妨通过称呼来鉴别人际关系的远近。

人与人之间的称呼并非一成不变，而是随着彼此间心理距离的变化而变化。通过称呼上的变化，我们可以洞察到彼此间的熟悉程度，以及彼此间的关系究竟是好还是坏。

**尊称**

所谓尊称，顾名思义就是带有尊敬意味的称呼，如“您”“先生”“前辈”等。使用尊称的心理动机主要有三种：一是双方彼此十分陌生，为了表示礼貌、客气，往往选择尊称、敬称；二是其中一方很可能是值得尊敬的人，比如长辈、上司、老师等，用尊称是为了表达自己发自内心的敬重之情；三是为了讽刺、挖苦或开玩笑等，比如原本很熟的朋友，突然用搞怪的语气称呼其“老板”“领导”等大多是为了有趣好玩以及活跃气氛等。

**昵称**

只有关系十分亲密的人之间才会使用昵称，父母对孩子、丈夫对妻子、男朋友对女朋友、闺密之间、哥们之间、发小之间等使用昵称的频率往往会比较高。如果发现彼此之间的称呼很亲昵，那么两者之间的关系必定非同寻常。当然，昵称有时候也有调戏或想套近乎之意，比如有些男性遇到不太熟悉又比较感兴趣的女性时往往会喊“亲爱的”“宝贝”等昵称，幼儿园老师面对刚刚转学来的陌生小朋友时，也会使用昵称，其目的就是为了拉近彼此间的距离，使双方尽快熟悉起来。

**代称**

在日常生活中，代称是多种多样的，例如他、她、我家那位、孩子爸爸、孩子妈妈……从心理学角度来讲，在讲话过程中喜欢用代称的原因有两个：一是彼此间完全陌生，根本不认识，也不知道该如何称呼，所以在与旁人谈到此人时就会使用代称。代称的内容主要是能够凸显其个人特色的称呼，比如“大胡子”“盘发女”等。二是彼此关系相当亲密，但由于其在感情上相当内向羞涩，也不善于表达，常常使用“孩子妈”“家里那位”等代称。

**诨称**

所谓诨称，就是小名、外号，这种称呼比昵称更亲密，表明双方是交心交肺的感情。这种称呼大多用于亲密的同学、发小以及长辈对晚辈的称呼等。如果使用“坏小子”“疯丫头”等诨称的人是长辈，那么多是出于表达浓烈喜爱或又爱又恨其不成器的感情，如果是同学以及伙伴等平辈关系，则表明彼此间必定有过一段同甘共苦的经历，其交情是能够经得起考验的。

**直称**

直呼其名也是关系亲密的一种表现。从社交礼仪来看，对人直呼其名是一种十分不礼貌的行为，所以在面对陌生人的时候，即便知道对方姓甚名谁，也很少会直呼对方的名字。只有关系相对亲密的人才会用名字直接称呼，比如熟悉的同学之间、兄弟姐妹之间等。此外，正在交往的男女朋友在与旁人提起对方时也会直呼其名，这是占有欲的一种鲜明体现。

## 口头禅：下意识的心理宣泄

**心理策略：**口头禅我们每天都在说，但你可能不知道，就是这些从我们嘴里不经意间蹦出的习惯用语，却与潜意识有着千丝万缕的联系。心理学家告诉我们，口头禅的形成与个人的性格、生活遭遇或是精神状态有关。因此，通过口头禅，我们可以破译他人的内心世界。

“口头禅”的说法最初源自佛教的禅宗，本意是指不用心领悟，就把某些现成的经验挂在嘴边，装作很得道的样子。演变至今，口头禅已成为个人习惯用语的代名词，带有浓厚的个人色彩。心理学家认为，口头禅是重大事件对人的影响和累积效应的结果，具有某种心理投射功能，在一定程度上揭示了说话者本人的内心世界。

**从众型口头禅**

代表词：随便、差不多吧

这类人大多数性情随和，但遇事缺乏主见，喜欢随大溜。“随便”两字说出口，其实就相当于是把主动权交给了别人，自己则悉听尊便，但同时把责任也摘得一干二净。其潜台词是“错了别怪我，跟我没关系”。

**含糊型口头禅**

代表词：可能是、也许是、大概是

这类人自我防范意识较强，轻易不会把自己内心的真实想法暴露出来。他们在为人处世方面通常比较老练、圆滑，因此，人际关系处理得很好。当然，这其中也包含着以退为进的意思。一旦事态明朗，他们就会说，“我早就料到了这一点”。

**附和型口头禅**

代表词：啊、哦、嗯、这个、那个

这类人通常词汇量贫乏，或是反应迟钝，他们说话总是理不清自己的思路，所以不得不利用说话的间歇来思考问题。但如果对方是有意而为，则表明他很可能是个城府极深的人，做事非常小心谨慎，唯恐一句话说错引火烧身。

**引述型口头禅**

代表词：据说、听说、听人说

这类人通常处事圆滑，精于人情世故，他们见识广博，从来不把话说绝或给对手留下把柄，同时处处给自己留有余地。但有时候也表现得不太自信，不敢直接表达自己的观点。

**消极型口头禅**

代表词：郁闷、无聊、真没劲、没意思

这类人带有明显的消极情绪，他们在生活和工作中面临巨大的心理压力，于是借这种略带调侃味道的口头禅来宣泄内心的压抑情绪。但事实上，他们并不是消极的人，相反，他们很容易感到快乐。

**积极型口头禅**

代表词：太棒了、很好啊、挺不错、太强了

这类人通常比较热情、容易亲近，喜欢讲积极的词汇，说话很有感染力，经常在不经意间将你说服。当然了，他们也比较感性，说话很夸张，表情很丰富，让人感觉一惊一乍。

**坦言型口头禅**

代表词：老实说、坦白讲、不骗你、说真的

这类人非常在意别人对自己的评价，渴望获得组织的认可和朋友的信赖，但他们对自己却缺乏信心，因此，一再强调事情的真实性，以期给人可信、真诚的感觉。然而，他们越是这样再三强调，越是让人觉得可疑。

**质疑型口头禅**

代表词：是吗、不是吧、真的假的

这类人生性比较多疑，对别人的话总是习惯性质疑。他们对周围的世界抱有不信任感，容易产生疏远社会的心理，因而常常感到孤独和无助，觉得自己就是个局外人。其潜台词是“真的怎样，假的又怎样，与我何干”。

**肯定型口头禅**

代表词：应该、必须、必定会、一定要

这类人自信心极强，遇事比较冷静，考虑问题很周全。他们自认为能够说服对方，使其心悦诚服。长期担任领导职务的人，习惯说这样的口头禅，具有很强的指令色彩。

**命令型口头禅**

代表词：我跟你说、明白了吗

这类人支配欲很强，与人交往一副居高临下的姿态，总是视自己为人际交往的核心。他们自以为聪明无比，喜欢反驳别人的观点，并将自己的观点强加于人，而不考虑对方的感受。这类口头禅多见于上级对下级的谈话中。

## 口误：嘴巴出卖你的灵魂

**心理策略：**一般情况下，我们想说什么嘴巴就会说什么，但有时候却会言不由衷地产生口误。如果你以为这只是由于大脑中的语言中枢出现暂时的失误，那就大错特错了。实际上有些时候，口误说出的话才是最接近真相的。

口误是一种常见的语言现象，著名心理学家弗洛伊德曾做过专门研究，他认为口误的产生与人被各种伦理、规则约束的潜意识有莫大关系。潜意识是非常不老实的，它常常会突破束缚，以一种伪装的形态出现，而口误就是潜意识里最常伪装的一种形态。根据弗洛伊德的精神分析法，我们可以将人们不经意间产生的口误还原为潜意识状态，从而看穿对方到底在想些什么。

**与金钱有关的口误**

几乎每个人都曾有过口误的经历，在不同情况下，人们口误的内容也不尽相同。如果对方在口误中出现了与金钱有关的内容，比如将“翻到 22 页”说成“翻到 22 块”等，那么其潜意识里很可能是想表达：我现在好穷啊，对金钱的需求非常迫切，遗憾的是暂时无法解决财政危机。除此之外，也可能是对方在潜意识里本来就是一个视财如命、为获得金钱不择手段的人，只不过限于外界的种种约束，他们表面看起来依旧是良好公民，但因为约束过紧，所以潜意识就自然迸发出反抗意识，通过偶尔的口误表现出来。

**与性别有关的口误**

这类口误通常会引发哄堂大笑式的集体性反应。试想一下，还有什么比弄错人的性别更不可思议的呢？但在实际生活中，有相当一部分人在说话的时候会产生与性别有关的口误，例如把女性说成男性、把男性说成女性等。如果人们因为口误把某位男性说成女性，而口误对象确实长得斯文秀气，那么不用怀疑，对方的潜台词肯定是："他就是个娘娘腔，我才不想承认他是个男人呢！"如果该口误与口误对象的长相毫无关系，那么基本可以断定产生口误的人很可能是个色狼，他们的色心、色胆被束缚，自然不敢胡作非为，所以也只好通过口误这么不靠谱的方式来"发泄"一下了。

**与是非有关的口误**

明明想说"是"，结果却说成"不是"；明明是想表达否定的意思，结果却言不由衷地表示赞同……这类口误在日常生活和工作中尤其是在职场中发生，很多是为了明哲保身或各种各样的原因，不得不说些违背自己初衷的话。要知道说假话、违心话可属于出现频率较高的一类。从心理学角度分析，口误时表达的意思更接近于他们的本意。更是需要"技术"的，只要稍不留心，真话就很可能会从嘴巴里溜出来。产生这类口误的原因不外乎注意力不集中、忘记此时要表达的不是本意等情况。

**与方言有关的口误**

当人们会两种或多种语言时，在突然转换语言环境的情况下，就容易出现口误，比如说着说着普通话突然冒出几句方言，或者说着说着中文冷不丁冒出几个英语单词等。实际上这种口误是由语言系统短暂混乱造成的，对于突然转换的语言环境，大脑还没有完全适应过来，还十分念旧地停留在以前的语言环境里，所以也就难免会突然失控产生口误了。

第四章

# 行为读心策略

DISIZHANG

## 握手：世界上最通行的见面礼

**心理策略：**在人际交往中，握手是最常见的礼节之一，它不但决定了别人对你的印象，同时也为我们判断他人的性格和情绪变化提供了依据。无论是握手的力度、持续时间，还是握手的姿势、手掌温度，无不反映了握手人微妙的心理变化。

握手之礼，古已有之。早在远古时期，当两个原始部落的人相遇时，他们会首先把自己的双手摊开，向对方表示我手中没有武器。到了中世纪，人们往往会把匕首藏在袖子里，为了安全起见，他们在见面时，会通过握手来检查对方是否携带了武器。

在那以后，握手逐渐成为人们交流感情的一种方式。无论是初次见面，还是久别重逢，人们都喜欢以握手的方式来表达友谊和问候。据国外学者的统计，人一生中平均握手 1.5 万次。然而，恐怕没有多少人意识到，就是这个简单的动作，却反映了人们的性格和心理。

**大力水手型**

握手时强而有力，这种方式多为性格外向的人所采用。他们热情开朗、高度自信，拥有较强的权力欲和控制欲，总是希望支配别人。研究表明，握手有力的人通常能够赢得他人的好感，但前提是得体和适度。如果用力过猛，乃至令对方痛楚难当，势必会引发对方不快。

**轻柔恭顺型**

握手时柔弱无力，这种方式多为性格内向的人所采用。他们性格懦弱、害羞敏感，在人际交往中往往处于劣势地位，甘愿拱手出让控制权。当然，某些从事特殊工作的人，如外科医生、艺术家，或者患有关节炎的人，也可能会采取轻柔的握手方式。因此，不可一概而论。

**手心出汗型**

握手时手心出汗，多半是因为过于紧张或兴奋，导致血压和脉搏升高，汗腺分泌异常。例如，人们在撒谎时，通常会手心冒汗。不过，也要注意到，全世界有5%的人受到手汗症的困扰，他们之所以手心出汗，并非情绪波动所致，而是遗传基因决定的。

**蜻蜓点水型**

握手时刚碰到对方，就迅速收手，好像在走过场，给人缺乏诚意的感觉。不过，这种握手方式更多发生在异性之间。有可能是发出邀请的一方缺乏自信，不能肯定对方是否回应，于是采取这种速战速决的方式，以避免因为过度紧张而导致尴尬的局面。

**依依不舍型**

握手时紧抓对方的手，久久不愿放下。这类人多半情感丰富，生性喜欢结交朋友，用广东话来说，就是“单料铜煲”。当然，如果在谈判前，对方握住你的手不放，有可能是在试探你，希望借此在气势上先声夺人，从而在随后的谈判中占据主导权。

**双手紧握型**

握手时用双手握住对方的手。这类人多半热诚善良，对朋友推心置腹，希望借握手的机会，向对方传递体贴和亲善之意。一般来说，左手的位置距离对方越近，表明双方的关系越亲密。但需要注意的是，这种握手方式只适用于有一定感情基础的朋友之间。

**上下摇摆型**

握手时紧抓对方的手，然后不停地上下摇动。这类人大多生性乐观、豁达，对生活充满希望，常常因为自己的积极和热诚，成为中心人物，受人爱戴和倾慕。但与此同时，也容易给人留下虚情假意、爱出风头的不良印象，令人望而却步。

**不愿握手型**

有些人打心底里不愿和别人握手，他们大多性格内向、羞怯，做事比较保守，戒备心很重，但待人极为真诚。他们一般不会轻易付出自己的感情，可是一旦建立了情谊，就会坚贞不渝。这一点，无论对友情还是爱情而言，都是如此。

**沉稳专注型**

握手时力度适中，动作沉稳，注意保持目光接触。这类人多半性格坚毅、坦率，富有责任感，而且思维缜密，善于推理，经常能为别人提供建设性的意见。每当遇到困难时，他们总是能够迅速找到可行的解决办法，从而赢得大家的信赖和支持。

**包裹式握手**

包裹式握手充分体现了舒适和放心。

你不仅要伸出一只手，还要用两只手完全包裹住对方的手。这种握手令人很放松，让别人感觉你会关注他们的感受，竭尽所能向他们保证你是可以信任的并可以向你倾诉。你知道如何为他人服务而不会超越自己的界限。

**推拉式握手**

推拉式握手充满了活力和热情。

你希望握手不仅是简单地上下摇动，还可以水平移动。这种握手可以让对方知道你见到他们有多么兴奋。

而且，由于你是一个真诚的人，所以你的友善和积极的态度会令对方放下戒备心理。但注意不要太用力推拉，并不是每个人都像你一样对新情况充满热情。

**粉碎机式握手**

粉碎机式握手是一次力量和侵略的展示。握手超出了正常的用力范围，有时会使另一个人的手掌和手指跳动。

喜欢这种握手方式的人，多半是一个自信甚至有些自负的人。同时，也表明他是一个乐于助人的人，他相信自己能把事情做好。

**快摇式握手**

握手时快速摇动，通常跟冲动的情绪有关。

有些人喜欢迅速抓住另一人的手，上下疯狂地握手，然后松开。这表明他非常忙碌，没有时间闲聊。他不希望浪费时间，而且经常在对话中追逐目标。

这类人不喜欢做白日梦，而喜欢脚踏实地。

**主导式握手**

有些人握手时，喜欢手掌朝下握住对方，以此来占据心理上的主导地位。这种握手是一种狡猾的方式，可以让人们知道谁是负责人，而又不会过于激进或用力。

喜欢这种握手方式的人，做事很有计划，总是想比其他人领先十步。他们知道命运会眷顾有耐心的人，并且很乐意花时间去等待。

**完美式握手**

虽然没有完美的人，但许多人相信，握手可以做到尽善尽美。

按照《福布斯》的报道，通过以下几个步骤，可使你的握手绝对完美，从而让对方知道自己的真实状况：

保持良好的姿势和目光接触，伸出右手，坚定握紧手；紧接着，保持微笑，打招呼，然后重复对方的名字。

虽然这种握手方式很完美，但并不意味着，你应该牺牲自己平时充满个性的握手方式。它可以作为一种选择，以备不时之需。

## 打招呼：直视对方的人攻击性强

**心理策略：**心理学家说，打招呼是一种阳光心态的反映，核心是尊重人、对人热情。因此，通过观察对方打招呼的方式，我们可以了解他人的心思，洞察他人的心理活动。

在我国，打招呼有着悠久的历史。早在我们的祖先还穴洞而居的时候，他们就喜欢用“无它乎”来问候对方，意思是说“你没被蛇咬吧”，因为当时的人们经常在熟睡中被蛇咬伤或致死。如今，打招呼已成为人们联络感情、沟通心灵的重要方式，不但体现了人与人之间的相互尊重和重视，更体现了一个人的素质和修养。也正因为如此，通过观察对方打招呼的方式，我们可以了解他人的心思，洞察他人的心理活动。

**向人挥手致意**

一些人打招呼时并不满足于语言上的交流，而是更加重视表情和动作上的沟通。这类人大多性格开朗，待人亲切，喜欢照顾别人。对于自己内心的不快，也能够迅速忘记。当然，向人挥手致意很多时候是因为双方相距太远，担心对方听不到自己的声音。

**眼睛直视对方**

有些人打招呼时眼睛直勾勾地盯着对方，给人咄咄逼人的感觉。这类人通常具有强烈的自我意识，喜欢从自己的角度出发来考虑问题。在人际交往中，他们往往具有攻击性，希望通过打招呼来试探对方的虚实，并在气势上压倒对方。但同时，这也说明他们对别人心存戒心。

**拍打对方肩膀**

有些人打招呼时动作幅度很大，喜欢拍打对方的肩膀，这种动作通常出现在两个关系亲密的朋友之间，表明双方心无隔阂，不分彼此。但如果出现在两个陌生人之间，则表明对方对你无所顾忌，并希望借此给你来个下马威，以显示出他的优势地位。

**不看对方眼睛**

打招呼时不看对方的眼睛，而是将目光移至他处，顾左右而言他，这类人通常性格胆怯，害怕见陌生人，或者有强烈的自卑感。在为人处世方面，他们表现得不太自信，遇事往往犹豫不决。但这并不意味着他们性格孤傲，看不起别人。

**不跟人打招呼**

有些人很少或者从来不跟别人打招呼，从表面上看，这只是个礼貌问题，但从更深层次来讲，其实是自卑心理在作祟。这类人通常性格独立，讨厌相互间的寒暄，觉得那样做很虚伪、很做作。也正因为如此，他们往往给人留下自视清高的印象。

除此之外，通过一个人打招呼的习惯用语，也可以了解到这个人身上的很多东西。美国路易斯维尔大学心理学家斯坦利·弗拉杰为我们总结了以下习惯用语的含义：

**“你好”**

这类人头脑冷静，对待工作和生活勤勤恳恳、一丝不苟。他们能够掌控自己的情绪，不喜欢大惊小怪，深得同事和朋友们的信赖。

**“喂”**

这类人活泼开朗，精力充沛，渴望受人仰慕。他们直率坦白，思维敏捷，富有创造性，而且具有良好的幽默感，善于听取不同的意见，极少会固执己见。

**“嗨”**

这类人腼腆害羞，多愁善感，极易陷入为难的境地。由于担心出错，他们总是不敢作出新的尝试。但有时候也很热情，讨人喜欢，尤其是和家人或朋友在一起的时候。

**“过来呀”**

这类人办事干净利落，喜欢和他人分享自己的想法。他们热衷于冒险，而且能够及时从失败中吸取经验和教训，避免下次再犯同样的错误。

**“看到你真高兴”**

这类人性格开朗，待人热情、谦逊。他们凡事喜欢参与，而不是袖手旁观。他们对工作和生活充满了乐观情绪，但常常沉迷于幻想中，容易感情用事。

**“有啥新鲜事”**

这类人雄心勃勃，拥有远大的理想。他们好奇心极强，凡事喜欢刨根问底，甚至不惜打探别人的隐私。与此同时，他们热衷于物质享受，为此可以不遗余力。

**“你怎么样”**

这类人喜欢抛头露面，引人注意。他们对自己充满自信，习惯占据主导地位。行动之前喜欢深思熟虑。一旦接受某项任务，就会全力以赴投身其中，不达目的誓不罢休。

## 开车：乱按喇叭的人竞争意识强

**心理策略：**开车貌似关乎技术，实则与个人的性格密不可分。道路拥堵、强行加塞、恶意违章……在开车的过程中，各种令人心烦的事情会层出不穷，时刻考验人们的心理承受能力。如果一个人开车时总是烦躁不安、缺乏耐心，那么，他生活中多半也是如此。因此，通过开车的习惯，我们可以看出车主的性格特征。

近年来，随着社会的进步，开车逐渐成为人们出行的重要方式。如果我们注意观察，就会发现不同性格的人，开车习惯也不尽相同。有的人开车很平稳，车速控制得很好；有的人开车很狂野，逮住机会就夺路狂飙；有的人开车缺乏耐性，稍有不称心，就玩命按喇叭；有的人不开车时像只小绵羊，一旦开上车，马上就变成怒吼的雄狮……那么，这些开车习惯都暴露了车主的哪些性格特征呢？下面我们就来逐一解读。

**不紧不慢**

这类人开车不紧不慢，不管事情有多急，也不管路途有多遥远，始终保持心平气和，按照正常的速度行驶。他们严格遵守交通规则，红灯停，绿灯行，哪怕前方一马平川。生活中，他们以中庸为处事原则，为人诚信、可靠，做事认真踏实、一丝不苟，喜欢按部就班，很少受外界因素的干扰，有着良好的人际关系。然而，在保守思想的影响下，他们倾向于循规蹈矩，缺乏冒险精神，即使有很大的胜算，也不会轻易冒险，因而略显无趣。

**激情狂飙**

这类人享受速度带来的激情和快感，他们喜欢飙车，并且不能容忍别人超越自己。生活中，他们大多主观意识强烈，富有冒险精神，做事从不循规蹈矩；他们向往自由，不喜欢受制于人，也不允许别人为自己设限，否则他们可能会采取非常极端的方式来维护自己的独立；他们对待生活积极、乐观，凡事但求自己开心就好。当然，他们有时候头脑不够冷静，做事不够圆滑。此外，心中窝了一肚子气的人，也经常用飙车的方式来发泄内心的怒火。

**慢条斯理**

这类人开车很慢，对自己缺乏信心，一坐在方向盘后，就开始感到害怕，觉得无法操控一切。生活中，他们大多性格怯懦，处处谨小慎微，总想不冒任何风险就获得成功；他们惧怕担当责任，极力避免将东西放在自己手里，即便获得了授权，也会想办法缩小权限。尽管如此，他们其实心怀嫉妒，羡慕那些超越自己的人，渴望自己也能奋起直追，但怎奈总是无法跨越自我的藩篱。此外，很多新手刚上路时，开车通常也比较慢。

**狂按喇叭**

这类人开车容易情绪失控，一遇到堵车就着急上火，一旦被别人超车、插队就开骂，稍有不满就闪大灯、按喇叭，也就是我们常说的“路怒族”。生活中，他们大多脾气暴躁，缺乏耐心，在挫折和困难面前不知所措，一遇到不顺心的事情就容易情绪失控；他们具有强烈的竞争意识，总是处在时间的压力下，从来不满足于当前的工作进度，总是试图在最短的时间内完成尽可能多的任务。心理学上，将这种行为方式称为“A 型行为”。

**抢先起步**

这类人只要绿灯一亮，就抢先往前冲，恨不得插上一双翅膀。生活中，他们喜欢胜利的感觉，对成功的渴望往往比常人更加强烈，不愿被烙上失败者的印记；他们生活态度比较积极，具有强烈的竞争意识，凡事总是比别人抢先一步；他们头脑灵活，反应敏捷，拥有较强的随机应变能力。当然，由于经验的不足，他们有时候也很容易跌倒。

**不学开车**

这类人要么不敢开车，要么对开车的兴趣不大，因而也没想过要学车。生活中，他们大多主观意识淡薄，依赖性较强，缺乏足够的安全感和自信心；他们有自卑感，经常否定自己的想法，习惯于被人领导、受人支配；他们缺乏冒险精神，喜欢跟在别人身后做事，不愿承担责任，凡事过于追求稳妥。这样的人虽然难成大事，但也不会铸成大错。

**频繁闪远光灯**

一个不顾对方感受，频繁闪远光灯的人，通常属于控制怪胎或痴迷于控制的人，他们喜欢强迫别人做自己不想做的事情。

**不允许别人超车**

这种人平时可能会保持镇静驾驶，可一旦有人以某种烦人的方式迅速超车，他们马上会变得急躁，不允许这种情况发生。

不允许别人超车的人，通常信心比较膨胀，他们相信自己比其他人更有价值，不接受别人比自己强。如果有人敢挑战他们，一定要和对方 PK 到底。

**不懂得礼让行人**

过人行横道时，不停车或不屈服于行人，可能表明一个人比其他人更看重自己。他可能认为自己的时间比其他人有价值，或者认为自己凌驾于法律之上。

**对别人允许自己并线表示感谢**

这是一个真正绅士的标志。这种人在生活中，通常比较仁慈和友善，懂得如何与其他人打交道，而且犯了错，能够主动承认。

他们属于在人际交往中，比较受人欢迎的类型。

**抢黄灯堵路口**

当前方交通拥堵时，有些人无论如何都要通过黄灯，最终堵住了交叉路口。

来自美国加州大学伯克利分校的研究人员发现，从统计学上来讲，那些开新车、豪车的人通常比开一辆普通车的人，更倾向于这样做。

一个人如果为了抢黄灯，堵住了路口，可能表明他比其他人更看重自己的时间。如果一直这样做，表明他很粗鲁，判断力很差。

**转弯或变道不打灯**

我们知道，出于安全考虑，转弯或变道时应该打灯提醒后车。

如果一个人转弯或变道时总不打灯，可能意味着他有些草率，开车容易分神，或者可能觉得这种轻微的违法行为无所谓。

如果你正在找长期伴侣，这种开车习惯是一种可疑的品质。

**开车时打手机**

有些人比其他人更倾向于在开车时使用手机。

研究人员发现，那些尽责和乐于助人的人，更可能快速回复短信或接听电话，这使他们更容易成为分心的驾驶员。外向的人比内向的人使用手机更多。

此外，开车时手握方向盘的姿势，也能反映一个人的个性：

**完美主义者**

左手9点，右手3点方向，是手握方向盘的标准姿势。

喜欢这种握姿的人非常注重细节，并确保遵守规则。他们坚信，做任何事情都应该用正确的方式。这种完美主义的性格可能为他们带来了很多成功。

**极简主义者**

左手握方向盘，右手握挡把。

这种人希望保持生活尽可能简单。他们不喜欢被多余的东西拖累，交朋友也宁缺毋滥，更愿意和直率、真诚的朋友交往。

但这种生活上的简单，并不意味着他们很无聊。事实上，别人很欣赏他们的简约和稳定的生活态度。

**领导者**

左手8点方向，右手4点方向。

这种人是天生的领导者。他们有明确的目标，能够掌控局势，对自己的能力充满信心。别人很信任他们，而且总是寻求他们的指导和建议。

工作中，他们经常会因自己的领导才能而受到称赞。

**神经质**

双手放在方向盘的最上方。

这种人有些神经质，经常与焦虑作斗争。为了安全起见，他们喜欢事无巨细地检查工作。他们会尽可能避开高风险的活动，而喜欢做一些自己熟悉的事情。

生活中，尽管他们可能不喜欢张扬，但熟悉他们的人都知道，他们是好人。

**推土机**

用手拨方向盘。

这种人通常比较忙碌，没时间陪伴妨碍他们的人。他们有很强的动力和做事的决心，遇到问题更愿意动手解决，而不是与人争论。

他们以目标、以行动为导向，这会给他们带来无穷的乐趣。

## 小动作：掰手指的人爱钻牛角尖

**心理策略：**观察一个人，最好的办法不是看他说了什么或做了什么，而是看他有什么小动作。从心理学的角度来讲，这些无意间流露出的小动作，才是一个人性格的真实反映。

在日常生活中，我们每个人都有一些习惯性的小动作，例如摸摸头发、咬咬指甲。这些不经意的小动作，常常会出卖一个人的真实想法，哪怕是地位显赫的政治家也不例外。在第二次世界大战结束后的日本受降仪式上，美军司令麦克阿瑟双手叉腰的小动作，就充分展示了其居高临下的胜利者姿态；而“9·11”事件后，美国总统小布什紧咬嘴唇的小动作，则将其内心的焦虑不安显露无余。接下来我们就来看看，不同的小动作背后所隐藏的大秘密。

**摆弄饰物**

这种动作多见于女性，她们说话时似乎不知道把手放哪里，于是不停地摆弄饰物，例如玩钥匙、扭动手指上的戒指，或者拉拽衣服。这样的人一般性格内向，不轻易流露内心的想法。没有经验的人会以为她们注意力不集中，实际上她们只是在掩饰内心的紧张和焦虑。

**拨弄头发**

生活中有很多女性，即使头发很整齐，也没有遮住眼睛，但她还是频繁地用手拂拭额前或脑后的秀发。在人际交往中，她们对别人的态度和言辞比较敏感，甚至有点神经质。如果男性有此动作，则表明他们比较情绪化，经常因为一些事情而感到焦躁不安。

**吸吮手指**

吸吮手指本来是婴儿期的主要特征，但很多成年人依然保留着这种貌似幼稚的习惯。心理学家认为，这种习惯主要源自婴儿期的创伤经历，例如吸吮或喂养的创伤。拥有这种习惯的人通常倾向于依赖别人，总是要求别人伸出援手，一旦感到紧张，这种动作就会出现。

**掰响手指**

这种动作多见于男性，他们习惯把自己的手指掰得“咔咔”响。这类人通常精力旺盛，开朗健谈，而且喜欢钻牛角尖。他们对事业和工作环境非常挑剔，有很强的进取心，只要是自己喜欢做的事情，就会不惜一切代价，努力去实现。

**摇头晃脑**

这类人通常比较自信，甚至有一种唯我独尊的霸气。在人际交往中，他们非常乐于表现自己，尽管时常遭到别人的厌恶，但他们对事业一往无前的精神常令人赞叹。在拳击比赛中，我们经常看到运动员们在赛前冲着对手摇头晃脑，一副舍我其谁的样子。

**拍打头部**

拍打头部的动作通常表示懊恼和自我谴责，当人们猛然想起，或者突然发现自己做错某件事情时，通常会做出这样的举动。这类人对事业有一种开拓进取的精神，他们大多心直口快，为人真诚，富有同情心，愿意帮助他人，但缺点是性子比较急，守不住秘密。

**用手抱头**

在足球赛场上，我们经常看到前锋的射门稍稍偏出门框时，看台上的球迷们绝望地抱起了头。这是一种自然的反应，其意图在于保护头部，当然不是为了抵御身体上的打击，而是为了防止心理上的伤害。事实上，当我们还是个无助的婴儿时，妈妈就经常托起我们的头。

**模仿别人**

模仿别人是典型的表示亲近的动作。如果你重复对方的话，或者模仿对方的动作，那么，很有可能是你对他或她产生了好感。模仿别人的意思是，你希望和对方一样。因此，很多时候，想知道自己对别人是否有吸引力，只要看他们是否在模仿你就行了。

**边说边笑**

这类人在说话时，总喜欢放声纵笑。他们大多性格开朗，热爱生活，懂得知足常乐，无论对什么事情，都不会刻意去勉强；他们对感情非常专一，对友情和亲情特别珍惜。在人际交往中，他们人缘比较好。和这种人交谈，你会觉得非常轻松愉快。

**信手涂鸦**

很多患有多动症的孩子上课时，由于受到学校的管制，无法随意活动，烦躁之余常常以信手涂鸦的方式来缓解内心的压力。成年人出现这样的动作，同样也是受到制约、内心焦虑的表现，例如不堪忍受冗长的会议。这类人通常感情比较细腻，希望得到他人的关注。

## 点菜：饭桌上折射出的性格

**心理策略：**随着人们生活条件的不断提高，外出就餐逐渐成为一种生活常态，约上三五好友或几个同事一起外出吃饭是很多人的日常休闲活动之一。那么，在集体外出吃饭的时候，你注意过大家点菜时的表现吗？实际上，点菜的细节正是性格在饭桌上的折射，通过点菜表现，我们基本可以断定对方是一个怎样的人。

在餐桌待客礼仪中，关于点菜的顺序有着十分严格的规定，比如贵客先点，主人再补充，点菜过程中询问大家的意见以示尊重等。不过，我们这里要说的不是餐桌礼仪，而是大家在点菜时的第一反应。千万不要忽略这样一个小细节，因为这个细节很可能是我们打开对方心扉的一把钥匙。

**直接点爱吃的菜**

有些人一拿到菜单就会迅速报出自己喜欢的菜。从性格上来说，这类人直爽果断，不喜欢为了所谓的面子进行伪装。与这类人交往，不必试探，不必虚与委蛇，因为他们更喜欢直来直去的沟通方式。直接点爱吃的菜表明他们更喜欢掌握主动权，不管在什么情况下都绝对不会委屈自己，更不用说是委曲求全了。他们生性乐观开朗，或许还有些大大咧咧，虽然在点菜这件事情上相当直接，有时候还会让旁人觉得没面子，但实际上他们待人相当友善，并不是吹毛求疵、专给别人找不痛快的人。

**点菜时犹豫不决**

与直接点爱吃的菜的人不同，这类人在点菜的时候速度相当慢，有时候菜单都已经反反复复翻了几遍，却依然没有确定要点哪道菜。点菜时犹豫不决的人大多做事相当认真，甚至容不得一丝纰漏，他们不求夺人眼球，只求绝对安全，表现在点菜这件事情上则是会征求旁人的意见。性格上，他们待人温和，比较友善，从不标新立异，而是随大溜，属于随遇而安的一类人。不过，这种过于听从旁人意见的做法难免暴露出其缺乏主见的一面。凡事过犹不及，听取旁人意见是好事，但过度听从则会丧失自我意识，那就得不偿失了。

**只看菜不看价格**

菜单一般是由菜品与价格组成，有些人在点菜的时候基本不看价格，只看菜品。这类人一般属于享受型，只要是他们认为好的，大多不在乎价格因素。还有一类人在点菜时是菜品与价格结合来看，如此点菜的人性格十分理性，懂得如何作出最佳取舍，属于生活中的智者。此外，还有徘徊在价格不同的两道菜中一直犹豫不决的人，这类人在对待金钱方面一般比较吝啬，他们生活节俭，过日子比较喜欢算计省钱，善于持家，但节俭过度就变成小气抠门了。

**定好菜单再请客**

请客吃饭是再正常不过的事情了。对于请客这件事，不同的人有不同的做法，有些是人到了大家一起点，还有一些则更喜欢提前把菜单定好，人到齐了如不合适再调整。一般定好菜单再请客的人，其性格都十分保守、传统，他们做事极有计划性，喜欢将所有人和事都归置在可控范围之内。小心谨慎是他们最鲜明的做事风格，正是因为这一点，他们从不打没有准备的仗，所谓有备无患，在他们看来提前准备妥当总比临时抱佛脚要可靠、安全得多。

## 扶眼镜：鼻梁上的性格密码

**心理策略：**在现代社会中，戴眼镜的人很多，这其中既有不得不戴眼镜的近视眼，也有很多为了装饰而选择戴眼镜的人。不管大家戴眼镜的动机是什么，只要戴眼镜就必然会随之产生扶眼镜的动作。别小看这个小动作，它会在无声无息中暴露出你的性格密码。

眼镜被很多心理学家视为“架在鼻梁上的性格密码”，不同的人扶眼镜的动作有很大的差异，既有手扶眼镜的，也有手扶眼镜腿的，还有从鼻梁中间的衔接处扶眼镜的。那么，这些五花八门的扶眼镜动作中，究竟隐藏着怎样的心理学秘密呢？

**手扶眼镜框上推**

有些人习惯单手扶住眼镜框的某一侧，然后往上推至舒服的姿势。从心理学角度来讲，采用这种姿势扶眼镜的人，其动机主要是想拥有更为广阔的视野范围。一般来说，这类人相当有自信，比较有大局观念。或许正是因为这种“高屋建瓴”的观察角度，他们比常人更善于看到机会、抓住机会。此外，该动作发生的场合不同也会传达出不同的心理意义。如果在与人洽谈生意时做出单手扶眼镜框的动作，那表示其对这笔生意的成交相当自信；如果在辩论赛上做出此动作，则暗示自己可以说服对方，并最终赢得胜利。

**一字指鼻梁上推**

“一字指”即食指上伸，其他四指自然弯曲聚拢的动作。用一根食指放到眼镜鼻梁处的衔接处，然后再上推至舒适位置的人，一般都属于慢热型，不管是交朋友还是谈恋爱，他们都相当迟钝。从心理学角度来看，这类人性格偏于内敛，情感细腻，待人温和有礼，比较有人缘。要想与这类人成为朋友，一定不能急于求成，而要用一颗坦诚的心慢慢感化对方。如果只是偶尔用这个姿势扶眼镜，那表示其很可能正在面临某件重大事情，所以内心十分紧张不安，该动作的意图就是为了掩饰内心的紧张与焦虑。

**八字手形向上推**

所谓八字手形，就是指大拇指和食指分别朝两边张开，其余三指并拢的手形。有些人喜欢用这个姿势扶眼镜，即把伸出的大拇指和食指分别放在两个镜框的下方，然后向上推至舒适的位置。由于该动作与某品牌牙膏的广告动作十分相似，所以又被戏称为名人牙膏姿势。喜欢这种扶眼镜姿势的人大多十分虚心，求知欲比较强，不管在学习还是工作中都非常勤奋。在待人方面，他们尊重旁人的意见，即便旁人的观点再离经叛道，也不会反驳对方。

从这一点看，他们似乎很招人喜爱。

**手扶眼镜腿上推**

有些人习惯用手扶住眼镜腿，然后再将眼镜调整至舒适位置。这种扶眼镜的姿势表示其人遇事冷静、理智，从不会冒冒失失行动，而是在了解清楚情况，制订出具体可行的计划后，再严格按照计划来行事。这类人大多很有想法，他们对自己的认同度很高，相信自己的决定，所以很少会因外界的阻挠或挫折就放弃。在工作和生活当中，他们有一套自己的行动法则与习惯，绝大部分情况下，他们都会严格按照自己的行动法则和习惯来处理遇到的各种情况，属于十分有计划的一类人。

## 自拍：剪刀手的人开朗乐观

**心理策略：**随着智能手机的普及，手机自拍正成为时下年轻人喜欢的自娱自乐休闲活动。在微信、微博上分享自拍照早已经不是什么新鲜事，但你在浏览朋友圈里的自拍照片时，留意过大家的自拍动作吗？千万不要小看这些照片，它们能够反映拍照者的性格。

自拍照的动作和表情多种多样，不同人对于拍照动作又有着不同的偏好。那么，生活中常见的自拍动作都有哪些呢？它们背后又隐藏着怎样的性格秘密？下面我们挑选了最常见的六种拍照动作，并一一做了详细的心理学性格分析。

**剪刀手造型**

这种姿势在自拍当中最为常见。从心理学角度来讲，喜欢剪刀手自拍姿势的人性格上大多非常开朗、活泼，不管遇到什么困难和挫折都不会悲观失望，属于天生的乐天派，与人相处也比较和善，而且一旦有什么新鲜事会忍不住与人分享。

**双手心造型**

所谓双手心造型，就是双手上举，以头部为支撑点，用双臂摆出心形的姿势。喜欢这种拍照姿势的人有着十分丰富的情感和敏感的内心，他们待人有爱心，容易感动，在生活和工作中比较情绪化，渴望被爱，而且渴望得到周围人的关怀。

**八字手造型**

所谓八字手，顾名思义就是一只手摆出“八”放在贴近下巴的位置，然后头向某一侧稍微倾斜的拍照姿势。这种拍照姿势最初起源于某牙膏广告，因而又被戏称为名人牙膏姿势。一般而言，喜欢这种自拍姿势的人，内心大多充满自信，性格潇洒而充满活力，精力比常人要旺盛。他们是闲不住的性子，每天都会把自己的生活安排得相当充实。

**招财猫造型**

这类人的拍照姿势与我们常见的招财猫一模一样，一只手弯曲上举做打招呼状，有些人还喜欢同时做出鼓脸动作。从性格上来说，他们大多是非常活泼可爱的人，性子洒脱，平日里活蹦乱跳，不仅招人喜爱，还是朋友圈里的“开心果”和“活宝”。

**睡眠式造型**

这种姿势在自拍造型中也比较常见，即双手合十做枕头状，然后歪头做熟睡造型。心理学研究表明，喜欢这种拍照姿势的人大多内心缺乏安全感，非常渴望得到温暖，性格上或多或少都有一些依赖性，依赖对象大多为家人、伴侣等。这种依赖性表现在生活和工作中则是很少独自外出或行动，无论做什么都喜欢结伴而行。他们性格温和，待人也相当和善，如果是女性则多为淑女，如果是男性则多为温文尔雅的绅士。

**手托腮造型**

用一只手托住下巴或脸颊，然后故做深沉状……每个人身边都有几个喜欢这种自拍姿势的死党、朋友等。从表面上看，这个造型实在有装深沉之嫌，但他们忧郁的眼神、飘忽的视线以及正在思考的神态等多半不是假装出来的。这类人在感情上大多经历过坎坷，受过某种伤害，不过他们并没有因此消沉，反倒是越挫越勇，属于生活中相当有人格魅力的一类人。

此外，以下一些自拍习惯也能反映一个人的个性：

·在社交媒体上发布更多自拍照的人，表现出更多的自恋，缺乏冲动控制能力。英国伯明翰大学的研究发现，自拍过多的人，恋爱关系也往往不顺利。一切都更肤浅，基于形象，而不是亲密关系。

· 做鬼脸。情绪不稳定，可能还会神经质。

· 隐藏自己的位置。做事尽职尽责，但也非常关注隐私。

· 女人比男人更倾向于歪头微笑。

## 等电梯：环顾四周的人戒备心强

**心理策略：**对于不少职场人士来说，等电梯可谓是每天必做的事情之一。那么，你是否留意过大家在等电梯的时候都在做些什么呢？等电梯不是军事训练，所以很少有人会直挺挺站立干等，而是各自有各自的站立姿势。千万不要忽视这样的动作和姿势，因为它很可能揭示了当事人的性格和心理活动。

由于等电梯的时间比较短暂，这点时间也不足以空出来做些什么，所以这时候人的精神状态是最为真实的，其思维大多处在一个放空的状态，因此更容易看出一些心理上的蛛丝马迹。想知道等电梯的背后都有哪些不为人知的心理学秘密吗？不妨来看以下几种经典姿势：

**踱步或跺脚**

有些人在等电梯的时候尤其喜欢用下肢做小动作，比如在电梯附近走来走去，或原地踏步或跺脚等。经常用这种方式等电梯的人，其性格多敏感，甚至有点神经质，遇到麻烦事或突发情况沉不住气，性子稍微有点急躁。从性情角度来说，喜欢这种等电梯方式的人内心情感都十分丰富，感性大于理性，或多或少都会有一些艺术方面的才华或天赋等。

**反复按指令**

等电梯是一件相当无聊又痛苦的事情，等待往往会给人带来心理上的压力、躁动、不安等情绪，这是非常正常的心理反应。每个人在等电梯的时候都会产生这种情绪，但不同的人却有着不同的表现方式。有些人在等电梯时会反复按指令按钮，每次按都是连续几次且明显可以看出比较用力。这类人基本上都是雷厉风行的大忙人，他们做事追求速度和效率，对于拖拉和浪费时间的行为有一种近乎偏执的厌恶，其性格大多严肃而直爽，属于有什么说什么，绝不会拐弯抹角的类型。与这类人打交道不必太过担心，因为他们的性格偏于情绪化，所有情绪都写在脸上，比当面一套背后一套的人更容易相处。

**注视楼层数**

电梯在运行时会显示楼层数的变化，有些人等电梯时没有什么特别的姿势，只是很正常地站立，然后眼睛一直紧盯着楼层数字，电梯门一开便目不斜视地直接走进或走出。喜欢这种等电梯方式的人，表面看起来比较沉默，实际上性格也确实多属于内敛型，他们有主见，不容易受外界环境影响，虽相对内向却心地善良，待人也相当真诚。不过，他们不太擅长社交，过于为他人考虑的奉献型性格使其根本不懂得如何拒绝，因此很容易成为冤大头，甚至会费力不讨好。如果你恰巧属于这类人，最好学会大胆说“不”，否则很容易吃亏。

**环视或看天**

在等电梯的时候喜欢环顾四周的人，一般都有很强的戒备心，他们内心充满不安全感，为了让自己心安，并确定周围没有威胁，只要处在人多的环境中，就会不自觉地环顾四周，以防不测。还有一些人喜欢抬头看天花板或高处，这类人一般城府较深，对钱、权势等欲望较强。在社交方面他们并不活跃，也不喜欢频繁地四处走动，对于他们来说，朋友不用多，有几个真心相待的“铁杆”就足够。与朋友数量的多少相比，他们更关注朋友的质量，如果双方没有半点相互吸引的磁场，反倒不如不结交。

## 微信：喜欢炫耀的人有自恋倾向

**心理策略：**如今微信的用户早已经超过了微博，活跃度也大大超过了QQ。打开微信，我们常常会被朋友圈里各种各样的信息轮番轰炸，有些人简直是“刷屏帝”，随时随地发状态，而有些人则仿佛消失了一般许久都没任何动态……这些状态表面看起来杂乱无章，但实际上统统都是性格在微信平台上的真实映射，换句话说，通过微信状态，我们可以看穿对方的真实心态。

微信的内容丰富多彩，从工作到生活，再到休闲；从领导到同事，再到同学、家人……这么多庞杂的内容信息，我们又不是专业的心理学专家，又怎样对症下药，看出对方的真实心思呢？既然逐一现场分析不可行，为什么不能对微信内容进行合理分类呢？从内容上来说，微信动态基本上都可以划分为以下四大类：

**炫耀型**

"'十一'七天欧洲游，行程好紧凑，骨头都散架了！""××店的下午茶真是没得说，也不枉我特地开车三个小时。"类似这种充满小资情调的微信基本上占据了微信内容的很大比例，晒幸福、晒旅游、晒奢侈品、晒珠宝首饰……这些实际上都属于炫耀型，从心理学角度来讲，喜欢在微信上发炫耀型内容的人，大多非常自恋，非常渴望从旁人的认可中获得存在感和满足感，其性格或多或少有些小虚荣或内心极度空虚，非常缺乏自我认同感。

**拓展型**

所谓拓展型，就是经常借助微信平台发某一方面的新动态、新消息、新知识等，比如书画大师在微信上发布绘画新技法、各类书画展信息就属于拓展型。这类人对物质上的追求大多不旺盛，但却非常渴求精神食粮，通过其微信主题和内容，我们很容易发现他们的兴趣爱好。这类人好奇心强，对未知充满了积极期待，并愿意为此付出努力，属于有思想追求、有明确目标、有鲜明个性、有激情活力的某一领域"发烧友"。

**解压型**

现代生活节奏越来越快，人们工作越来越忙，所以精神压力也越来越大，心理有了压力自然就想释放出来，而微信无疑是一个很好的解压平台。有相当一部分人喜欢在微信中分享工作中的苦与乐，诸如"这个点还在加班，郁闷！""哇，年终奖居然这么丰厚。"这类人大多精神压力很大，又不善于表达自我，性格偏内向，对家人、朋友等都是报喜不报忧，也很少会把自己的苦累说给旁人听，所以便选择了这种虚拟空间来发泄情绪。

**看客型**

所谓看客型，顾名思义就是只转发、浏览信息，却从不发原创信息的人。实际上，这种微信使用方式也占据了相当大的用户比例，他们信奉"晒恩爱死得快""晒幸福霉运来"等理念，所以基本不发涉及自己隐私的状态。这类人为人处世相当低调，不喜欢哗众取宠，但自信心稍显不足，比较容易受到周围人和事的影响，尤其是在别人晒幸福、晒恩爱、晒存款等炫耀时，常常会产生羡慕嫉妒恨的情绪，悲观者还会生出自己处处不如人的哀怨。人们常说“好奇害死猫”，在微信的世界里，如果你管不住自己挖掘了解他人隐私的好奇心，那么很有可能就是自寻烦恼，产生越比越心凉的结果。

# 第五章
# 习惯读心策略

DIWUZHANG

## 吸烟：向下吐烟圈的人比较悲观

**心理策略：** 吸烟作为很多人释放压力的法宝之一，在不经意间透露了吸烟者的心理状态。有心理学家就曾按照不同的吸烟姿势，将吸烟者分为自命不凡、平易近人、鲁莽、胆怯、固执己见等九种性格。因此，只要你细心观察，就可以掌握对方的心理特征。

在日常生活中，吸烟的人随处可见，无论在办公室还是在娱乐场所，我们都能看到很多人在吞云吐雾。事实上在中国，吸烟已经成为一种交际手段，被很多人视为增进相互间感情的捷径。那么，吸烟和人的性格有关系吗？答案是肯定的。近年来，心理学家对人们的吸烟姿势和形态做过系统的研究，他们认为，吸烟可以反映一个人的性格特征。美国著名心理学家 J. 福斯特更是把吸烟者的姿势细分为五个部分，并详细指出了它们的含义。

**持烟的方式**

· 夹在食指和中指的指尖上。这类人性情比较温和，做事比较踏实，喜欢表达自己，给人的感觉很亲切、很自然。但是，他们容易随波逐流，缺乏决断力和意志力。

· 夹在食指和中指的指缝间。这类人自我意识很强，做事雷厉风行，但他们不太擅长协调人际关系，因此，很容易引起别人的误解和反感。

· 用拇指、食指和中指捏着。这类人头脑聪明，做事比较干练，但性情较为冷淡，有时候过于骄傲、自我，容易引起别人的不快。这种保守、戒备的姿势多见于男士。

**吸烟的方式**

· 把烟叼在嘴的右边。这类人才思敏捷，决策果断、迅速，他们一旦下定决心，就会勇往直前，大胆出手，常常给人出其不意的感觉。

· 把烟叼在嘴的左边。这类人思绪连篇，计划性很强，做事之前，喜欢在脑子里盘算各种可能性。通常来讲，他们都属于城府较深的人。

· 把烟叼在嘴中间，向上翘着。这类人比较好面子，虚荣心较强，虽然外表给人感觉很踏实，内心却暗流涌动，喜欢尝试超出自己能力范围的事情，最终自食其果。

· 把烟叼在嘴中间，向下翘着。这类人非常理性，从来不强人所难。他们做事很踏实，喜欢按照自己的节奏，有计划、有步骤地去完成预定的目标。

· 嘴里叼着烟，手上的动作不停。这类人对自己很有信心，业绩确实也很突出。他们对自己的生活和工作现状非常满意，而且对未来充满了希望。

· 咬烟头，或用唾液弄湿烟卷。这类人性格中依然残留着不成熟的幼儿习性，他们借吸吮过滤嘴的动作来寻求安全感。事实上，心理学家已经发现，大部分的成年吸烟者，尤其是烟瘾相当严重的那部分人，在婴儿时期主要是用奶瓶来喂养的。

**吐烟的方式**

· 把烟吐向面前的人。这类人非常自我，经常无视对方的存在，尤其是当他们有意要挑衅对方时，情况更是如此。这种行为，在任何地方都是不被容许的。

· 往上吐烟。往上吐烟是自信、乐观的表现，说明吸烟者有一种强烈的优越感。据说，抽雪茄的时候，大部分人都是往上吐烟的。

· 往下吐烟。往下吐烟是猜疑、悲观的表现，说明吸烟者信心不足、意志消沉。当然，也有可能是因为他们不愿冒犯别人，所以故意往下吐烟。

**抖烟灰的方式**

· 不停地抖烟灰。这类人做事很认真，即使烟灰很短，也要抖落。不过，这同时也表明他们内心紧张或有不安，不能轻松应对眼前的局面。

· 烟灰已经很长，却不在意。这类人缺乏足够的精力，做事小心谨慎。

当然，也有可能是因为吸烟者正在冥思苦想，神情太过专注，以致无心抖落烟灰。

**掐灭烟的方式**

· 把烟按在烟灰缸里捻灭。这类人做任何事情都界限分明，一般不会感情用事。他们把工作和生活、恋爱和婚姻分得很清楚，轻易不会混淆。

· 往烟灰缸里倒水。这类人做事容易走极端，既有追求完美的一面，也有不修边幅的时候。他们平日里很安静，但做起事情来却雷厉风行，常常让同事感到吃惊。

· 烟还没灭，就扔到烟灰缸里。这类人通常比较自我，做事不顾及他人，缺乏协调性，经常将自己的观点和感情强加于人。

## 喝酒：酒品即人品

**心理策略：**酒桌上可谓人生百态，有的人豪爽，有的人推诿，有的人憨厚，有的人狡诈。常言道，酒品即人品，喝酒能鉴人。这句话虽有以偏概全之嫌，但心理学家告诉我们，喝酒确实能够反映一个人的性格。

当今社会，喝酒是一种重要的社交手段。无论同学聚会，还是好友相邀，无论商务谈判，还是接风洗尘，都免不了要喝酒。人们在清醒时能够控制自己的言行，而一旦酒过三巡后，就会做出很多下意识的举动，暴露出其内心的本色。难怪三国时期的诸葛亮在考查下属时，会“醉之以酒而观其性”。下面我们就来看看，不同喝酒方式所折射出的人生百态。

**端起就干型**

这类人属于性格豪放之辈，酒杯一端，谈笑间杯中之酒早已下肚。生活中，他们多为直肠子，生性豪爽，做事痛快淋漓、不拘小节，有一说一，有二说二。古道热肠的性情为他们赢得了许多至交，而一句“我干了，你随意”，更是折服了众多朋友的心。

**半遮半掩型**

这类人属于性格拘谨之辈，对着酒杯，抿上一小口，欲全部喝下，没那个勇气，不喝一点，又怕别人说自己不够意思。生活中，他们不管做什么事情，总喜欢瞻前顾后、左顾右盼，对别人的议论十分在意，唯恐自己的不当之举引来别人的非议。

**杯中养鱼型**

这类人喝酒耍滑头，给别人倒满杯而给自己只倒半杯，或者每次端酒杯，总要剩一些在杯中，也就是我们平常所说的“养鱼”。生活中，他们为人不够坦诚，做事总喜欢耍点小聪明，还以为别人看不出来，这样的人很容易招致别人的反感。

**看人下酒型**

这类人不是不喝酒，而是要看跟谁喝。见到级别比自己高、对自己有用的人，他们“咣咣”干个不停，恨不得把自己泡在酒缸里，甚至还主动替领导喝；见到级别比自己低的人，则显得傲慢无礼。生活中，他们做事比较功利，喜欢奉承和依附有权有势的人。

**口无遮拦型**

这类人不喝酒没事，只要喝点酒就开始胡言乱语、信口雌黄，随便向他人许下承诺。生活中，他们的心态相对比较消极，情绪比较低落，或因怀才不遇，或因不满现状。因此，对他们的话你可以当真，但切不可太当真。

**滴酒不沾型**

这类人常以不能喝酒为由，坦然静观酒场风云，独自欣赏众人醉态。生活中，他们多半性格保守、敏感，不愿听从他人的意见，也不会轻易透露自己内心的真实想法。当然，也有很多人是受职业所限，或者因为身体条件不允许，才不喝酒的。

**酒后酣睡型**

这类人喝完酒倒头就睡，没有多余的语言和行动。生活中，他们多半性格沉稳、随和，待人宽容、大度，不会因为小事与人锱铢必较。与此同时，他们拥有较强的自制力，做事非常理智，能够约束自己的行为，很少有逾矩之举。

**酒后神侃型**

这类人平时话不多，但三杯两盏下肚后，就开始侃侃而谈。生活中，他们多半性格内向，轻易不表达自己的见解，只有在特定的时间和场合才喜欢崭露锋芒。他们往往拥有较强的进取心，胸怀远大的抱负，并愿意为此而努力奋斗。

**酒后倾诉型**

这类人喝完酒后，喜欢向自己信赖的人倾诉。他们平时性格内向，内心压抑，即使心有所想，也不愿轻易表白，而是更多地选择沉默。只有在酒精的刺激下，才会真情流露，评价别人，阐述自己的观点，同时释放内心的压抑。

**酒后撒泼型**

这类人喝完酒后，就变得暴戾恣睢、狂躁不安，借着酒劲出言不逊，甚至摔盘子砸碗筷，跟人大打出手。他们平素少言寡语，生活不尽如人意，自尊心很强，唯恐别人看不起。一旦喝了酒后，不满的情绪就像开闸的洪水一样倾泻而出。

研究表明，那些具有侵略性人格特质的人，最容易受到酒精的影响，变得更有攻击性。这是因为酒精会破坏认知功能，使我们无法寻找其他解决问题的方法。

## 涂鸦：画箭头的人有企图心

**心理策略：**涂鸦是人类的天性。很多人在闲得无聊或心情烦闷时，都喜欢随手在纸上乱涂乱画。心理学家经过研究证实，这些无意识的涂画，其实反映了涂画者的性格和心理。

当冗长的会议让你感到烦闷不安，或者手握电话边听边思考的时候，你会怎么做？也许会拿出纸和笔，信马由缰地涂上几笔。可千万别小觑了这些涂鸦！心理学家告诉我们，这其实是人们面临压力或感到烦躁时的一种发泄方式，它真实反映了涂画者的性格和心理。

例如，美国前总统肯尼迪喜欢画尖头帆船，这说明他是一个精力充沛、自强不息的人；而俄罗斯前总统叶利钦则喜欢画交叉的直线，这说明他是一个性格直爽、固执的人。那么，你平时喜欢画什么？它们又代表什么含义呢？

让我们来听一听心理学家的解读吧。

**箭头**

箭头涂鸦很容易绘制且充满含义。

箭头通常都有指向，它体现了一种企图，例如侵略、愿望等。箭头的指向不同，其含义也不同：向高处指向别人，向低处指向自己，向左指向过去，向右指向未来。

注意用箭头绘制的内容。一个明显的例子：用心画的箭头是对爱的渴望。

如果给箭头加上尾翼，或者箭头尖细的程度不同，则其所表现的力度也有强弱之分。

**格子**

画格子通常表明涂鸦者陷入了某种尴尬的局面。这种人通常缺乏自信心，他们倾向于打碎了牙往肚子里咽，但这样做的结果是：心中的失望越多，越觉得自己倒霉。涂画时，粗线代表即将采取的进攻策略。如果最后画一条线将画圈上，则表明问题已经解决。

**三角形和方形**

三角形和方形等几何图案通常表示有明确的目的和信念。这种人不会轻易上当受骗，他们从来不隐瞒自己的观点，即便在敌人、竞争对手和上级面前也毫不犯怵。但过分颐指气使的霸气束缚了他们的想象力，致使他们看问题太过复杂，容易在小事上较真。

**花或太阳**

画花或太阳通常表明涂鸦者个性比较脆弱，但却有着丰富的想象力。这种人外表给人感觉很开心，内心则可能恰恰相反。他们向往友谊和爱情，脑子里想什么，纸上就不由自主地画什么。此外，他们通常比较敏感，任何的生活琐事都有可能成为他们烦躁不安的理由。

**螺旋线或圆圈**

螺旋线或圆圈通常表示忧郁和孤独。有这种涂鸦习惯的人，对其他问题并不太关心，甚至觉得它们对自己是一种干扰。此时，他们的注意力几乎完全集中在自己身上。因此，如果发现自己画了螺旋线，注意不要让自己发火；如果画了很多圆圈，则表示你过于忧郁和孤独。

**棋盘**

画棋盘通常表明涂鸦者陷入了某种不愉快或左右为难的境地，希望找到一条光明大道，可以带领自己走出这种困境。遇到这种情况，最好寻求心理疏导，切忌闷在心里不说。

**简单的小人**

画简单的小人通常表明涂鸦者感到很无助，或者试图逃避某种责任。当人们想要拒绝，却又难以启齿时，通常会借助这种方式来发泄内心的抑郁之情，仿佛是在告诫自己："不能认输啊！该拒绝还得拒绝，否则你会后悔一辈子！"

**佩斯利花涂鸦**

佩斯利图案具有和谐感，其生动的形状，就像水池中的鱼一样盘旋而不会碰撞。这是一个非常女性化的涂鸦，充满波浪线和泪滴的感觉，盛开的花朵营造出愉悦的心情。

喜欢这种涂鸦的人是直觉的完美主义者，喜欢与别人紧密合作，并通过避免冲突和营造宜人的环境来促进工作场所的和谐。

他们对细节一丝不苟，能够完成需要极高精确度或技巧的重复性工作。

但因为不愿走捷径，他们工作起来可能并不总是有效率。

**花瓣和蝴蝶**

花瓣、蝴蝶、盒子是涂鸦中常见的几种符号。花与人相关，花瓣与社交圈相关。很多的花可以代表他们的家人或团队。

直立的茎和不断变化的布置反映出他们对自己家庭或成就的自豪感，而均衡的间距则标志着良好的团队合作精神。

整齐有序的波浪线显示出内心的感情得到了很好的控制，蝴蝶表明他们也希望自由自在。方框与组织和计划有关。

**鬼脸**

这种鬼脸，象征着人们对变老的恐惧，并传达了这个人接听电话时的悲伤、焦虑和愤怒。

略微交叉的嘴巴表达了他们的沮丧和愤怒，下垂的胡须表达了沮丧，而缠着的眼睛则表达了痛苦。

当他们听到不好的消息时，笔转来转去，反复画圈圈，以便集中注意力。

尽管如此，抬头仰望的大头表明他们对自己的能力充满信心，因此将目光投向了更高的位置。

**涂鸦的位置**

画在中心位置，可能意味着两件事：

其一是自负或需要关注。这是性格外向的人的典型表现。其二是对开放空间、创造性的表达或反对限制的渴望。

画在顶部。页面顶部是最重要的位置，涂鸦者认为他们的意见比正在讨论的内容更重要。它通常表示充满活力、自由思考的人。

画在左侧。涂鸦者专注于过去，无论是怀旧还是后悔，都不愿前进。巧的是，这是涂鸦最常见的区域。

画在右侧。通常用于笔记的地方，在右边缘涂鸦可能表示内心情感的冲动。

**其他涂鸦的心理解读**

| | |
|---|---|
| 直线——心直口快，想什么说什么 | 十字——苦恼，自责，或遭他人责难 |
| 锯齿——侵略性的象征 | 栅栏——阻隔，感到拘束，或隐藏自己 |
| 五角星——雄心勃勃 | 六角星——注意力集中 |
| 星号或星星——想闪耀的欲望 | 船和飞机——渴望摆脱现有环境 |

此外，以下一些涂鸦习惯也能反映一个人的个性和心理：

· 弧形表明某人是秘密的。

· 心。涂鸦的心，象征着爱和浪漫。画这种形状的涂鸦者，通常具有深情和感性的个性。

· 网。网画总是很有趣，暗示着一种能说服和吸引人的个性。

· 盒子。盒子与方形涂鸦不同。盒子暗示着野心，但也代表着唯物主义。

· 立方体。聪明的思想家，可以看到全局和其他人的观点。

· 线圈或螺旋。代表创造力、多样性和进步的爱好者。

· 波浪线。适应能力强，思维敏捷，但做事优柔寡断。

· 乱涂乱画是沮丧的迹象，而追溯数字表明人们担心成本或时间流逝。

· 排列紧密的砖块涂鸦表明某人和目标之间存在一些障碍。

· 梯子和楼梯。无论是职业野心、个人进步还是精神修养，梯子和楼梯涂鸦都表示朝着目标迈进。

· 蜘蛛网。蜘蛛网涂鸦代表被困住或卡住。但这并不总是意味着涂鸦者是被困住的人。有时候，蛛网代表着艺术家想吸引别人。

· 黑色是最常用的涂鸦颜色，表明某人果断而努力。蓝墨水表明某人是平和耐心的。精力充沛、热情奔放的人常用红色。用绿色的人比较怪异。

## 笔迹：指尖上流动的心迹

**心理策略：**常言道：字如其人。生活中，我们每天都离不开写字，而不同的人写出来的字完全不同。心理学家认为，人们在写字时，从笔尖流出的实际上是他们的潜意识。因此，早在两千多年前，古希腊哲学家亚里士多德就曾指出，笔迹反映人的性格。

1990年海湾战争前，伊拉克在科威特边境陈兵10万。当时，西方很多人乃至科威特首脑都不相信伊拉克会动真格的，但以色列情报机构通过对萨达姆的笔迹进行分析，从笔迹的行文、力量轻重等方面，得出了萨达姆性格孤僻、心狠手辣、经常不按常理出牌的结论。随后，他们在报纸上公布了这一结论。结果，第二天伊拉克便出兵侵占了科威特！

在笔迹分析的历史上，这可谓是最浓墨重彩的一笔！而笔迹分析也因其有效性，在招聘、升学、择业、司法鉴定等领域得到了广泛的应用。下面是心理学家对不同笔迹的解读。

**笔迹轻重**

笔迹轻重反映了书写者对外界的态度。通常来讲，笔迹较重的人精力充沛，个性刚强，做事果断而有毅力；笔迹较轻的人缺乏自信，意志薄弱，遇到困难容易退缩。此外，笔迹轻重均匀，说明书写者稳重、有自制力；笔迹轻重不均匀，则说明书写者情绪不稳定，做事犹豫不决。当然，较重的笔迹也有可能反映了书写者当时愤怒或是不耐烦的心态。

**字体形状**

字体形状反映了书写者的个性和品行。通常来讲，写字呈方形的人品行端正，责任心强，尊重传统，不屈从于权威；写字呈圆形的人性情温和，处事圆滑，适应性强；写字扁宽形的人有坚定的信心和顽强的毅力；写字瘦长形的人自信心强，积极进取，爱憎分明。

**字体大小**

字体大小是书写者个性的写照。通常来讲，字体较大的人思维开阔，做事不拘小节，但有时太过草率。与此相反，字体较小的人有良好的观察力，办事认真细致，但有时太过谨慎。此外，较大的字体恰如说话时刻意强调的重点，反映了书写者渴望引起别人注意的心态。

**行文方向**

行文方向是书写者心态的写照。通常来讲，字行平直说明书写者做事有主见，不为他人所左右；字行上倾说明书写者心态积极，有进取精神；字行下倾说明书写者心态消极，遇事容易悲观失望；字行忽高忽低，说明书写者情绪不稳定，自我掌控能力较差。

**书写速度**

写字速度是书写者生活节奏的写照。通常来讲，写字速度快的人思维敏捷，动作迅速，工作效率高，但有时候性子比较急，容易感情用事。写字速度慢的人反应迟钝，行动缓慢，工作效率低，但他们通常性情随和，做事很有耐心，办事讲究精准性。

**整体布局**

行文的整体布局反映了书写者的思维方式。通常来讲，左边留白大，说明书写者为人谦虚，做事能够总揽全局、统筹安排；右边留白大，说明书写者凭直觉办事，做事容易走极端；左右不留空白，说明书写者有很强的占有欲和控制欲。

此外，行与行之间排列整齐，说明书写者头脑清晰，做事有条不紊；行与行之间排列不整齐，说明书写者头脑混浊，做事条理性较差，而且缺乏责任感。

## 吃相：餐桌上的阅人细节

**心理策略：**一日三餐，不可或缺。千万不要小看餐桌上的吃相等细节，这些随处可见的小细节往往会在不经意间流露出一个人的品质与习惯。不管是美酒佳肴、觥筹交错的饭局，还是拉家常式的小聚，无一不是社会的缩影。参加各类聚餐活动时，不妨多留意一下吃相等餐桌上的小细节，因为此举有助于我们进一步了解对方的性格与品行。

俗话说“民以食为天”，不管是身居高位的大佬，还是庸庸碌碌的小人物，无论是白发苍苍的老者，还是正值年少的白领，每个人都要吃饭，但每个人吃饭时的吃相却是千差万别。吃相不仅可以反映出一个人的性格特征，还与其个人经历、家庭背景等有一定的联系。

**狼吞虎咽型**

见到好菜就大吃快吃、狼吞虎咽不放筷子的人，多半自私自利，不顾他人感觉。饭桌上的一点小菜都能让他全然不顾别人，更不用说在比“菜”分量重得多的利益面前。从性格方面来说，这类人私欲太强，对朋友、对家长不够真诚，只顾眼前利益，对欲望的追求胜过一切，有时会不择手段。在社交活动中，人们一般不愿意与之交往，与其合作往往需要超乎寻常的勇气与智慧。从个人经历方面来说，吃饭狼吞虎咽的人大多幼年生活坎坷，经济条件窘困，所以一旦遇到美食、金钱、权力等就会完全丧失自控力，陷入一种疯狂追求的状态。

**斯文品尝型**

有些人的吃相永远都是一副斯斯文文的样子，即便是在非常少见的美食面前，也不会全然不顾形象，更不会露出馋相、饥饿相等。这类人一般有着良好的家世与修养，待人接物方面有礼有节，大方而善良。他们在自己品尝食物之前，往往会先照顾好其他人，自己则放在后边，在进食时比较懂得品尝其味道以享受美食的精髓。与这类人相处很轻松，不过他们表面上随和礼貌，很容易接近，但要想走进他们的内心却并不容易。

**绝不浪费型**

你身边是否有这样一类人：吃完饭，他们的盘子里永远都是干干净净，没有半点剩菜剩饭，如果是个人性质的聚餐，每次都会将没吃完的饭菜打包带走。从心理学角度来讲，这类人崇尚勤俭节约的生活习惯，骨子里很执拗，只要认定了一件事，即便是冒天下之大不韪也会毫不犹豫地坚持到底。在工作中，他们大多做事非常有计划性，喜欢做规划，所以工作效率也比较高。

**恭让再吃型**

好菜即使放在自己眼前，也不先动筷子，而是让别人先享用。这样的人做事有理智、有头脑，遇事从不盲动，而是三思后行。一般而言，他们意志力超群，随时随地都可以控制自己的情绪。与这类人交往或者合作会很舒心，因为他们能够站在对方的角度，设身处地地为他人着想，所以不管是在生活中还是工作中都颇有人缘。

**食欲萎靡型**

见到任何好菜都不愿意动筷子的人，很有可能身体健康状况出了问题，比如胃肠不适、胸闷气短等，或者天天应酬美酒佳肴、山珍海味吃得过多，所以在美食面前反倒没了食欲。食欲萎靡之人如没有肠胃问题，那么多半是经常参加各种各样的饭局，他们大局观念强，敢拼敢闯，表面上看起来温文尔雅，实际上在物质以及事业等方面的欲望很大，喜欢结交朋友，当朋友有难时也能伸出援助之手。

## 手机摆放：折射当事人的心态

**心理策略：**现代社会，几乎人人都拥有一部手机，从引领时尚潮流的苹果到国产的华为、中兴，再到三星、HTC等国际手机品牌，每个人所使用的手机品牌、型号可谓千差万别。尽管如此，还是有一些个性化的手机携带小习惯。通过手机携带和摆放方式，我们可以了解对方的生活习惯和真实性格。

如果仔细观察，你会发现周围人携带手机的方式千差万别：有些人不管是逛街还是坐公交地铁，即便背包也会把手机随时拿在手里把玩，有些人则喜欢放在衣兜中……那么，这些习惯背后究竟掩藏着怎样的性格秘密呢？

**喜欢拿在手上**

手是全身上下活动最多的地方之一。习惯将手机一直拿在手上的人，一般都精力充沛，很有可能是工作狂，不到非休息不可的时刻，他们是绝不会上床休息的。这类人喜欢有挑战性的生活，能够享受独立生活的乐趣，追求目标的能力很强，有较多的人生欲望。他们善于思考，永远有说不完的话题和理想，喜欢轻松过生活，通常有些小才华。此外，他们很懂生活情趣，喜欢精明能干又能创造幸福人生的伴侣，在情感上是一个不会轻言放弃和服输的人。

**喜欢放在包里**

背包或公文包是白领们公认的最安全地方。习惯把手机放在包里的人，大多做事小心翼翼，深思熟虑。从性格上看，他们大多保守安逸，喜欢享受正常舒适的人生。与事业上的飞黄腾达相比，他们更看重家庭生活美满。这类人有主导家庭的能力，对于子女的教育问题非常重视，比较有生活品位，懂得尊重家人，能创造和谐幸福的家庭关系。在感情方面，他们持保守稳健态度，是我们通常所说的慢热型，追求异性也多采取渐进式发展的方式。

**喜欢挂在胸前**

手机挂在胸前，拿取非常方便。喜欢把手机挂在胸前的人大多喜欢交志同道合的朋友，求知欲很强，总希望有适当的机会展现自己的才干。这类人需要适当的工作伙伴，培养良好的工作情绪，才能努力工作。他们在金钱物质方面的欲望比较强，希望可以成为一个努力奋斗的人，事实上，他们也确实是职场上的典型“劳模”。感情上，他们比较喜欢有独立主见的异性，在择偶中生活情趣并不重要，关键是志同道合。他们有着远大的目标和理想，并且迫切渴望与自己的伴侣分享，所以自然会选择有共同兴趣爱好的人相伴一生。

**喜欢放入衣兜**

手机放在衣兜里，时刻能感受到它的存在，安全又方便。喜欢把手机放在衣兜里的人，占有欲和控制欲一般比常人要强烈得多，重视别人对自己的看法，因此不管是在工作中还是生活里都很有表现欲。他们求知欲强，兴趣广泛，懂得尊重别人，但几乎从不轻易接受别人的意见。这类人有强烈的欲望驱动，再加上脚踏实地的苦干精神，所以在事业上很容易获得成功。不过，他们并不会因为事业而牺牲家庭，事实上他们的家庭观念很重，愿意为家庭努力工作，也愿意付出感情，所以其家庭关系一般和谐而美满。

## 打电话：拨弄电话线的人生性豁达

**心理策略：**电话是人们日常生活中必不可少的通信工具，不管是工作中处理各种事宜还是生活中联系好友，都离不开手机或电话。拨打或接听电话的行为基本上随处可见，但你是否注意过人们在通话过程中的小动作？实际上，拨打电话以及通话时的动作都是一种内心情绪和心理状态的外在映射，只要仔细分析完全可以洞悉对方心理的小秘密。

人的一举一动都与其内心有着某种关系，打电话时，人们的注意力主要集中在通话内容上，因此这时候的一举一动都是在无意识状态下产生的，是最自然、最本真的状态，所以也更容易透露出此时的情绪状态以及性格特征。

**通话时拨弄电话线**

仔细观察你周围的同事或拨打固话较多的朋友，你很容易发现有些人在通话时有一边说话一边拨弄电话线的习惯。从心理学角度来看，这类人性格大多十分乐观，不管发生什么事情都不会陷入迷茫和绝望之中，他们生性豁达，待人和善，所以生活中人缘都不错。如今，使用手机等无线电话的人比使用固定电话的人要多得多，手机没有电话线，所以原本拨弄电话线的习惯就演变成随手拿笔涂鸦。喜欢涂鸦的人在艺术方面比较有天分，内心情感丰富而细腻，他们喜欢不切实际的幻想，对待感情比较喜欢追求浪漫与情调。

**通话时做琐碎工作**

有些人接打电话永远是一副商业精英的样子，即便是接听电话也不会浪费一分一秒，他们常常一心二用，在通话的过程中会做一些整理文件、清理办公桌面、擦桌子等不怎么需要用脑的琐碎工作。有这种通话习惯的人大多拥有极强的进取心，他们的时间观念特别强，即便是三两分钟也要讲究效率，强大的自控能力和责任感使其对待工作的态度相当认真，他们事业心比较重，属于闲不下来的职场“大忙人”。

**通话时来回走动**

接打电话的时候一直呆坐着多无趣，有相当一部分人喜欢在通话的时候一边说话一边来回走动，他们很少会固定坐在某处或站立在某处。一般来说，有这种通话小习惯的人大多厌恶生硬刻板，他们猎奇心重，喜欢各种新奇的小玩意，容易被未知的事物吸引；但耐性相对较差，很难把精力和注意力一直集中在某一件事情上，甚至做事只有三分钟热度，缺乏恒心和意志力，一旦遇到挫折和困难容易滋生出退缩、焦躁等负面情绪。就像猜谜底一样，他们往往太急于知道结果，结果反倒会失去冷静的头脑，更加无法找到正确答案。

**通话时悠闲而舒适**

有些人打电话也能打出贵族范，这类人在接听电话时一般都会摆出非常舒适的姿势，或极其放松地靠在椅背上，或半躺在沙发或床上，或手扶栏杆远眺风景……总之，他们的姿势在无形当中透出一种舒适、休闲、享受的气息。喜欢用这种姿势接打电话的人，其性格一般都相当沉稳，属于泰山崩于前也面不改色的人物。他们懂得享受生活，在生活方面很擅长制造小情趣，与没有任何生活情调的人相比，他们的生活显然要丰富多彩得多。

## 整理文件：性格决定习惯

**心理策略：**“今天下班走到半路想起来，走的时候太匆忙，水杯放的地方不对，特地回办公室重新放了一下杯子。”实际上像这位微博主一样有整理强迫症的人并不在少数，每个人在整理物品时都有这样或那样的小习惯，而这些习惯无一不是来源于性格。

对于职场人士来说，下班临走前整理一下办公文件是最稀松平常的事情，不过你是否注意到每个人整理文件的习惯都不相同呢？有些人喜欢把重要文件用订书器装订在一起，而有些人则会拿夹子夹起来，也有人会简单叠在一起装进文件袋……千万不要忽视这些整理文件的习惯，因为这些毫不起眼的习惯正在用另外一种语言诉说着你性格上的优缺点。

**喜欢装订式整理**

不管是哪种类型的公司，采购办公用品时都少不了订书器和订书钉，这也从另一个侧面反映出职场中有不少人需要使用这种装订的方式来处理文件。当同一份文件有连续几页的时候，有些人就会习惯性地将它们装订在一起，以免丢失或错页。从心理学角度来讲，喜欢用装订方式整理文件的人，自信心十足，在平时的工作中擅长观察和思考，做事严谨而认真，因此很少会犯错误。值得一提的是，这类人控制欲很强，性格很执拗，一旦自己认准的事就会一根筋坚持到底，而且对于自己的决定说一不二，绝不允许他人置喙。

**喜欢粘贴式整理**

胶带、胶水在日常办公用品中也比较常见。有些人喜欢用这种方式来整理文件，如果是几页文件，那就用胶水随手一粘；如果是一大摞文件，那就随手用胶带一缠。这种整理文件的方式一旦熟悉后用起来相当给力。喜欢这种粘贴式整理的人，内心大多缺乏安全感，属于多疑、多虑的典型，他们总是担心工作中会不会出什么问题、自己掌管的文件会不会丢失等，所以更喜欢用很牢固的胶水或胶带来整理文件，仿佛这样就能牢牢将物品掌控在自己手中一样。总之，他们喜欢这种整理方式，完全是因为可以抚慰内心的忧虑和不安。

**整理时反复清点**

每次锁门都要确认一遍，确认完仍然觉得不放心，有时候下班都走到半路了，还要专门跑回去看看门锁没锁。对于文件资料等也是如此，清点一遍不放心，总要反复清点。在整理物品时经常这样反复确认的人大多为人过于警惕，他们思虑重，常常既担心这又担心那，内心缺乏自信，行为上有强迫症倾向。如果你恰巧有这样的整理习惯，且反复确认次数相当频繁，甚至已经影响到正常工作和生活，那么最好去咨询一下心理医生，看看是否已经发展成为强迫症的心理障碍。

**零散放任不整理**

在办公室中，并不是每个人都有整理文件的习惯，还有一些人他们完全可以做到对各种资料和文件放任不整理。经常用到的就随手放在旁边，不经常用的久而久之就被堆到了角落中，当需要用到时，他们完全记不起来放在哪里，大多一通乱翻，直至找到为止。这类人心相当宽，能不往心里放的就不会放在心上，他们喜欢自由随意的生活，性格豁达乐观，即便天塌下来也不会给自己太大压力，遇到挫折和困难也特别想得开。通常来说，不刻意清理文件的人一般很少会把工作和生活的界限划分得太清楚，对他们而言，工作也是生活的插曲，所以即便是在工作面前，一样是精气神十足，人也活泼开朗，能给气氛沉闷的办公室带来不少欢乐。

# 第六章

# 偏好读心策略

DILIUZHANG

## 读书：喜欢读传记的人比较谨慎

**心理策略：**古人云：欲知其人，先观其友。其实，读书又何尝不是如此呢？与书为友，如同与人为友，有什么样的读书偏好，就有什么样的性格特征。心理学研究已经发现，读书不仅可以增加人的知识和修养，还可以反映一个人的性格和智商。

人们常说：读书如读人。其实，这句话也可以倒过来说，读人如读书，一个人平时读什么样的书，或多或少都会影响到他的性格。美国心理学家霍夫曼发现，读书与人的性格之间有着密不可分的内在联系。在此基础上，他总结出了不同的读书习惯所对应的性格特征。

**喜欢读言情小说的人**

这类人以女性居多，她们感情丰富，心思细腻，对直觉深信不疑，感觉生活中充满了七彩阳光。尤其难能可贵的是，她们生性乐观，每次遇到挫折或困难，总能够克服消极情绪，顽强抗争，从失败的阴影中迅速走出，而不会因此萎靡不振。

**喜欢读侦探小说的人**

这类人通常头脑灵活，喜欢钻研。他们敢于接受思想上的挑战，善于解决各种难题。那些别人感到束手无策的问题，到了他们手上却变得轻而易举。

而且，越是有难度的问题，就越能激起他们的斗志，别人唯恐避之不及，他们却将解决难题当成乐趣。

**喜欢读科幻小说的人**

这类人通常思维敏捷，想象力丰富，创造力极强。他们对科技很感兴趣，喜欢探寻各种奥秘。工作中，他们喜欢拟订计划，总是渴望把工作完成得更加出色，把生活变得更加美好。

**喜欢读恐怖小说的人**

这类人或许是对生活感到厌倦，或许是面对压力而无所适从，或许是屡经失败而不堪重负。总之，他们的内心空虚而焦虑，只好借助恐怖小说来刺激自己，从而摆脱这种局面。只可惜，这样做的效果并不理想，只能短暂地忘却烦恼和忧郁。

**喜欢读历史书刊的人**

这类人尊重事实，秉承讲究实际和重视效果的待人处事原则。他们喜欢把时间安排得满满的，宁愿多做些有实际意义的工作，也不愿过多地参加社交活动，与别人胡扯、闲聊，更不会与那些无所事事的人交往，因为在他们看来，那纯属是浪费时间。

**喜欢读传记文学的人**

这类人通常谦虚好问，既有雄心壮志，又肯脚踏实地。他们行事谨慎，每次做决定前都会从多个角度出发，仔细研究，直至弄清各项选择的利弊及可行性。在没有获得满意方案之前，绝不会贸然去尝试某件事情。

**喜欢读财经书刊的人**

这类人通常争强好胜，喜欢竞争。他们是自尊自重的人，崇拜那些在事业上卓有建树的人物，并以他们为榜样，希望有朝一日，凭借自己的实力和努力，也能够攀上事业的巅峰。

**喜欢读时尚杂志的人**

这类人通常比较关心自己的身份和地位，他们想尽各种办法，想要改善自己在别人眼中的形象。只可惜，有时候不切实际地拔高自己，反而会令自己下不了台。

**喜欢读通俗读物的人**

这类人平时喜欢看街头小报、娱乐周刊、八卦杂志等通俗读物。他们通常性格开朗，富有同情心，一张嘴巴妙语连珠，总有说不完的话题，直教人开怀解颐。也正因为如此，他们无论在办公室还是社交场合都非常受人欢迎。

**喜欢读报纸和新闻性刊物的人**

这类人思维敏捷，乐于接受新思想，是意志坚强的现实主义者。他们关心国家大事，眼观六路，耳听八方，时时处处让自己的言行跟上时代的步伐，不愿当一名落伍者。

**喜欢读画报或画册的人**

这类人通常热情好客，喜欢结交朋友，经常邀请同事、亲戚或朋友到自己家里做客。每逢有客人到访，他们总是尽心尽力，热情款待好每个客人，让其乘兴而来、尽兴而归。

**喜欢读诗歌的人**

这类人通常热爱生活，对人世间的一切钟爱有加。他们在诗歌的熏陶下，心灵得到了净化，对真善美的追求远比常人强烈，个性也更加质朴，痛恨人与人之间的尔虞我诈。

## 音乐：沟通心灵的桥梁

**心理策略：**人们常说，音乐是沟通心灵的桥梁。确实如此，好的音乐能够拨动心弦，直达人的内心深处。英国心理学家詹森·伦特福罗的研究表明，人们喜欢听什么样的音乐，与其性格有着很大关系。这意味着，我们可以通过音乐来判断对方是怎样的人。

在我们内心深处，总有那么几首歌，对我们而言意义非凡，代表了某种永恒不变的东西。那么，这种偏好与性格是否相关呢？答案是肯定的！心理学家认为，人的音乐偏好与性格密切相关。例如，喜欢古典音乐的人聪明、隐忍，喜欢摇滚音乐的人叛逆、有活力。

不仅如此，音乐也是人们初次见面时，判断对方的主要依据。心理学家曾对热恋中的男女做过研究，结果发现，他们在最初认识的6周内，用音乐试探对方的次数是书籍、电视或运动的2倍！这和我们的印象大体一致。因此，要了解一个人，首先应该和他聊聊音乐。

**喜欢流行音乐的人**

这类人属于平凡的随波逐流类型。他们喜欢简单的生活，讨厌把事情搞得太复杂。在人际交往中，他们宁愿被感情俘虏，也不愿做深刻的自省，试图通过音乐来保持轻松和快乐。这也就注定了他们在恋爱中容易被对方的外表所吸引，而不考虑家庭背景等烦人的问题。

**喜欢古典音乐的人**

喜欢古典音乐的人性格内向，但富有创造力，并表现出很高的自尊心。他们往往年龄较大且收入更高，追求一种极致体验。

如果是学生，他们往往是成绩拔尖的人。研究发现，喜欢贝多芬音乐的学生，SAT平均分为137。而喜欢说唱风格的学生，得分最低。

**喜欢轻音乐的人**

这类人大多怕吵闹，他们内心非常渴望安静，无论工作还是学习，都不希望被人打扰。在恋爱中，他们是那种很讲究气氛的人，喜欢温馨、浪漫的感觉。但在工作中，他们普遍不能肩负重任，无论是工作压力还是人际压力，都会让他们产生逃跑的欲望。

**喜欢摇滚乐的人**

他们是相信直觉的人，毫无条件地信任自己的感官。喜欢将感官与其他信息相关联，并对未来的可能性感兴趣。

面对挑战，他们既轻松又灵活，是很多人喜欢的员工和同事。

当然，有很多不同种类的摇滚乐。喜欢经典摇滚乐的人，可能是一个勤奋且乐于助人的人，他们喜欢怀旧的氛围。

如果是一个独立的摇滚歌手，则比其他人更有创造力。如果是一个摇滚乐迷，很可能拥有叛逆和战斗性格。

**喜欢爵士乐的人**

这类人通常喜欢宁静而富有情调的夜生活。在他们的性格当中，感性的成分要多于理性的成分，很多事情仅凭一时的头脑发热，故而往往脱离实际。

他们崇尚自由，追求无拘无束的生活，总有一些荒唐的幻想。他们喜欢丰富多彩的生活，讨厌一成不变的东西。

**喜欢重金属的人**

音乐心理学家阿德里安·诺斯曾说，重金属迷与古典音乐爱好者是同一种人，只是更年轻一点。

他们喜欢快速、响亮而沉重的音乐。这并不一定意味着，他们只听残酷的死亡金属（Death Metal），很少有人能抵制 Motörhead、Metallica 这样的乐队。

**喜欢说唱风格的人**

喜欢 Hip-Hop 的人，通常充满活力和节奏感。他们喜欢社交并参加聚会，与别人一起跳舞，一起唱歌，而不是将自己囚禁在耳机中。

就像说唱歌手本人一样，嘻哈迷也被认为是外向的，并且具有很高的自尊心。

**喜欢交响乐的人**

这类人通常性情乐观，踌躇满志，对自己充满信心，凡事只往好处想，所以很容易和别人建立关系，但盲目轻信别人却导致他们屡屡吃亏上当。除此之外，他们个性张扬，喜欢显露自我，处处表现得自命不凡，渴望在上流社会占有一席之地，有不务实的缺点。

**喜欢民族音乐的人**

这类人通常性情温和，富有人情味。他们重视亲情，对父母非常孝顺，喜欢照顾和体贴别人。如果是女性，多半属于贤妻良母型；如果是男性，则多半属于顾家型的好男人。

**喜欢乡村音乐的人**

这类人通常属于内敛传统型。他们成熟老练，做事冷静而有板有眼，轻易不会做出令自己后悔的事情。他们心细而又敏感，关注社会问题，同情弱小。他们追求恬静和怡然，不喜欢大城市的喧闹和纷繁，喜欢过那种田园牧歌般的生活，并愿意为此不遗余力。

**喜欢舞曲的人**

这类人通常属于自由奔放型。他们性格开朗活泼，感情激烈而冲动，很容易说出自己的想法，不喜欢和保守的人在一起，与喜欢民族音乐的人形成鲜明的个性反差。

**喜欢歌剧的人**

这类人通常思想传统而保守，容易情绪化，易出现过激行为。对此，他们心知肚明，所以总是极力控制自己，以避免不愉快发生。不过，他们做事认真负责，处处追求尽善尽美。

## 运动：喜欢篮球的人个性开朗

**心理策略：**在日常生活中，每个人都有自己偏爱的运动方式。那么，这些运动偏好是否和人的性格有关呢？答案是肯定的。现代心理学研究已经证实，运动会改变人的性格。这意味着，我们可以通过运动偏好来了解一个人的性格和脾气。

一个人偏爱某种运动，不可能完全出于偶然，而是与他的性格密切相关。不同性格的人，往往会选择不同的运动方式。例如，美国前总统奥巴马从小就酷爱篮球运动，试图通过打篮球来摆脱内心的惶恐和孤独；而酷爱柔道和户外运动的俄罗斯总统普京，始终给人一副硬汉的形象。这意味着，我们可以通过运动偏好来了解一个人的性格和脾气。

**团队协作型**

代表运动：足球、篮球、排球

喜欢团队协作型运动的人，通常从小就活泼开朗，喜欢社交活动，而且交际能力非常突出。他们害怕孤独，渴望与人交流，具有较强的团队合作意识，组织和协调能力较强。他们懂得换位思考，尊重每个人的独特之处，非常清楚自己在什么位置最合适。

**耐力极限型**

代表运动：长跑、竞走、野外自行车

喜欢耐力极限型运动的人，通常从小受到严格的家教，信奉“有志者事竟成”的人生格言。他们是一群喜欢跟自己较真的人，遇到挫折从不轻言放弃，拥有常人难以想象的耐力和意志。在他们眼里，名次和结果并不重要，重要的是享受挑战自我的过程和乐趣。

**亲近自然型**

代表运动：登山、高尔夫、户外探险

喜欢亲近自然型运动的人，通常向往和谐、均衡的生活状态。他们对大自然充满了孩童般的好奇心，渴望在大自然的怀抱里，涤去内心的浮躁和焦虑。生活中，他们给人的感觉温文尔雅、平易近人，因为他们早把一切输赢得失置之度外，不再为此而激动不已。

**力量对抗型**

代表运动：散打、拳击、自由搏击

喜欢力量对抗型运动的人，多少给人感觉有些火药味。他们迷恋武力，喜欢掌控感，享受战胜别人的感觉。生活中，他们做事大大咧咧，敢说敢做，富有开拓精神。其实，在他们的潜意识里，还是觉得自己不够强大，或者从小性格懦弱，希望通过后天的努力来予以弥补。

**敏捷判断型**

代表运动：羽毛球、乒乓球、网球

喜欢敏捷判断型运动的人，通常头脑冷静、思维敏捷、判断准确。他们喜欢用脑子去运动，兼顾技术和战术，相信自己的判断力，努力寻找机会证明自己的实力。他们做事当机立断，只要有空当，必然不会轻易放过，也不会因为犹豫或徘徊而贻误战机。

**身心和谐型**

代表运动：瑜伽、太极、气功

喜欢身心和谐型运动的人，通常不再满足于肌肉和骨骼的伸展和收缩，而是希望在宁静之中感受真实的自我。他们在坚持和忍耐的过程中，学会控制自己的动作和态度，倾听来自内心深处的声音。生活中，他们凡事顺其自然，不喜欢强求，懂得量力而行的道理。

## 色彩：喜欢红色的人热情

**心理策略：**每一天，我们都生活在色彩的世界里，我们会因为红色而激动，也会因为黑色而消沉，可是很少有人会去思考色彩和生活的关系。心理学家告诉我们，色彩和生活息息相关，通过观察人们对色彩的偏好，可以洞悉对方的性格和内心世界。

在日常生活中，色彩对我们的影响可谓无处不在，而我们对此却浑然不觉。举个简单的例子，为什么蓝色的汽车容易被追尾？因为相比其他颜色，蓝色会给人相距较远的感觉！不仅如此，当人们身处蓝色的房间时，还会产生一种时间过得很快的错觉。

这就是色彩的神奇魔力！我们都有一种感觉，那就是相同重量的箱子，黑色的箱子要比白色的箱子感觉更重。事实上，色彩和人们的性格也有着密切的联系。德国心理学家吕舍尔经过研究后发现，人们对色彩的不同偏好，反映了他们的生理和心理状态。

**喜欢红色的人**

性格特征：热情，鲁莽，有正义感

红色是一种食欲刺激色，是餐厅装饰方案中最受欢迎的颜色选择。

喜欢红色的人大胆且充满活力。喜欢冒险的天性，使他们成为一个充满激情和雄心勃勃的人。他们喜欢成为别人关注的中心，一直在寻找闪耀的机会。

喜欢红色的人，有很强的见解，可以迅速作出判断，并倾向于以每个人都清楚的方式解释自己的想法。

红色还代表竞争、进取和年轻。红色是领导者而非追随者的颜色。

**喜欢橙色的人**

性格特征：精力充沛，竞争意识强

橙色象征着热闹和快乐。喜欢橙色的人，大多性格开朗，精力充沛，不认生、不拘束。他们个性很要强，从不轻言认输，喜怒哀乐都表现得很激烈。与此同时，支配别人的欲望也很强烈，一旦决定要做的事情，就一定会坚持到底，从不轻言放弃。

**喜欢黄色的人**

性格特征：上进心强，喜欢新事物

黄色象征着希望和幸福。喜欢黄色的人，大多上进心强，喜欢新事物，讨厌一成不变。他们头脑灵活，爱好钻研，有着独树一帜的想法。他们是理想主义者，擅长制订各种计划，并逐一实现。但同时，他们也有依赖别人的缺点，略显孩子气，喜欢无拘无束的感觉。

**喜欢绿色的人**

性格特征：态度认真，崇尚和谐

绿色象征着和平与安定。喜欢绿色的人，大多态度认真，社会意识比较强。他们待人礼貌，个性率真，基本不会掩饰内心的想法。他们是和平主义者，崇尚和谐与稳定，追求安全感，不愿与人发生冲突，行动或决策之前，总是希望先了解他人的感受。

**喜欢蓝色的人**

性格特征：谦虚，礼貌，协调能力强

蓝色象征着理性和秩序。喜欢蓝色的人，大多成熟稳重，彬彬有礼，有很强的协调能力。他们头脑冷静，善于思考，行动之前总会制订周密的计划。他们崇尚秩序，讨厌变化，严格遵守各种道德和规章制度，有时候比较固执己见，因而略显沉闷和单调。

**喜欢紫色的人**

性格特征：优雅，感性，有艺术气质

喜欢紫色的人性格是神秘的，理想往往是乌托邦式的。他们尊重别人，但对自己却有很多不切实际的想法。

他们拥有艺术上的激情和想象力。有时候，可能有点喜怒无常，但这仅仅是因为他们深刻地体验和感受了一切。

他们很积极，富有同情心，关注细节，并不断分析和观察所有可能遇到的问题。如果他们学法律，可能会是一个好法官，一个有远见的人。

**喜欢黑色的人**

性格特征：保守，干练，多重性格

黑色象征着低调和冷酷。喜欢黑色的人，分为两种类型：一种精明能干，善于打动人心，他们利用黑色来彰显自己的理性和智慧；另一种则怀有逃避心理，他们心存戒心，害怕别人对自己品头论足，所以利用黑色来隐藏自己，故意营造出一种高贵、神秘的感觉。

**喜欢白色的人**

性格特征：认真，孤独，完美主义

白色象征着纯洁和高尚。喜欢白色的人，大多态度认真，才能出众，有完美主义倾向。他们志存高远，无论对生活还是事业，都抱有很高的理想和期望。他们有一颗温柔、善良的心，而且家庭观念很重。但同时，他们也容易感到孤独，经常受到外界的影响。

**喜欢灰色的人**

性格特征：朴实，稳重，善于平衡

灰色象征着单调和沉静。喜欢灰色的人，大多做事干练，教养良好。他们性格沉稳，处乱不惊，能够冷静处理各种意外情况。他们为人低调，凡事总想着别人，宁愿做衬托别人的绿叶，也不愿做抛头露面的红花。此外，他们还善于平衡局面，因而很受大家欢迎。

以下是一些跟颜色有关的趣味小知识：

· 全球40%的人说，他们最喜欢的颜色是蓝色，是迄今为止最受欢迎的颜色。

· 红色是婴儿看到的第一种颜色。

· 粉色是最镇定的颜色，在某些监狱和精神卫生机构中，粉红色被用来使囚犯和患者镇静。

· 白色代表着纯洁与优雅，在东方，白色与死亡相关，并在哀悼仪式中使用。白色也被认为是汽车最安全的颜色。无论白天还是黑夜，它都是最明显的颜色。

· 红色和黄色在一起是最诱人的颜色，也因此被很多快餐店用作标识。

· 黑色从视觉上看显得沉重，艺术创作中较少使用。

## 宠物：主人性格的代言者

**心理策略：** 有很多喜欢养宠物的人都承认，宠物是他们内心想法的一种寄托。现实中总有些不如意，人们便通过养宠物来调节。有些人小时候缺少关爱，于是养宠物来表现爱；有些人讨厌平淡的生活，于是养一些凶猛的宠物来寻求刺激；有些人很自恋，他们会把自己的宠物打扮得超级漂亮……从某种程度来说，宠物其实是主人性格的一种外延，是主人性格的代言者。

人们生活在社会中就要受到社会法则的制约，于是就产生了种种不如意。这时人们需要宣泄，养宠物就是一个不错的选择。宠物种类多、危险小，成本也能接受，一个人对宠物的喜好以及与它们相处的方式，会在不经意间显露其内心的真实想法。换句话说，那些宠物就是你潜在性格的外在体现。狗的忠诚勇敢、猫的神秘优美、蜘蛛的诡秘莫测……每一种宠物都有其独特的气质，恰恰是这些气质吸引了我们。所以，选择一种宠物就是在选择一种生活。

**养宠物狗**

狗是最大众的宠物，因为它们外向、忠诚、亲密。带着宠物狗一起散步时，它会一直在你的视线里。从心理学角度来讲，喜欢宠物狗的人脾气温和，会让你感觉很亲切，但同时他们往往不够果断，很少有自己的主意，喜欢随波逐流。性格上，他们热情开朗，是天生的乐天派，与人交往爽快大方，胸无城府，所以人缘很好。一般情况下，养藏獒的人富有攻击性，养狮子狗的人开朗活泼，养牧羊犬的人内心自负，收养流浪狗的人热心善良。

美国得克萨斯大学的一项研究发现，喜欢狗的人比喜欢猫的人更外向、合作、善解人意和体贴，也更乐于助人。

与喜欢其他宠物的人相比，爱狗的人往往是周围最有趣的人。看到很多人带着爱狗在海边冲浪，或者在户外散步，就不难想象这一点。

**养宠物猫**

猫是排在狗之后，最受欢迎的宠物。

民间一般认为猫是神秘的，且个性独立。喜欢宠物猫的人个性独立自主，不喜欢别人给自己拿主意，有自己的想法。他们喜欢安静，不喜欢热闹，对自己的私人空间很重视，很少有人能够真正走进他们的内心世界，所以有时会让人感觉冷淡，人际关系一般。他们严于律己，同时也不喜欢别人随随便便，与他们相处时一定要严谨，不能太过于开朗。

与爱狗的人相比，爱猫的人更内向、更加神经质，对别人不感兴趣，并且更具操纵性。但同时也更具创造力和冒险精神。

**养宠物鱼**

有人说鱼的记忆只有 7 秒，宠物鱼的空间就是一个鱼缸，鱼儿们生活的全部就是这些。一般来说，养宠物鱼的人向往自由，喜欢大自然，喜欢广阔的空间。同时，他们个性开朗平和，没有太高的奢求，喜欢平静的生活。从某种程度上来说，他们才是真正有生活情趣的人。

**养宠物鸟**

喜欢把鸟当作宠物来养的人性格有双面性：一方面，他们喜欢安静地生活在人与鸟的世界，对于社会的人际交往很厌烦，性格孤僻，不善交际。同时他们性格非常细腻，心胸狭隘。如果没有很好的耐心是无法和他们深交的，否则很容易反目成仇。另一方面，他们又渴望自由，知道自己的不足，但很少会去改变。

**养宠物猪**

喜欢宠物猪的人心胸开阔，真正的宰相肚里能撑船。和他们相处，你不用担心说错话惹人生气，也不用担心自己直脾气容易得罪人，因为只要不是原则性的问题，他们总是能包容你。这类人会享受生活，信奉平平淡淡才是真，对物质没有很高的要求。

**养另类宠物**

另类宠物，顾名思义就是十分少见且令人大跌眼镜的宠物，比如蛇、蜥蜴、蜘蛛、小老虎等。喜欢此类宠物的人，要么内在具有很强的攻击欲望，要么性格比较孤僻、不合群，或者内心有秘密却不能对人说，把自己关在与宠物一起的房间里，过心里的“二人世界”。与这类人相处最好不要刺激他们，以免激起他们内心的攻击欲望，产生完全不必要的冲突。

以下是一些跟宠物有关的趣味小知识：

·狗和主人的性格会相互影响，焦虑或好斗的狗，通常拥有消极人格特质的主人，而活跃和外向的狗，拥有相同举止的主人。

·鱼主人是最快乐的，狗主人是最有趣的，猫主人是最可靠和对情感最敏感的，而爬行动物主人是最独立的。

## 名片：彰显个性的舞台

**心理策略：**有人说，与人交往就是自我推销的过程，所以在第一时间让人了解自己很重要，一张小小的名片便可以起到介绍的作用。名片虽小，五脏俱全，上面有我们的公司、职务、姓名、联系方式等。大多数人把注意力放在名片的内容上，却忽视了名片本身的设计风格，殊不知，名片的风格是用一种更为隐晦的语言讲述着其主人的内心。

工作中，随身携带名片已经成为一种社交共识。名片是我们收到或送出的第一份礼物。一张彰显个性的名片很重要，它就好比应聘的简历，是交朋友的敲门砖。一张符合自己个性的名片，无时无刻不在释放着有效信息，持其拜访客户或人际交往时往往会给我们加分。尽管使用名片很普通，但每个人的名片风格却不同：简单的、华丽的、复杂的……名片恰似一个小小的舞台，彰显出主人的不同性格特征。

**简洁型名片**

简洁型名片要么在双面名片的正面突出某一方面，要么在单面名片上把最重要的内容体现出来。这类名片不重视形式，重视第一时间接收的信息。例如一些社会知名人士，不需要写单位、职称，一个名字、一个联系方式可以代表一切。简洁型名片显示出持有者干练、直爽、做事果断、不拖拉的个性。这类人一般非常自信，不需要很多的内容，别人就可以知道他想知道的一切，如作家、演员等。

**雅致型名片**

雅致型名片突出一个雅字，适合女性使用。名片设计时线条要细，所选元素要小，寥寥几笔勾勒出秀气典雅的感觉。代表持有者气质高雅，注重追求生活品位。喜欢此类名片的人性格有细腻的一面，与之相处时最好干净利索，否则会令他们厌恶。教师、服装化妆品设计师多选用这类名片。

**严谨古板型名片**

多采用对称性排列，文字变化起伏小，多选取方形或柱形作为辅助图形，色彩以黑色为主，颜色淡。古板代表不易改变和持续性，严谨代表认真和谨慎。所以，这类名片彰显出持有者个性严谨、认真、不易受外来者改变，有固执的一面。工作在保险、教育、银行等行业的人经常使用这类名片。

**稳重型名片**

稳稳当当，不求奇，不求新，端庄稳重。以中心和两侧为设计重点，两边对齐，再辅以线条勾画，不需要自由随意的元素。使用稳重型名片代表人们成熟稳重，为人大方，处事得体。另一方面，人们对现实没有太大的改变需求，对未来不会奢求太好，只求小富即安。这类名片使用者多为事业单位人员和中年男性。稳定的工作家庭让他们安于现状。

**创意型名片**

创意型名片不代表奇形怪状，它摒除了传统名片千篇一律的式样，以一种新颖、巧妙的设计带给人耳目一新的感觉。创意主要集中在两方面：一是版面，版面设计独特，把持有者的信息和特别的版面结合起来。二是制作工艺，用特殊的制作工艺把常规信息内容表现在名片上。这种名片代表着名片主人具有创造性，喜欢打破常规，不为传统所束缚，所以比较适合设计、游戏开发、IT 等行业的从业人员。

## 收藏品：投射的是生活态度

**心理策略：**所谓“乱世黄金，盛世收藏”，说的是乱世黄金升值潜力大，盛世收藏品升值潜力大。随着社会生活水平的提高，收藏品用于投资的同时，也用来提升个人生活品位，丰富家庭底蕴。所以从某种程度来讲，收藏品也能反映出一个人的生活态度。

随着物质生活水平提高，人们越来越重视精神文明的提升，收藏文物也逐渐成为一种时尚。不论是“书圣”王羲之的《换鹅帖》，还是近代戏曲大师梅兰芳《霸王别姬》里自裁的宝剑，不论是历史文物，还是近代作品，都能引起人们极大的收藏乐趣。对于收藏品，每个人都有不同的喜好：有人喜欢远古的石器、记事绳，想象远古人类求生的艰难；有人喜欢古代的玉器、家具、书法字画，沉溺于古代字画的飘逸；有人喜欢近代的革命物品、名人作品，缅怀革命志士的不屈……收藏品的选择最能体现出一个人的喜好，因此不管是珠宝玉器、邮票商标还是模型标本，都能折射出一个人的性格以及对生活的态度。

**自然收藏类**

自然类收藏品源于大自然，喜欢此类收藏品的人对生活充满乐观，自强不息。他们顽强地寻找陆地和海洋生物、各种奇石及标本。这类人在性格上相当坚强，纵使生活偶有坎坷也能微笑面对，不悲观、不放弃，一如那亘古的化石，坚韧不屈。他们喜欢旅游，喜欢投进大自然的怀抱，感受自然的气息。

**人文收藏类**

人文类收藏品主要是历史的文献、民俗器物、报刊资料等物品。喜欢这类收藏品的人对物质生活要求不高，他们更喜欢研究历史文献。毫不夸张地说，他们是为了研究而收藏，并没有指望通过升值赚取利润。这类人有两个世界：一个是现实的社会生活，一个是虚幻的历史世界。他们保守、固执，对家庭要求很严格。性格上既不努力进取，也不逃避。与他们一起生活或工作，要学会适应这种两个世界的转换。

**艺术收藏类**

艺术收藏品被认为是最高雅的收藏品，它包括书画、邮票、工艺美术品、茶具、烟具等。喜欢这类藏品的人大多淡泊名利，在生活中“唯不争是为争”，人生态度上比较豁达，善于享受生活，观察细致入微，能发现生活中别人很难发现的小惊喜，在物质上没多大欲望，属于典型的知足者。

**科普收藏类**

科普收藏类最具代表性的是钟表，其次还有钥匙、学习用具、藏酒等。它们和人类生活更加贴近。喜欢收藏科普类藏品的人在生活中较自信，善于观察生活，对生活充满好奇，有探索精神。在饮食、衣饰，甚至家具布置上，他们喜欢不断尝试，不断改变。当生活中遇到困难时，他们喜欢另辟蹊径解决问题，而不是毫无技巧地迎难而上。

**杂项收藏类**

在收藏界，一般把瓷器（例如唐三彩、明清瓷等）、珠宝玉器（例如上古玉、高古玉、明清玉等）、书画（古代和近现代书画等）称为大件藏品。其他如翡翠、印章、青铜器、木器、紫砂壶、古钱币等称为杂项。喜欢杂项藏品的人，大多喜欢标新立异，他们始终认为自己是与众不同的，做事比较张扬高调，不盲从，不随大溜，有自己的独立想法和观点。这类人大多有才，不过有些人仗着自己有才，难免给人一种盛气凌人的感觉，所以有点不好相处。

# 第七章
# 谎言读心策略

DIQIZHANG

## 声音变化是撒谎的征兆

**心理策略：**声音是情绪变化的晴雨表。心理学家发现，人们在撒谎时，其声调、音量和语速等会因为紧张或内疚而变得与平时大不一样，而且这种变化通常难以掩饰。因此，通过观察声音的变化，我们可以判断对方是否在撒谎。

在判断对方是否撒谎时，人们通常关注的是言辞和表情，然而，美国心理学家保罗·艾克曼却告诉我们：声音就像表情一样，也能反映人们的情绪变化。例如，当我们愤怒时，我们的嗓门会提高，语速会加快；而当我们悲伤时，声音会发生相反的变化。

同样的道理，人们在撒谎时，由于内心的紧张或内疚，声音也会出现类似的变化。这意味着，通过观察声音的线索，我们可以判断对方是否在撒谎。

**停顿**

在所有的声音变化里，最常见的撒谎线索就是停顿，例如，过长或过于频繁的停顿均属于此类。而且，说话越不流利，停顿和犹豫的时间越长，越容易让人产生怀疑。

之所以会这样，主要是因为撒谎者事先没料到会撒谎，故而没有准备好说辞；或者虽然有准备，但由于内心的恐惧，临场发挥失常，忘记事先编好的说辞。于是，慌乱中不断出错，以致频频出现停顿。当然，这也给了撒谎者搜肠刮肚觅台词的机会。

有意思的是，英国研究人员发现，男人说话的时候，停顿和犹豫的次数几乎是女人的两倍！这似乎解释了男人为什么会比女人更擅长说谎。

**说话结巴**

说话结巴也是常见的说谎线索。当人们说谎时，紧张的情绪会导致肾上腺素分泌异常，进而影响到思考和交流活动的进行，所以说话时会有被卡住的感觉，即我们常说的结巴。

美国心理学家保罗·艾克曼总结了说话结巴的三种常见形式：

· 没有意义的叹词，例如，“啊”“哦”“呀”。

· 没有意义的重复，例如，“我……我……我是说真的……”

· 断句拖音，例如，“我——真的——很——喜欢。”

**声调变化**

如果有一天，你问老公刚刚是谁打来的电话，他突然开始像喜鹊一样说话，你就得提高警惕了。因为心理学家告诉我们，人们在撒谎时，音量和声调会不自觉地提高，这主要是内心的恐惧感所致。相反地，如果撒谎者内心充满了愧疚，他们的音量和声调则会降低。

不过，需要说明的是，声调升高本身并不是说谎的信号，而是生气或恐惧的信号，有时也可能是兴奋的信号。因此，如果对方的声调突然升高，并不一定意味着他在撒谎。

**语速变化**

语速变化也是重要的撒谎线索。我们都知道，每个人说话的语速是相对固定的，如果突然出现变化，那一定是内心起了波澜。例如，语速突然加快，是说话人掩饰内心不安或恐惧的表现。而对于撒谎者而言，如果事前已经编好谎言，说话自然会比平时更快、更流畅。

与此相反，如果事前没有准备，说话时的语速通常会变慢，因为他们需要时间来编造谎言。此时，你会发现他们边说边想，眼睛则斜视他方，例如天花板、桌子、地面等。

## 说话方式出卖撒谎者的内心

**心理策略：**常言道：言为心声。人们在撒谎时，他们的说话方式往往和平时不太一样。因此，只要我们仔细观察，掌握了其中的奥妙，就可以破解对方的谎言，让其立刻现形。

当人们撒谎时，他们的说话方式和平时相比，会发生某些微妙的变化。例如，不愿提及自身姓名，说话总是喜欢跑题，拥有“超强”的记忆力，不厌其烦地重复，而且喜欢画蛇添足，等等。这些不断出现的破绽和线索，常常将撒谎者内心的不诚实暴露无遗。

**避免第一人称**

诚实的人经常用第一人称来形容自己的行为。

例如：“我是在6:30到家的。当我打开前门时电话响了，所以我径直走向厨房。我和妈妈谈了10分钟，然后才发现客厅的电视没了。”

短短三句话，一共出现了四个“我”。

但说谎的人通常会尽量减少第一人称的使用。例如：“没有打开保险柜”，而不是“我没有打开保险柜”；“授权发货”，而不是“我授权发货”。

美国心理学家韦斯曼认为，人们在撒谎时会感到不舒服，因此，他们会本能地将自己从谎言中摘除干净。这其实是撒谎者保护自己的一种手段。

**用问题回答问题**

没有人愿意说谎，因为任何谎言都有被发现的风险。

因此，说谎的人通常会尽量避免回答任何问题。避开问题的一种常见方法是用自己的问题来回答。例如：

“我为什么要偷我兄弟的东西?”

“我看起来像是会做这种事情的人吗?”

**使用委婉的语言**

在说谎者的陈述里，通常包括温和或模糊的词，而不是更苛刻、更明确的同义词。委婉的语言从更有利的角度描绘了对方的行为，最大限度地减少了自身行为可能造成的伤害。

例如："丢失"而不是"被盗"，"借用"而不是"冒犯"，"警告"而不是"受到威胁"。

**不小心说漏了嘴**

哪怕是最谨慎的撒谎者，也有说漏嘴的时候。很多人之所以谎言穿帮，不是因为他们能力有限，而是因为他们太掉以轻心，或者谎言编得太粗心，以致稍不留神，就暴露了内心的不诚实。弗洛伊德曾经说过："某些不想说的话，却说漏了嘴，就是典型的自我招供。"

**拥有"超强"的记忆力**

如果有人问你上周五晚上都做了些什么，你可能已经记不清很多细节了，即便记得，也难免会犯上几个小错误。但是，撒谎者却拥有"超强"的记忆力，他们早就把假定的情景都编排好了，所以在叙述时，通常会告诉你哪怕是最细枝末节的情节。

**对问题的生硬重复**

对于撒谎者来说，一秒钟可能比一辈子还要长。为了不让对方产生怀疑，他们会尽快回答对方的问题，但同时又苦于没时间思考，于是，只好通过重复对方的问题来赢得时间。

例如："你昨天晚上干什么去了?""昨天晚上……我昨天晚上找朋友聊天去了。"

再比如，他们可能一遍又一遍地说："我没有……我没有……"

**说话困难**

如果你观看过对犯罪嫌疑人的审讯，你会发现，他们说话变得越来越困难。

发生这种情况的原因是，自动神经系统在压力下会减少唾液分泌量，从而导致口腔黏膜变干。

其他迹象包括突然咬伤嘴唇等。

**答非所问**

如果有人试图欺骗你，他们可能不会直接回答你。

例如，当你问："你打过你的妻子吗?"对方可能会回答："我爱我的妻子，我为什么要这么做?”

从技术上讲，这个答案可能是事实，但他们回避了这个问题。任何一个说谎者都不会直接回答：“哦，不，从不!”

**保持沉默**

说谎者最怕沉默，因为这会使他们感到紧张。他们希望你相信他们编织的谎言。通过保持沉默，说谎者将继续讲话以填补这种沉默，掩盖自己的谎言和紧张情绪。

**喜欢转移话题**

喜欢转移话题，这是撒谎者的又一个典型表现。原因很简单，撒谎给他们带来了巨大的心理压力，尤其是在对方的咄咄逼问下，担心谎言被识破的恐惧之情，始终萦绕在他们的心头。因此，只要有机会，他们恨不得马上就偏离正在讨论的话题。

**描述不符合逻辑**

很多谎言看似天衣无缝、滴水不漏，实则留下了致命的逻辑错误。曾经有一位女证人，在回答联邦特工的询问时，声称自己听到枪声后就藏了起来，没有看到任何人。然而，既然听到枪声，怎么可能没留意开枪的人呢？嗅觉敏锐的特工人员很快就揭穿了她的谎言。

**缺乏细节**

编造故事的人倾向于保持简洁的陈述。

很少有说谎者有足够的想象力来构建对虚拟事件的详细描述。另外，说谎者希望最大限度地降低言谈中与实际情况相悖的风险，被证明是错误的事实越少越好。

**提供多余的信息**

很多经验不足的撒谎者，总是想把谎言编织得更完美，因而会用大量的词汇来反复修饰自己的谎言。甚至在别人还没有提及之前，就告诉对方很多的细节。殊不知，这种反常的说话方式，恰恰暴露了他们内心的恐惧和不安。

例如，当你问某人：“你在哪里?”

对方回答：“我去了商店，我需要拿鸡蛋、牛奶和糖，而且我差点被狗咬，所以我得走慢一点。”会不断地给你提供太多细节。

这个时候，你应该留心，因为过多的细节可能意味着，他们对如何骗过别人经过了深思熟虑。

**无法倒叙重述**

在描述一连串发生的事情时，如果事情是编造的，撒谎者尽可以按事前虚构好的顺序，滔滔不绝地神侃一番。然而，他们几乎从来不会倒着顺一遍，即使他们这样做了，对于压根儿不存在的事情，要想毫无差错地倒叙一遍，恐怕也不是一件容易的事情。

## 表情细节揭开谎言众生相

**心理策略：** 在日常生活中，人们经常利用面部表情来掩饰内心的真实感受。例如，家中赌气的夫妻，一旦有贵客来访，便会装出没事的样子，以笑脸相迎。因此，对于抓谎者来说，面部表情提供了最有价值的线索，因为表情既会撒谎，也会道出实情。

1938 年 9 月，第二次世界大战前夕，英国首相张伯伦与德国总理希特勒签署《慕尼黑协定》，逼迫捷克斯洛伐克将苏台德地区割让给德国，作为交换，德国保证不再采取军事行动。

从慕尼黑凯旋的张伯伦，在谈到对希特勒的印象时，曾经信誓旦旦地写道："在他的脸上，尽管我看到了冷酷与无情，但我的印象是，这个人会信守承诺……"

然而，仅仅过了几个月，希特勒就撕毁协定，悍然出兵占领了捷克斯洛伐克。

这场历史上有名的骗局，似乎从某种意义上证明了，面部是人体最容易伪装的部位。然而，美国心理学家保罗·艾克曼却告诉我们：面部提供了最有价值的线索，因为表情既会撒谎，也会道出实情。以下就是对撒谎的表情线索的详细解读。

**眼球运动**

有时候，你可以根据眼球运动来判断一个人是否正在记住某件事。

当人们记住细节时，如果平时惯用左手，他们的眼睛会向左移动。如果平时惯用右手，他们的眼睛会向右上移。

另外，人们说谎时，眨眼更快。尤其是男人，说谎时更有可能揉眼睛。

逃避目光接触，通常也被认为是一种撒谎的信号。但说谎者可能故意通过眼神交流来骗过对方。

与此同时，缺乏眼神交流有时可能是因为压力。例如，当你问对方一个问题，而他们看着别处，则可能表明该问题使他们感到压力大。

**快速眨眼**

一个人通常每分钟眨眼五六次，或者 10—12 秒眨一次眼。但在面临压力，例如说谎时，可能会快速连续眨眼 5 到 6 次。

这种眨眼频率的变化，主要与体内多巴胺的产生有关。例如，帕金森病患者的眨眼速度比正常人慢很多，而精神分裂症患者的眨眼速度比正常人快。

**闭上眼睛的时间**

当一个人闭上眼睛一两秒钟时，可能表明他对你说谎，因为这是一种防御机制。通常情况下，一个人会以 0. 10—0. 40 秒的频率眨眼。

**眼睛向右上方看**

根据前面介绍过的 EAC 理论，我们知道，当人们创建图像（例如编造谎言）时，他们的眼球会向右上方运动；而当他们回忆某件事情时，眼球则会向左上方运动。这种眼球运动是一种本能的反射动作，除非经过严格的训练，否则是假装不出来的。

有意思的是，尽管我们从小就知道：撒谎者不敢看对方的眼睛。但是，心理学家却告诉我们，精明的撒谎者往往反其道而行之，故意盯着你的眼睛看。因为一旦移开视线，无异于自我招供。只不过，长时间盯视所导致的频繁眨眼，却又为我们提供了新的抓谎线索。

**左脸比右脸笑得更灿烂**

科学家们发现，控制面部表情的神经元大部分集中在右脑的大脑皮层中，而这部分大脑只能向我们的左半身发送指令。这意味着，相较于右脸，情绪在左脸上表现得更强烈。

由此带来的结果是，当人们刻意在脸上堆满笑容时，左脸的笑容比右脸的笑容更加明显。与之相反，如果笑容是发自肺腑的、真心的，人们无须刻意去假装，那么，左右两个大脑向身体两侧发出的指令就是对称的。此时，左脸和右脸的笑容看起来是匀称的。

**面部表情停留时间过长**

心理学家告诉我们，真正发自内心的表情，在脸上停留的时间都很短，一般不超过几秒钟。例如，当人们受到惊吓时，其惊恐的表情只会持续0.5秒钟。而在美国保密局提供的胶片中，比尔·克林顿在谈到莱温斯基时，其前额微微皱了一下，随即迅速恢复了平静。

与此相反，如果脸上的表情持续时间超过10秒钟，那表明当事人不是在闹着玩，就是根本在假装。因为出乎意料的事情一旦弄清楚，当事人会很快回过神来，不再心起波澜。

**表情、动作和语言不同步**

人们在撒谎时，为了迷惑对手，往往会设计一些表情或肢体动作。但是，由于并非出于真心，他们的表情、动作和语言通常并不同步，从而为抓谎留下了破绽。例如，有人在说了一句“我真是被你气死了”，然后才表现出生气的样子，那么，基本上可以断定他在撒谎。

同样的道理，如果这个人在用力拍打桌子后，才表现出愤怒的样子，那么，我们也可以断定，这个人并非真的在生气，而是在装腔作势，故意演戏给别人看。

需要说明的是，撒谎的表情线索并不仅限于上述几点。事实上，诸如瞳孔扩张、频繁眨眼，乃至假笑，都可以作为撒谎的线索。只不过，鉴于前文已有介绍，这里不再赘述。

## 肢体动作泄露内心的秘密

**心理策略：**在所有的沟通方式里，最不擅长撒谎的就是我们的身体。大部分人都没有意识到，我们的身体会说话，当他们用语言来欺骗别人的时候，真相其实早已悄然暴露。

“你怎么知道我在撒谎？”

“宝贝，谎话是很容易认出来的，因为谎话只有两种：一种长着短脚，一种长着长长的鼻子。不信你看，你的谎话就属于长鼻子的那一种。”

这是著名童话故事《木偶奇遇记》中的片段，故事里的小木偶匹诺曹每次撒谎时，鼻子就会变长。现实中，人们的鼻子当然不会变长。但是，他们的身体和心理确实会因为撒谎而发生变化。而且，人们越是想掩饰自己的内心，就越是会有很多的小动作暴露出来，例如摆弄饰物、用手遮住嘴巴、抓挠脖子，或者下意识地抚摸身体的某个部位。

**触摸脸部**

触摸脸部相当于小时候的安抚奶嘴，对压力下的大脑具有镇定作用。

边缘神经系统和基底神经节系统是人类大脑控制压力的两个关键组成部分。当人的大脑承受压力时，脑温会升高，并经常表现为面部的前额或上唇区域出汗。

触摸脸部是一种安抚剂，具有镇定作用。同时，应注意大脑的压力，注意轻拍或坐立不安的手，注意眨眼速度、吞咽、打哈欠或呼吸频率的任何变化。

当然，这也有例外，有些人只是习惯了旋转头发或触摸脸部。

**触摸鼻子**

有些人说谎时脸会红。其实，鼻子也一样。当人们撒谎时，血压会升高，从而导致鼻子膨胀，引发鼻腔的刺痒之感。于是，为了缓解这种症状，人们只能频繁地用手触摸鼻子。据说，美国前总统克林顿在就性丑闻事件陈述证词期间，触摸鼻子的总数达到26次之多！

但有时候，触摸鼻子仅表示该人患有过敏症或患了感冒。

**抓挠耳朵**

抓挠耳朵通常意味着当事人正处在焦虑的情绪中。我们都知道，小孩为了逃避父母的责骂，会用两只手堵住自己的耳朵，而成年人则将这一动作演变为抓挠耳朵。例如，查尔斯王子在经过熙攘的人群时，就经常做出抓挠耳朵的姿势，显示出其内心的紧张和不安。

**出汗**

人们撒谎时往往会流汗。汗液可能会出现在额头、脸颊或颈后部，你可以观察到对方试图将其擦去。

但这并不是一个可靠的信号。出汗可能意味着该人紧张或害羞。他们还可能是刚做完运动，或者由于身体发虚，导致出汗更多。

**点头或摇头**

通常，当人们说出真相时，他们会同时点头同意自己所说的话。如果他们不同意自己的话摇了摇头，那么他们的身体就是在说谎。

例如，当你的丈夫说，“我非常仔细地擦洗了那些花盆”，但他同时却摇了摇头，那么他可能擦洗得不好。

一个诚实的人说话和点头是连贯的、一致的，但说谎者可能需要提醒自己点头。

**呼吸改变**

一个人撒谎时，可能会变得呼吸困难，这是一种反射动作。

当他们的呼吸改变时，其肩膀会抬起，声音可能会变浅。从本质上讲，呼吸改变是因为他们的心率和血流量发生了变化。

当你感到紧张时，你的身体会经历类似的变化。

**站着不动**

人们在紧张时会烦躁不安，但你还应该注意那些根本不动的人。这可能是原始的神经系统准备战斗的迹象，身体会摆好姿势并为可能的对抗做好准备。

这样的人可能会使自己的动作减至最少，甚至是将胳膊和腿拉向自己的身体，这主要是因为紧张。

当一切正常时，人们通常会更加放松，并表现出更多的运动性。但当出现问题时，他们可能会变得僵硬不动。

因此，如果你观察到对方身体僵硬，静止不动，则通常是一个明确的信号，说明他在说谎。

**坐立不安**

有时候，撒谎者比往常更烦躁，因为他们精神紧张，害怕被发现。为了释放压力，他们常常坐在椅子上，不停地用手帕擦汗或抚摸身体。

需要注意的是，坐立不安也可能表示笨拙、不适或需要上厕所。

另外，平静也并不总是意味着诚实。一些撒谎者站直或坐着不动，因为他们正专注于说谎。

**拉拽衣领**

撒谎时升高的血压，不但会使鼻子产生刺痒的感觉，也会令撒谎者的脖子不断冒汗，于是，他们会下意识地将衣领拽离自己的脖子，好让凉爽的空气接触皮肤，消除身体的不适。下一次，当你看到有人做这个动作时，不妨对他说："有话你就直说吧!"

**撇过头去**

很多人都相信，当人们遭受不实指控时，会采取防卫、低姿态的行为。但事实上，因撒谎而心虚的人更有可能表现出这种姿态。因此，如果有人在讲述或倾听某件事情时，把头撇过去，不愿面对对方，那表示他可能想避开这件令他感到不舒服的事情。

**身体僵硬**

人们在撒谎时，或者因为心虚，或者因为思考使其分心，肢体动作往往会比平时减少。如果坐在椅子上，他们会把双手放在大腿上；如果站着，他们会把双手贴在大腿内侧，或者干脆放在口袋里。这使得他们的身体看起来很僵硬、呆滞，缺乏动感。

**寻求空间庇护**

当人们遭受威胁或侵犯时，他们会躲闪逃离。同样的道理，当人们撒谎时，为了躲避对方语言上的攻击，他们会在身体上寻求庇护。例如，他们会微微侧过身去，或者整个人都转过身去。如果是在室内，他们可能会面向出口的方向，或者倚靠在墙壁上。

**暂停身体接触**

身体接触代表了双方心理上的亲近，人们只有在深信自己所言非虚时，才会有触摸对方的行为。与此相反，当他们撒谎或欺骗别人时，通常会本能地减少亲近对方的动作，例如刻意避开对方，以此来消除心中的罪恶感，而这也成为我们抓谎时的重要线索。

**设置屏障**

当人们对谈论的话题感到不舒服时，他们倾向于采取一种防卫的身体姿势，例如，用茶杯、枕头等物体，作为彼此之间的屏障，以避免自己遭受语言上的攻击，抑或显示自己的不悦和厌烦。当对方采取这一姿势时，他仿佛是在对你说："我不想和你谈这件事情。"

下篇

# 心理博弈术

# 第八章

# 赢得好感的心理策略

DIBAZHANG

## 你怎样对别人，别人就会怎样对你

**心理策略：**人与人交往，讲究的是互惠互利。如果你对别人投之以桃，别人自然也会对你报之以李；而如果你对别人冷若冰霜，别人自然也不会给你好脸色。

在一个村庄里，一个年轻的村妇和她的婆婆关系很不好。她觉得婆婆总是和自己作对，处处为难自己。于是，整天想着如何报复她的婆婆。

有一天，她来到了一家医院，问一位慈祥的女医生："医生，有什么办法能够毒死我的婆婆吗？我实在受够了她的虐待！"

女医生听了，微笑着说："我给你开一剂'酸泥丸'，你每天吃饭前给她一粒。不过，在给她喂药时，你要装出很孝顺的样子，以免她起疑心。这样，不出3个月，你的婆婆就会有变化，到时候我再给你加大剂量。100天后，必会有效果。"

村妇听完后，高兴地拿着药回家了。3个月后，她再次来到了女医生那里，对她说："医生，我不想毒死我的婆婆了！"

女医生问她："你为什么改变主意了？"她答道："自从听了你的话，每天尽心喂她吃'酸泥丸'后，婆婆对我的态度突然变好了，不但抢着做家务，还让我多休息，就像我的母亲那样关心我。所以，我求你救救她吧！"

聪明的女医生，其实早就知道是这样的结果。之所以没加劝阻，就是希望年轻的村妇用自己的行动，换回婆婆的善待。而所谓的“酸泥丸”，也只是一道可口的点心，并非什么毒药。

生活中，我们有时又何尝不像年轻的村妇一样，对别人充满了抱怨。我们抱怨家人不关心自己，抱怨朋友冷落了自己；抱怨领导不重视自己，抱怨下属怠慢了自己……却不知道：你对别人的态度，就是别人对你的态度。当你对着天空吐唾沫，唾沫也会落在你的脸上。

人与人交往，就像一面镜子，你对它笑，它也对着你笑；你对它哭，它也对着你哭。这在心理学上被称为互悦机制，也叫对等吸引律。就是你希望别人怎样对待你，你就应该怎样对待别人。如果你希望得到尊重，你首先要尊重别人；如果你希望得到帮助，你首先要帮助别人。当你这样做的时候，就会发现整个世界都开始帮你。

在苏格兰的某个村庄，住着一个贫苦的农民，他叫弗莱明。有一天，他正在地里干活，突然听到一阵呼救声。于是赶忙跑过去，发现一个小男孩掉到了粪池里，就把他救了起来。

过了两天，一位绅士驾着马车来到弗莱明的农舍。他自称是小男孩的父亲，特地前来表示谢意，并准备给农夫一笔钱，但农夫坚持不肯接受。这个时候，一个英俊少年跑了过来，绅士问道：“这是你的儿子吧？”农夫点了点头。绅士接着说：“那好，既然你不愿收下礼物，就请允许我把你的儿子带走，我会让他接受最好的教育！”

盛情难却之下，农夫只好答应了。绅士非常讲信用，不但送孩子读书，还供他到圣玛丽医学院上学，直至毕业。后来孩子在一所大学搞医学研究工作。

这个农夫的孩子不是别人，正是后来发明了青霉素的细菌学家亚历山大·弗莱明，而那个被农夫救起来的孩子，后来成为英国杰出的政治家，他就是丘吉尔！

这个故事听起来极富戏剧性，然而偶然之中蕴含着必然。当你心里想着别人，别人也会投桃报李，时刻想着你。试想，如果不是当初弗莱明救了那个孩子，他的儿子恐怕会像普通的农夫一样，默默地终老于穷乡僻壤，而在英国的历史上，恐怕也将少了一位政坛巨星。

有意思的是，就在青霉素发明后不久，丘吉尔不幸患上了肺炎，这在当时属于不治之症。有人建议他使用青霉素，他顽固地表示，不希望成为试验品。然而，在得知青霉素出自弗莱明的儿子之手后，丘吉尔态度大变，他高兴地说："如果是他，我愿意试一次。毕竟我小的时候他父亲救过我，我想这一次他应该不至于害死我。"

## 向对方示弱，让对方表现得比你优越

**心理策略：**记住，在这个世界上，没有人会喜欢你的炫耀。如果你总是表现得比别人优越，那只会遭到别人的妒忌和敌意，而向对方示弱，看似一种懦弱行为，其实是人际交往中的一门重要学问。因此，就让对方表现得比你优越吧！这样的话，你永远会受到欢迎。

法国哲学家罗西法古曾经说过："如果你要得到仇人，就表现得比你的朋友优越吧；如果你要得到朋友，就要让你的朋友表现得比你优越。"

NBA著名球星乔丹用自己的行动，很好地诠释了这句话。

当年乔丹在公牛队时，皮蓬是最有希望超越乔丹的新秀，他时常对乔丹流露出一副不屑的神态，还经常说乔丹不如自己。作为队内的老大哥，乔丹并没有因此而记恨，反而时时处处鼓励、帮助这位小弟。

有一次，乔丹问皮蓬："咱俩谁的三分投得好？"皮蓬心有不悦，随口答道："明知故问，当然是你了。"谁知道，乔丹却坚定地说："不，是你！你的动作规范、自然，很有潜力，而我的三分还有很多不足。"接着，他又说道："我扣篮用右手，而你左右手都可以。"这个细节就连皮蓬自己也没有注意到，他彻底被乔丹的谦逊征服了。

从那以后，乔丹和皮蓬成了最好的朋友，他们珠联璧合，率领公牛队创下了辉煌的战绩，而乔丹也以他精湛的球技和高尚的人格赢得了球迷的广泛赞誉。

坦白讲，以乔丹当时在队内的地位，要打压皮蓬并非难事。然而，乔丹并没有那样做。相反，他满足了皮蓬的优越感，让他觉得自己很重要。更难能可贵的是，他对皮蓬的赞美是发自内心的，因为他发现了皮蓬身上最大的优点，那就是技术全面。而这一切，来自他对皮蓬的关注和欣赏。

我们设想一下，如果当时乔丹在皮蓬面前，处处表现出自己的优越感，那么，今天我们看到的或许就不是联盟的最佳搭档，而是两个反目成仇的敌人。

生活中，我们总喜欢在别人面前吹嘘自己的成就和财富，或者与别人争得面红耳赤，只为了证明自己比别人更优越。殊不知，没有人喜欢我们的优越感，除了我们自己。

英国19世纪政治家查士德·斐尔爵士曾经告诫自己的儿子："要比别人聪明，却不要告诉人家你比他聪明。"年轻时的本杰明·富兰克林显然不懂这个道理。那个时候，他总喜欢和别人争辩，打击和自己意见不同的人。以至于只要有他在场，朋友们都觉得不自在。

直到有一天，一位老朋友把他痛斥了一顿，他才如梦初醒。在那以后，他改掉了傲慢、粗野的习惯，并给自己立下规矩：绝不允许自己太武断。他甚至不允许自己在语言上有太肯定的表示，例如当然、肯定、无疑等。凡有意见不合，他也不再急于争辩。

很快，富兰克林就发现，凡是自己参加的谈话，气氛融洽多了。

当然，如果只是在同事或朋友面前表现出优越感，最多也就是引来别人的妒忌和敌意，而如果是在领导面前表现出优越感，恐怕就免不了丢饭碗甚至掉脑袋的命运了。

法国17世纪财政大臣尼古拉斯·富凯就是这样一个可怜的人！

机敏干练的富凯，是法国国王路易十四的得力助手，一直觊觎更高的职位。因此，当首相马萨林于1661年去世时，富凯认为机会来了。然而，路易十四并没有给他这个机会，而是宣布取消首相职位。失意万分的富凯开始琢磨各种办法来取悦国王。

碰巧此时，他的府第刚刚落成。于是，富凯试图用一场盛大的晚宴来博得国王的开心。宴会当晚，欧洲最显赫的社会名流都前来捧场，莫里哀甚至专门为晚宴准备了剧本。事实上，晚宴也确实办得很成功，客人们都惊叹于富凯华丽无比的私家花园。

然而，令人震惊的是，第二天富凯就被国王的卫队逮捕了。三个月后，富凯被以盗窃国家财产罪投进了比利牛斯山上的监狱里，并在那里度过了余生。

自以为聪明的富凯显然忘了，在那场晚宴上，谁才是真正的主人。过度的炫富行为不但冒犯了国王路易十四的虚荣心，而且引发了他的恐惧和不安。

仔细想想，古往今来，那些功高盖主的臣子们，有谁落得了好下场？联系到当今职场，又何尝不是同样的道理。

## 牢记他人的名字，让对方感觉自己很重要

**心理策略：**记住别人的名字，是对别人最好的恭维和赞赏；忘记别人的名字，或者拼写错误，则会使你陷入被动之中。因此，从现在开始，用心记住别人的名字吧！

每个人都渴望被人尊重，而记住别人的名字，就是对他人最大的尊重，同时也是最好的恭维和赞赏。美国钢铁大王卡耐基早在10岁时，就明白了这个浅显的道理。

那一年，卡耐基收养了一只母兔。没过多久，这只母兔就生下了很多小兔。兔宝宝们虽然可爱，可是粮草却成了问题。怎么办？卡耐基想到了一个妙招。他把小伙伴们召集起来，告诉他们，谁认养了小兔，就用谁的名字给小兔命名。

这一招果然灵验。很快，小伙伴们就开始争先恐后地给小兔找草料，而且草料越来越好。

这次经历让卡耐基认识到：每个人对自己的名字都很在意，记住别人的名字，就是对别人最好的恭维。多年以后，卡耐基正是凭借这个简单的道理，在竞争中不断斩获成功。

有一次，卡耐基和普尔曼为了争夺太平洋铁路的卧车经营权，斗得两败俱伤。为了扭转局面，他对普尔曼说："普尔曼先生，咱们这不是在愚弄自己吗？"

"你这是什么意思？"普尔曼问道。

卡耐基于是把心中的想法和盘托出。原来他想联合两家的力量，共同经营，而不是相互拆台。普尔曼虽然没有反对，但也没表示认可，只是问卡耐基："那你准备管这家公司叫什么名字呢？"卡耐基几乎是脱口而出："当然是普尔曼皇宫卧车公司了！"

普尔曼听完后，顿时两眼发光，他对卡耐基说："你过来我的房间，我们

好好聊聊!”就这样,卡耐基巧妙地运用名字策略,创造了整个实业界的奇迹。

遗憾的是,尽管名字很重要,但在日常生活中,却很少有人予以重视。事实上,很多时候,我们宁愿花上几个小时讨论细节问题,也不愿花上几分钟时间,记住对方的名字。而贵为美国总统的罗斯福,却能够在百忙之中,记住一个毫不起眼的技工名字,因为他知道,获得他人好感的最简单、最有效的方法就是:记住他人的名字,让对方感觉自己很重要。

有一次,克莱斯勒公司专门为罗斯福定制了一辆汽车,并派人将车送到了白宫。罗斯福总统亲切地接见了他们。他认真地观察车上的每一处细微设计,仔细询问各种问题,并且不时送出赞美之词。

在送车的人中,有一个怕羞的技工。在整个参观过程中,他始终躲在别人身后,毫不起眼。然而,当他们准备离开时,罗斯福却找到了他,亲切地跟他握手,并叫出了他的名字。要知道,在此之前,他甚至没跟总统说过一句话,而罗斯福也只听到过一次他的名字。

没有人知道,罗斯福是如何记住这个技工的名字的,但可以肯定的是,他一定在心里默默下了功夫,而受宠若惊的技工也一定会将这次珍贵的经历,永远铭记在心!

那么,我们又该如何记住他人的名字呢?拿破仑三世的方法或许值得我们借鉴。

著名军事家拿破仑的侄子、法国国王拿破仑三世,曾经自豪地宣称:无论他事务如何繁忙,凡是和他见过面的人,他都能记住对方的名字。

说起他的方法,其实也很简单。每次见到陌生人时,如果没听清对方的名字,他会礼貌地问道:“很抱歉,我没听清,能否再重复一遍?”如果对方的名字不常见,他会问:“很抱歉,你的名字如何拼写?”然后,在交谈过程中,他会反复提到对方的名字,以便加深印象。

如果对方是个重要人物,他会投入更多的精力。当他独处时,他会把对方的名字记在纸上,反复默念,直至烂熟于胸,然后把纸撕掉。

## 请他人帮个小忙，激发对方的自尊心

**心理策略：**美国著名哲学家杜威曾经说过，人类天性中最深切的冲动是“做个重要人物的欲望”。请他人帮个小忙，不但能满足对方的这种欲望，还能为我们赢得友谊与合作。

不知你注意到没有，在日常生活中，当我们请别人帮个小忙时，对方通常会感到很高兴，尤其是我们所求之事，恰好又是对方最得意的事情时，他们更是难掩兴奋之情。为什么呢？因为帮助别人会让他们感觉自己很重要，而这是每个人都梦寐以求的。创业初期的本杰明·富兰克林，就曾经运用这个策略，成功地将昔日的对手转变为终生的朋友。

当时的富兰克林还很年轻，他用自己的全部积蓄，筹办了一家印刷厂。同时，还想办法成为州议会的书记员，以获得为议会印文件的业务。然而，天有不测风云，一位新当选的议员对富兰克林颇有微词，甚至公开责骂他，将他贬得一文不值。

如果是普通议员，那也就算了，可是偏偏这位议员在议会中影响力不凡。怎么办呢？针锋相对只会激化双方的矛盾，卑躬屈膝又违背自己的意愿。

就在富兰克林感到一筹莫展的时候，他偶然间了解到，对方藏有一本非常珍贵的书。于是便心生一计，写信给这位议员，告诉他自己非常渴望饱览此书，恳请借来一阅。结果，对方很快就派人把书送了过来。

一个礼拜后，富兰克林把书还给对方，并附上了一封热情洋溢的感谢信。

接下来，在议会相遇时，这位议员竟然主动跟富兰克林打起了招呼！不仅如此，他还表示，只要富兰克林需要，他会随时提供帮助。从那以后，他们成了很好的朋友。

是什么原因，让这位议员改变了对富兰克林的态度？答案很简单，通过借书这个举动，富兰克林把自己放在了较低的位置，而把对方放在了较高的位置。由此，激发了对方的自尊心，让他感受到别人的尊重和赏识，从而有了一种重要人物的感觉。

无独有偶，当我们放下身段，虚心向别人请教时，会发现对方不但不会拒绝，反而会很高兴，因为这其实是对他们的一种变相恭维。安德鲁·卡耐基就曾经巧妙地运用这一策略，成功地说服他的副手，让其放弃了临阵脱逃的想法。

当时，卡耐基和他的副手派伯正在圣路易斯市，为刚刚修好的一座桥梁收费。可就在此时，派伯却突然心血来潮，想要乘坐当晚的班车返回匹兹堡。

这可把卡耐基急坏了，眼瞅着自己的计划就要落空，怎么办呢？他突然急中生智，想到了一个绝妙的主意。他并没有乞求派伯留下来，而是在不动声色间谈起了另外一个话题。

通过平时的观察，他知道，派伯对名马颇有研究，而圣路易斯刚好又以名马著称。因此，他对派伯说，他想给他的姐妹买一匹好马，以供她们驾车之用。所以，他希望派伯能够留下来，为自己挑选一匹好马，然后再回去也不迟。

没想到，派伯很高兴地就答应了，没有丝毫的不乐意。“鱼儿果然为香饵所诱……”卡耐基在其自传里这样写道，“我们终于收回了那座桥的成本，派伯也光荣地完成了使命。”

虽然面对不同的问题，但是富兰克林和卡耐基却运用相同的策略，成功地驾驭了对手，让他们迅速对自己产生了好感。这个策略就是，请他人帮个小忙，激发对方的自尊心。

## 多谈对方感兴趣之事，让对方产生心理共鸣

**心理策略：** 人们最感兴趣的话题是什么？是他们自己！当你谈论他们，以及与他们相关的事情时，他们会马上变得兴致勃勃，而且完全入迷，对你的好感也就油然而生。

人们或多或少都有点虚荣心，因此，无论在与朋友还是客户交谈时，多谈谈他们感兴趣的话题，往往会令他们的自尊心得到极大的满足，进而对你产生好感。

柯达公司创始人乔治·伊斯曼就曾领教过这个策略的威力。当时，伊斯曼捐巨资在罗彻斯特修建一座音乐堂、一座纪念馆和一座剧院。闻讯而来的

制造商们，纷纷找伊斯曼寻求合作。然而，所有人无不空手而归。直到有一天，亚当森的来访打破了这个惯例。

会谈之前，伊斯曼的秘书告诉亚当森，谈话最好不要超过5分钟。当亚当森来到伊斯曼的办公室时，他正埋头于一堆文件里。亚当森于是仔细打量起这间办公室。

过了一会儿，伊斯曼抬起头来，看到了亚当森，便问道："先生有何指教？"

聪明的亚当森并没有直接谈生意，而是说道："伊斯曼先生，我得承认，尽管我做室内木工装修已经很多年，但我从来没见过如此精致的办公室。"

伊斯曼一听，马上来了劲儿，他很自豪地说："这都是我亲自设计的，可惜现在太忙了，都没时间好好欣赏。"就在此时，亚当森走到墙边，用手摸了摸墙面，然后说道："这应该是英国橡木，意大利的橡木质地不是这样的。"

听到这里，伊斯曼高兴地站起来，说道："这是一位朋友专门从英国给我订的货。"说完他便带着亚当森参观起了办公室。那天早上，他们从木质谈到工艺，从颜色谈到价格，甚至谈起了伊斯曼少年时代的生活，以及发明柯达相机的过程……直到中午，伊斯曼仍然意犹未尽，邀请亚当森到自己家里做客，以便有机会向他展示自己的油漆手艺。

在整个过程中，亚当森始终未提生意之事。最后，亚当森不但获得了大批订单，而且还与伊斯曼结下了终生的友谊。

为什么伊斯曼会把这笔生意交给亚当森，而不是别人？原因很简单，亚当森从一开始，就对伊斯曼怀有浓厚的兴趣，他通过自己的观察，了解到伊斯曼的嗜好，并以此为出发点，巧妙地赞美了伊斯曼的成就，从而极大地满足了伊斯曼的自尊心。

美国第26任总统西奥多·罗斯福尤其擅长运用这种策略。他总是在与对方会谈之前，就掌握了他们的所有资料，因此，上自政坛要人，下至普通百姓，罗斯福都能与他们交谈甚欢。

在一次宴会上，罗斯福看到很多陌生的共和党人。当时，他刚从非洲回来，正在为即将到来的总统竞选做准备。因此，这是一次展示魅力的绝好机会。

会谈开始前，罗斯福找到罗斯瓦特博士，请他介绍了与会者的大致情况，包括他们的姓名、性格、兴趣和特殊嗜好等。然后，他主动走过去，喊出他们的名字，谈论他们感兴趣的话题。这些人原本就对罗斯福心存敬意，再加上此番交谈，更是对罗斯福赞不绝口。

后来，他们不但成了罗斯福的好朋友，还在总统竞选期间，成为他有力的支持者。

记住，人们只对自己感兴趣。因此，如果你想抓住他们的心，就要了解与他们有关的事情，包括他们的嗜好，他们说过、做过的事情，以及他们对某些问题的看法，等等。只有这样，你才能找到他们感兴趣的话题，引发他们的心理共鸣，进而获得自己想要的结果。

## 常以笑脸迎人，你的微笑价值万金

**心理策略：**微笑是人世间最美的语言，虽然无声，但最能打动人；微笑是人际关系中最好的润滑剂，无须解释，就能拉近人们之间的心理距离。世界上最伟大的推销员乔·吉拉德曾经说过：当你微笑时，整个世界都在笑。当你愁眉苦脸时，没有人会理睬你。

微笑是人类最古老的语言，早在几百万年前，我们的祖先就知道用微笑来判断对方是敌还是友，那些面无表情的不速之客，往往会被当成敌人而命丧黄泉。在人际关系中，微笑是最好的润滑剂，拥有不可思议的感染力，哪怕是最冷漠的歹徒，也经不住它的诱惑。

曾经有这样一位女士，在听到敲门声后打开了门，却发现一个持刀的男人，正恶狠狠地盯着自己。机灵的她，并没有试图反抗，而是微笑着说："朋友，推销菜刀的吧？你可真会开玩笑！不过，我喜欢，给我来一把。"边说边让男人进屋，"你长得可真像我过去的一位好心的邻居，很高兴认识你，来杯咖啡还是茶？"一脸杀气的歹徒对此毫无准备，突然变得腼腆起来，有点结巴地说："谢谢，哦，谢谢！"最后，她真的买下了那把菜刀。男人迟疑了一下，接过钱准备离开，走到门口时，他回过头说："小姐，你将改变我的一生！"

一个微笑可以改变人的一生，多么神奇的事情啊！更令人震撼的是，这一笑还拯救了一位女士的生命，把一个凶神恶煞的歹徒变成了一个面带羞怯的客人！

是什么原因，让微笑具有如此大的魔力呢？原因就在于，微笑从本质上讲，是一种开心和顺从的信号。当我们微笑时，仿佛是在告诉对方，我们并无恶意，希望你们能够接纳我们。因此，微笑会在对方心里产生积极正面的效应，让对方喜欢上我们。

美国著名作家奥格·曼狄诺曾经说过，微笑可以换取黄金。这句话后来被人们总结为曼狄诺定律，并且屡屡为事实所证明。全球酒店业巨头希尔顿从5000美元起家，发展至今，拥有数十亿美元资产，其成功的秘诀很简单，就四个字——微笑服务！

生活中，微笑更是不可或缺。科学研究证实，你笑得越多，别人对你的态度就会越好。事实上，哪怕是威严的法官，在面对微笑的犯人时，也会禁不住心生慈悲。而一旦生活中缺少了微笑，你会发现，整个世界都将变得黯淡无光。下面是威廉·斯坦哈特的故事。

威廉·斯坦哈特在纽约证券交易所工作，结婚18年来，他很少对自己的太太微笑，在别人眼里，他就是一个闷闷不乐的人。直到有一天，有人告诉他，微笑能改变一切！

于是，他决定试一试。

第二天早上，当他坐下来准备吃早餐时，他微笑着对太太说："早安，亲爱的！"他太太当时就怔住了，显然，这一突然之举让她感到惊喜万分！从那天以后，斯坦哈特坚持用笑脸来面对太太，而他的家庭生活也因此变得幸福美满，一改过去沉闷乏味的状态。

现在，无论是见到电梯管理员，还是地铁售票小姐，抑或是交易所里素昧平生的陌生人，他都会莞尔一笑。而每个见到他的人，也都会礼貌地报之以微笑。很快他就发现，微笑不但给他带来了良好的人际关系，也给他带来了更高的收入。

既然微笑具有如此神奇的魔力，那么，如何才能拥有一副迷人的笑容呢？答案是不断练习！你可能会说，微笑这么简单的事情，我天生就会，还用学习吗？答案是肯定的。据说，当年唐太宗为了鼓励群臣谏言，曾经每天对着镜子练习微笑，而推销之神原一平之所以能够创造日本保险界的销售奇迹，与其多年苦练笑功是密不可分的。

论条件，原一平可谓天生残缺，他身高只有1.45米，又瘦又小，在最初的7个月里，一个订单都没拿到。然而，他并没有放弃，而是苦练笑功。为了模仿婴儿般天真无邪的笑容，他花了很长时间来练习，直到自己满意为止。他甚至还将自己的笑容分为39种，每种笑容对应不同的心情和含义。这样，不管遇到什么样的客户，他都能够展现出迷人的微笑。

就这样，天生残缺的他，凭借自己的努力，连续15年蝉联日本全国寿险销售冠军，成为日本名副其实的推销之神，而他的笑容也被人们评为“价值百万美元的微笑”。

# 第九章
# 赢得信任的心理策略

DIJIUZHANG

## 倾听是对他人最好的恭维

**心理策略：**在所有的沟通技巧里，最容易被人们忽视的莫过于倾听。我们都认为自己的声音最重要，我们也都迫不及待地想要表达自己。可是我们却忘了，沟通是双向的，没有沉默，就没有沟通。在这种情况下，友善的倾听者自然就成为最受欢迎的人。

1927 年，德怀特·莫罗被柯立芝总统任命为美国驻墨西哥大使，在此之前，他只是摩根的一位合伙人，从未涉足过政治。而当时的墨西哥战乱不断，政府更迭频繁，去那里当大使可谓是一件苦差事。因此，对于莫罗来说，赢得墨西哥总统卡列斯的好感至关重要。

那么，如何在第一次见面时，就给卡列斯留下好印象呢？莫罗陷入了沉思。最终，他决定使用一个简单的策略。结果，他成功了！卡列斯在会谈后对莫罗赞不绝口，他甚至对自己的朋友说，这才是真正进退有据的大使。

莫罗究竟对卡列斯说了些什么？又是什么样的策略，让卡列斯对他赞誉有加呢？答案是倾听，积极地倾听！事实上，在整个会谈期间，莫罗几乎一言不发，他只是静静地倾听总统的发言，偶尔称赞一下厨师的技艺，吃了几块饼干，抽了一根雪茄。仅此而已！

这就是沉默的伟大力量。著名心理学家古德曼曾经说过：没有沉默，就没有沟通。卡列斯总统之所以如此称赞莫罗，就是因为莫罗使用了一个策略：

让他人掌握话语权。他诱使卡列斯开口说话，并以倾听来表示自己的兴趣和尊重，这让卡列斯的自尊心得到了极大的满足，自然就对他产生了好感。难怪有人会说，倾听是对他人最好的恭维。

遗憾的是，现实中真正懂得倾听的人并不多。他们总是急于表达自己，却不知道，倾听才是掌握他人内心世界的第一步，更不知道顾及对方的感受。大量的事实表明，人际关系的失败，很多时候不是因为你说了什么，而是因为你听得太少。缺乏积极有效的倾听，往往会导致各种各样的误解和冲突，甚至会引发人间的悲剧！下面这个故事就是血淋淋的教训。

圣诞节前夜，男人为了和家人团聚，兴冲冲地乘飞机往回赶。一路上，他幻想着团聚的喜悦情景。可惜天公不作美，飞机在途中遭遇了暴风雨，上下颠簸，随时有坠机的可能。面色惨白的空姐嘱咐乘客们写好遗嘱，然后放进一个特制的口袋里。就在这雷霆万钧的时刻，飞行员冷静地驾驶飞机，安全着陆。惊恐万分的乘客们总算松了口气。

死里逃生的男人回到家后，异常兴奋，他不停地向妻子描述当时的险情，并且满屋子地转啊，跳啊，喊啊……然而，他的妻子和女儿此时正沉浸在节日的喜庆中，根本没兴趣听他讲述自己的冒险经历。劫后重生的喜悦和备受冷落的心情形成了强烈的反差。就在妻子准备切蛋糕的时候，绝望的男人爬上了阁楼，用上吊这种古老的方式结束了自己的生命。

多么令人唏嘘的故事！仅仅因为疏于倾听，就付出了一条生命的惨痛代价。可见，倾听在人际交往中有多么重要。然而，大多数人并不认为自己疏于倾听，他们觉得不就是听别人说话吗？我每天都是这么做的。殊不知，听和听是不一样的。消极被动地听，不但起不到良好的沟通效果，反而会引起极大的误解。

有一次，美国主持人林克莱特在节目中访问了一位小男孩。

他问小男孩："你长大后想做什么呀？"小男孩天真地回答道："我想当飞行员！"林克莱特接着问："如果有一天，飞机在太平洋上空熄火了，你会怎么办？"小男孩想了想，说道："我会告诉飞机上的乘客系好安全带，然后带上降落伞先跳下去。"

全场观众顿时笑得前仰后合，林克莱特继续注视着这个小男孩，想知道他是不是自作聪明的家伙。然而，令人惊愕的是，小男孩的眼泪突然夺眶而出，林克莱特这才意识到，他们所有人都误解了小男孩的意思。于是，他问小男孩："你为什么要这么做?"小男孩大声地说道："我要回去拿燃料，我还要回来！我还要回来!"

看完这个故事，不知你有何感想？在这个故事里，自以为是的大人们在倾听时，犯了几个典型的错误：首先，他们缺乏耐心。在倾听过程中，最忌讳的就是听话只听一半。事实上，很多不必要的误解都是因此而产生的。其次，他们带着自己的主观判断来倾听。由于缺乏同理心，他们很草率地就得出了自己的结论。最后，他们用笑声打断了小男孩的解释。这又是倾听中的大忌，不但容易引起误解，还会伤及对方的自尊心，最终导致不欢而散。

由此可见，倾听不但是对人的礼貌，更是一门艺术。以同情和理解的心情去倾听别人的谈话，永远都是维系人际关系、保持友谊的最有效的方法。因此，做个善于倾听的人!

## 模仿对方的行为，向对方表达你的善意

**心理策略：**模仿是动物界最常见的行为。早在远古时代，模仿就是人类的一种社交工具。研究表明，模仿行为能够给他人带去安全感。因此，在构建友善关系方面，模仿堪称是强有力的工具。事实上，通过模仿对方的行为，我们能够迅速赢得对方的好感。

美国独立战争期间，为了突破英军的封锁线，本杰明·富兰克林被派往法国，寻求政治联姻。然而，当时的情形极不乐观。英国人拥有世界上最强大的海军，而美国尚处在雏形阶段，放眼全球，可谓孤立无援。在这种情况下，要说服法国人支持美国谈何容易!

但是，富兰克林成功了！他只用了一个简单的策略，就让法国人在异常艰难的情况下，选择支持这个新生的民主国家！那么，富兰克林究竟运用了什么策略呢？答案是模仿。

到了法国后，富兰克林很快就发现一个讨好法国人的办法，那就是模仿法国人的造型：戴假发，打粉底，穿法国的特色服饰，他甚至包下一辆法国式的马车，整天在大街上转悠。就这样，他认识了很多的宫廷重臣，尤其是那些有机会在国王面前吹耳边风的人。

1777年，当富兰克林的继任者约翰·亚当斯来到法国时，他被富兰克林完全法国化的行为举止和衣着惊呆了。事实上，亚当斯讨厌这样的做法，所以在法国期间，他刻意保持了纯粹美国人的身份和形象。然而，法国人对他却没有好感，甚至拒绝与他签订某个重要条约，理由是不满他过去的行为。最后，美国政府不得不派富兰克林出面斡旋，才最终谈妥。

法国人为何对富兰克林情有独钟呢？原因很简单，富兰克林模仿他们的行为，尊重他们的习俗和文化，让他们感觉很亲切，所以他们愿意和富兰克林开展合作。可以说，富兰克林找到了一条打通双方交往渠道的捷径。正是在他的努力下，美国人成功地获得了法国的支持，最终摆脱了英国的殖民统治，获得了国家的独立。

通过模仿来赢得他人的好感，并非富兰克林的发明。早在远古时代，我们的祖先就通过模仿来表达彼此间的信任，并成功融入群居生活中。因此，模仿可以说是人类与生俱来的一种倾向。现实生活中，模仿行为随处可见。例如，热恋中的男女总是同时做出某种动作，仿佛是在搭伴跳舞一样。又比如，只要一个人打哈欠，身边的人就会接二连三地打哈欠。

心理学家已经发现，模仿他人的欲望是大脑的一种本能反应。因为在人类的大脑中，有一种名叫镜像神经元的特殊细胞。这种细胞会在我们听到或看到一种行为时被激活。这就是为什么我们看到别人大笑时自己也想笑，看到别人大哭时自己也想哭的原因。甚至当别人腿上爬了一只蜘蛛时，我们也会感觉好像有东西在自己腿上爬。

这种同步行为很容易在两个人之间产生好感，事实上，模仿行为也确实通常发生在关系密切或地位相仿的两个人之间，因为模仿对方的行为，是潜意识里相信对方的体现。与此相反，我们不太可能模仿自己不喜欢的人或陌生人的行为。优秀的推销员和技艺精湛的艺术家熟知这种策略，他们通过模仿对方的肢体动作、语言和声音，迅速与对方建立友善关系。

**模仿对方的肢体动作**

模仿对方的肢体动作，是迅速赢得好感的有效方式。在和别人谈话时，你可以模仿他的站姿或坐姿，他的举止神态，他的习惯手势，等等。当你模仿得惟妙惟肖时，对方会开始喜欢你。有趣的是，通过模仿行为，我们还能看出谁是真正的领导者。一般来说，被模仿者通常处于强势地位。例如，伊拉克战争开始后，布莱尔开始模仿小布什，把大拇指塞进皮带里。

**模仿对方的语言**

模仿对方的语言，例如俚语、行话、口头禅等，是一种简单有效的沟通方法。著名心理学家卡尔·罗杰斯称其为“语言镜像”，换言之，像回声那样，重复对方的话。例如，当对方说“我的家”时，你要以“家”而不是“房子”来回应；当对方说“彩排”时，你要用“彩排”而不是“训练”来回应。否则，不但会让对方感到话不投机，甚至会引发他们的不满。

**模仿对方的声音**

模仿对方的声音，包括他们的语气、语调、语速，甚至重音，会让他们感觉很舒服。例如，当对方说话很快时，你可以适当加快自己的语速；当对方说话很轻柔时，你可以适当降低自己的音量。换言之，要尽量和对方保持相同或相似的说话节奏。记住，千万不要让自己的语速快过其他人。研究显示，如果遇到语速比自己快的人，人们通常会有压迫感。

当然，在有些情况下，你绝不能模仿对方的行为。例如，当对方的动作具有某种专属性，或者自身有残缺时。一个简单的例子是，下属在领导面前模仿对方跷二郎腿的动作，显然不是什么明智之举。再比如，模仿对方跛脚走路，或者说话口吃，会让人误以为你在取笑他。

## 学会换位思考，站在对方的立场看问题

**心理策略：**生活中的很多误解和隔阂，都是由于人与人之间的思维差异引起的。如果我们能够站在他人的立场去理解和处理问题，我们就能够更好地理解他人的行为。

圣诞节快到了，母亲带着5岁的儿子去买礼物。大街上回荡着圣诞颂歌，橱窗里彩灯闪烁，商店里玩具琳琅满目……母亲在想，儿子看到这样的绚丽世界，该有多么兴奋啊！

然而，令她吃惊的是，儿子非但没有笑容，反而拽着她的衣角，呜呜哭了起来。“怎么了，宝贝？你要是再哭，圣诞精灵可就不来咱们家啦！”母亲有些生气，她不理解儿子的行为。“我……我的鞋带开了……”儿子怯生生地答道。

母亲只好低头为儿子系鞋带。无意间，她抬起了头，啊，怎么什么都没有？——没有迷人的橱窗，没有炫目的彩灯，没有可爱的玩具……原来这些东西太高了，儿子根本看不到。在他的世界里，只有一双双肥大的腿脚和女人摇曳的裙摆，在那里相互摩擦、碰撞。

好可怕的情景啊！母亲突然意识到自己的错误，她愧疚地把儿子抱了起来。要不是因为系鞋带，她可能永远不知道儿子眼中的世界。想想看，现实生活中，又有多少人像这位母亲一样，看问题只从自己的角度出发？君不见，父母面对孩子，总是高高在上；领导面对下属，总是唯我独尊；恋人面对恋人，总是一厢情愿。殊不知，事物对人的影响，总是会因为每个人所处的位置不同而产生不同。以己度人，只会造成错误的判断和误解。

英国有句谚语："要知道别人的鞋子合不合脚，穿上别人的鞋子走一英里。"也就是说，与人相处要想融洽，就要学会换位思考，站在对方的立场看问题。亨利·福特曾经说过："如果成功有任何秘诀的话，就是了解对方的观点，并且从他的角度和你的角度来看事情。"

很多大人物都深谙这个道理，戴尔·卡耐基就是其中一位。有一次，为了给学员们上课，卡耐基在纽约某饭店租下了一间教室。然而，就在开学之际，饭店经理却突然告诉他，必须支付比以前高三倍的租金。这可真是一个晴天霹雳！要知道，学员们正等着上课呢！

怎么办？答应他吧，需要付出高昂的代价，不答应他吧，又得找其他地方上课。思来想去，卡耐基决定亲自登门拜访。见到经理后，聪明的卡耐基并没有兴师问罪，而是先肯定了对方的做法，"老实说，收到你的信，我很吃惊。不过，我并不怪你。如果我是你，可能也会这样做，毕竟你是饭店的经理，有责任要求更高的回报……"

接着，卡耐基拿出了纸和笔，为他认真分析了涨租金对饭店的利弊。好处是饭店增加了收入，坏处是失去了一笔生意。然而，更重要的是，饭店将因此失去一次绝佳的免费宣传机会，因为卡耐基的课程吸引了很多高学历、有修养的人来饭店，他们可是高消费群体。

就这样，卡耐基通过换位思考，成功地说服了饭店经理，将租金涨幅降至50%！

相比卡耐基，大文豪爱默生就没那么幸运了。因为光顾着自己的想法，他和他的儿子栽倒在一头牛身上！那是一天傍晚，爱默生和他的儿子正在赶一头小牛回牛棚。怎料小牛却双腿蹬地，顽固地不肯离开原地。父子俩只好一人在前，一人在后，试图把小牛推回牛棚。结果，累至汗如雨下，依然徒劳无果。正在厨房做饭的女佣见此窘境后，微笑着走了过来，将自己的手伸到小牛的鼻子上，结果，小牛竟然奇迹般地跟着她走进了牛棚。

爱默生不解地问道："我们费了半天劲儿没赶进去，你是怎么做到的?"女佣笑着说："因为我了解这些小牛啊，我手上的咸味儿，对它们来说，比嫩草还有吸引力呢!"

显然，在这个故事里，爱默生父子犯了一个常识性的错误——只想到自己想要的，却忘了别人想要的。卡耐基曾经说过，要想钓到鱼，就要问问鱼想吃什么。因此，下次当你想劝儿子别再抽烟时，记得不要跟他讲什么大道理，而只要让他明白，一旦抽烟，可能会失去参加篮球比赛的机会，或者无法赢得百米大赛的冠军。

## 强调相似之处，让对方把你当自己人

**心理策略：**人际交往中存在一种倾向，对于自己比较亲近的对象，人们更愿意去接近。这是因为在人们的潜意识里，已经把他们当成是自己人。这就是心理学上的自己人效应。

有时候，要获得对方的信任，让自己的话更有说服力，只需让对方把你当自己人即可。大画家梵高曾经有段时间对此迷惑不解。直到有一天，他发现……

在博里纳日的日子，是梵高一生中最为艰难的日子之一。当时，他受教会之托，来到比利时边境的博里纳日。在那里，几乎人人以挖矿谋生，他们衣衫褴褛，满脸煤灰，每天挣扎在生死线上。他们的妻儿一年到头生活在破烂不堪的棚屋里，忍受着寒冷、酷暑和饥饿的煎熬。

梵高怀着极大的同情心来到这里，他每天和村民们一起，用麻袋搬来煤渣，在屋子里生火取暖；他每天去看望身患重病的人，用自己微薄的薪水为他们购买仪器和药品。

几天以后，梵高开始了他的布道。很快地，博里纳日人脸上的忧郁就开始渐渐退去，他的布道受到了当地人的普遍欢迎。人们似乎非常喜欢并认可这位上帝的牧师。

是什么原因，让自己这么快就得到了博里纳日人的认可呢？梵高百思不得其解。

直到有一天，他回到自己的住处，准备用肥皂洗脸时，突然惊讶地发现，自己的皱纹里、眼皮上、面颊两边和下巴上，到处沾满了黑色的煤灰，几乎和当地人没什么两样。

“当然，”他大声说，“这就是他们认可我的原因，我终于成了他们的自己人了！”

从那以后，在矿区的日子里，梵高每天都要往脸上抹煤灰，以便让自己更像是当地人。

在这个故事里，梵高之所以大获成功，是因为他无意中运用了一个策略：强调相似之处，让对方产生自己人的感觉。生活中，这样的事例可谓屡见不鲜：两个陌生人见面，如果发现对方是自己的老乡或校友，彼此间的感情往往会急剧升温，并且萌生亲切感。而那些你喜欢的人，也必然是与你有相似之处的人，例如，与你有共同兴趣和爱好、共同经历的人。

心理学上，将这种现象称为自己人效应。1961 年，心理学家纽加姆做了一个实验。他征集了 17 名大学生，让他们住在一起。在此之前，研究者测试了他们的人格特征，以及政治、经济等方面的态度和价值观。然后，分别将人格特征和价值观相似或不相似的人，混合安排在几个宿舍里，共同生活 4 个月。4 个月后，看看他们喜欢谁，不喜欢谁。

结果发现：在认识的初期，空间距离决定了他们的亲疏，同宿舍的人明显比不同宿舍的人更亲近；而到了后期，态度和价值观则成为决定关系亲疏的关键性因素。

这个实验充分证明了自己人效应在人际交往中的重要性。那么，决定彼此间关系亲疏的相似性因素都有哪些呢？以下四类因素值得参考：

地域相似。例如，共同居住、学习或工作过的地方。

背景相似。例如，年龄、职业、经验、地位等。

立场相似。例如，态度、信仰、理想、主张等。

个性相似。例如，兴趣、爱好、性格、习惯等。

只要稍微回顾一下历史，我们就会发现，很多政治家都非常善于利用自己人效应，来拉近和选民之间的心理距离，从而获得他们的支持。美国总统林肯无疑是最典型的代表。

1860 年，林肯作为共和党的候选人，参加总统竞选。他的对手是大富翁道格拉斯。道格拉斯租用了一辆豪华的列车，沿街进行宣传，他嘲笑林肯是个乡巴佬，并扬言要让林肯闻一闻他身上的贵族味儿。面对道格拉斯的挑衅，林肯巧妙地进行了回击。

在朋友赞助的马拉车上，林肯说出了下列这番令选民们热血沸腾的话："有人问我，你有多少财产？我告诉大家，我有一个妻子和儿子，他们都是无价之宝。此外，我租用了一间办公室，里面有一张桌子、三把椅子，墙角还有一个大书架，架上的书值得每个人一读。我本人又瘦又高，脸蛋很长，不会发福。我实在没什么可依靠的，唯一可依靠的就是你们。"

正是这番肺腑之言，深深地打动了无数的选民，让他们体会到林肯热爱民众的深厚感情。最终，林肯凭借实力，成功击败了对手，成为美国历史上最伟大的总统之一。

## 见面时间长，不如见面次数多

**心理策略：**越是熟悉的东西，人们就越喜欢，这种现象在心理学上称为多看效应。它给我们的启示是，在人际交往中，要赢得别人的信任和好感，就必须更多地接触别人。

生活中，有这样一个有趣的现象：有些人，我们刚开始认识的时候，感觉他们其貌不扬，甚至很难看，可是一旦接触多了，慢慢就不觉得难看了，甚至会觉得他们在某些方面很有魅力。这到底是为什么呢？美国心理学家扎荣茨为我们揭开了谜底。

20 世纪 60 年代，扎荣茨开始了一系列实验。在一次实验中，他将 12 张照片分成 6 组，每组 2 张，分别出示给受试者看。其中，第一组看了 1 次，第二组看了 2 次，第三组看了 5 次，第四组看了 10 次，第五组看了 25 次，第六组则不予出示。结果，奇迹发生了！当他询问受试者对这些照片上人的印象时，他们对看过 25 次的照片人物明显更加青睐，而且照片被看到的次数越多，就越受到他们的欢迎。换句话说，看照片的次数增加了他们的好感。

对照片如此，对人是否也如此呢？为了证明这个猜想，心理学家又做了一个实验。他们在一所大学里，随机挑选了几个女生宿舍，给她们分发不同口味的饮料。然后，要求她们以品尝饮料为由，在不同宿舍间相互走动，前提是不得相互交谈。一段时间后，奇迹发生了！在询问她们对彼此的熟悉和喜欢程度时，心理学家发现：见面的次数越多，相互喜欢的程度就越高；相反，见面的次数越少，相互喜欢的程度就越低。

这个实验彻底颠覆了我们的惯性认识。我们总是以为，大多数人喜新厌旧。可是，实验结果却否定了我们的看法，事实上，人们对于自己熟悉的东西，往往会更加喜欢。这种现象在心理学上称为多看效应。仔细想想，这样的结论其实也并非不可思议，例如：

刚听到一首新歌，我们可能会觉得曲调怪异，难以欣赏，可是听过几遍以后，慢慢就会喜欢上它，甚至觉得它旋律优美、朗朗上口。

刚看到一部电视剧，我们可能会觉得情节单调，毫无乐趣，可是看过几集以后，慢慢就会融入故事里。哪怕是情节荒谬、演技拙劣的电视剧，看入戏了也会觉得津津有味。

刚搬来一位邻居，我们可能会觉得感情生疏，难以相处，可是接触多了，慢慢就会觉得对方人还不错，有事总能帮个小忙，甚至比远在他乡的亲戚还要管用。

……

人们为什么会喜欢熟悉的东西呢？心理学家经过多年的研究，最终找到了答案。原来我们的大脑对于外界的信息有一个识别机制：越是熟悉的东西，大脑处理起来越是轻松，人们的感觉就会越好，从而导致积极正面的评价。说白了，就是我们的大脑很“懒”。

多看效应给我们的启示是，在人际交往中，要赢得别人的信任和好感，就必须更多地接触别人。我们都有这样的体会，在单位里，那些人缘很好的人，往往将多看效应发挥得淋漓尽致。他们善于制造双方接触的机会，以提高彼此的熟悉度。例如，见面主动打招呼，经常与人聊天、拉家常，或者给别人带小礼物，等等。

增加交往频率，不但能够提升你在单位的人气，甚至会成为你事业上升的阶梯。在微软公司，曾经有一位工程师，工作很努力，技术也很棒，可就是不喜欢与人沟通。所以，尽管他业绩突出，但始终得不到提拔。对此，他很纳闷。终于有一天，他忍不住问经理："我很努力，怎么就升不上去呢？"经理反问道："你开会时说话吗？你经常同别人打招呼吗？"

这个时候，他才醒悟过来，原来问题出在这里。是啊，类似打招呼这样的举动，对领导而言可能无所谓，但对下属而言，那可就是为自己加分的宝贵机会了。

当然，这并不意味着，交往频率越高越好，事实上，过于频繁的接触，甚至是死缠烂打，只会让人心生厌恶。心理学家发现，人们的交往频率与喜欢程度呈倒U形关系。换句话说，过低或过高的交往频率都不利于相互吸引。因此，保持适度的交往更重要。

## 适当吐露自己的隐私，令对方产生亲切感

**心理策略**：我们总是担心隐私泄露，会给自己带来麻烦。然而，心理学家却告诉我们，适当地吐露自己的隐私，不但不会损害我们的形象，反而能够赢得对方的信任和好感。

生活中，如果有人问起你的隐私，你会作何反应？主动招供还是避而不谈？垒球手史蒂文就曾经面临这样的难题。有一次，一位记者在大庭广众之下问史蒂文：

"你哭过吗？"

这是一个棘手的问题。承认自己哭过吧，很可能会影响其男子汉的形象，毕竟男儿有泪不轻弹，更何况是万众瞩目的体育明星呢！否认自己哭过吧，又有欺骗大众的嫌疑。怎么办？就在记者们等着看好戏的时候，史蒂文却给出了令人吃惊的答案。

"哭过，"垒球手冷静地回答道，"我觉得在某些场合掉眼泪更像个男子汉，因为这表明你是个有血有肉的人。"话音刚落，全场顿时响起雷鸣般的掌声。

最终，史蒂文不但没有在观众面前颜面扫地，反而赢得了更多人的喜爱。

当然，像史蒂文这样，面对媒体依然敢于吐露隐私的人并不多。生活中，

我们大多习惯隐藏自己的缺陷，唯恐过多地吐露隐私，会给自己带来麻烦。然而，心理学家却告诉我们，适当地吐露自己的隐私，不但不会损害我们的形象，反而能够赢得对方的信任和好感。

亨利食品公司董事长亨利·霍金斯对此深有感触。

有一次，他无意中发现，公司往食品里添加的保鲜剂有毒，虽然毒性不大，但长期食用，也会对人体产生危害。得知这个事实后，霍金斯陷入了沉思。公布真相，势必会引发市场的骚乱，甚至导致公司破产；隐匿真相，又面临良心的谴责。怎么办？经过一番思想斗争后，霍金斯最终选择向公众宣布：保鲜剂有毒，长期食用对人体有害。

霍金斯的话音刚落，立刻就招致同行们的口诛笔伐和联合抵制。然而，就在公司濒临倒闭之际，政府和消费者却站了出来，因为所有人都坚信，像这样宁愿倒闭也要将真相告知公众的企业，还有什么让人不放心的呢？结果，亨利食品不但没有在这场风暴中轰然倒地，反而在消费者的热烈簇拥下，成功地坐上了美国食品加工业的头把交椅！

像史蒂文和霍金斯这样，主动向别人吐露隐私或真相的做法，在心理学上称为自我暴露，这个概念最早由心理学家西德尼·朱拉德于 1958 年提出。朱拉德通过一系列实验证明，自我暴露会增加受欢迎的程度。这个道理其实不难理解。人之相交，贵在交心，你如果主动向对方敞开心扉，无疑是一种示好。作为回报，对方自然也会邀请你进入他们的内心世界。

不仅如此，自我暴露还有助于缓解自身的压力。我们都有这样的体会，如果心中有事，总是会感到很压抑，而一旦有机会吐露，马上就会觉得如释重负。

那么，自我暴露是不是越多越好呢？当然不是！

心理学家约瑟夫和哈里告诉我们，每个人都有四个心理区域：自己和别人都知道的区域，叫作开放区，例如身高、体重等；自己知道而别人不知道的区域，叫作隐秘区，例如女人的年龄、男人的钱包等；自己不知道而别人知道的区域，叫作盲目区，例如口腔异味；自己和别人都不知道的区域，叫作未知区。这就是著名的约哈里窗户理论。

尽管约哈里窗户理论告诉我们，开放区越大越幸福，但是，自我暴露还是得有个限度。一个重要的准则就是相互性原则。研究表明，人们喜欢与自己暴露水平相当的人，换句话说，过多或过少地自我暴露都会引起对方的不适。过多地暴露自己，可能会引起对方的警惕、焦虑，甚至是自卫行为；过少地暴露自己，又会让人感觉缺乏诚意，不值得深交。

因此，在自我暴露时，要考虑到对象，掌握好分寸，根据对方暴露的程度、对方的反应、相互间关系的亲密程度等因素来决定适当的暴露水平。

# 第十章
# 赞美他人的心理策略

DISHIZHANG

## 鼓励与赞美能使白痴变天才

**心理策略：**生活中，赞美就像空气，人人不能缺少。一句赞美的话，虽然只需几秒钟，但却具有神奇的功效，甚至能改变人的一生。因此，学会赞美吧，它会让你成为生活的赢家。

1852年秋天，俄罗斯著名作家屠格涅夫打猎时，无意中捡到一本皱巴巴的杂志。他随手翻阅，很快被一篇名为《童年》的文章深深吸引。文章出自一个无名小辈之手，屠格涅夫对他非常欣赏，于是四处打听他的消息。最后得知，这位年轻人幼失双亲，身世可怜。

年轻人的姑母知道这件事后，马上给她的侄儿写信："你的文章引起了极大的轰动，大名鼎鼎的屠格涅夫逢人便夸你，说这个年轻人如果继续写下去，前途一定不可限量。"年轻人收到信后异常兴奋，他没想到自己的涂鸦之作，竟能引起大作家的关注。于是，开始勤耕不辍，最终创作出《战争与和平》等不朽的篇章。这个年轻人就是大文豪列夫·托尔斯泰！

一句话成就一个大文豪，这就是赞美的神奇力量。对于托尔斯泰而言，屠格涅夫的赞美无异于阴霾里的一缕阳光，给了他极大的信心和力量，最终推动他完成了惊世伟业。这种赞美创造奇迹的现象，在心理学上称为皮格马利翁效应。相传在古希腊时期，塞浦路斯国王皮格马利翁雕刻了一尊少女像，并对她爱不释手，每天含情脉脉地注视着她。结果有一天，雕像竟然奇迹般地变成了活人，后来成为皮格马利翁的妻子。

皮格马利翁效应告诉我们，真诚的鼓励与赞美，具有一种积极的暗示作用，它能够改变人们的行为，激励人们不断进步。这个效应在教育孩子时尤其有用。赞美之于孩子，如同阳光之于小草，大人们不经意的几句赞美，就可能让孩子在未来创造奇迹。

19 世纪末美国密苏里州的一个小镇上，有个劣迹斑斑的小男孩，镇上的大人们都警告自己的孩子，不许跟他来往。9 岁那年，他有了继母。在继母刚进家门那天，他父亲就对继母说："你以后得提防着点，他可是全镇最坏的孩子！"

没想到继母不但没有抱怨，反而走到小男孩身边，温柔地摸着他的头，说道："他怎么会是坏孩子呢，我看他应该是镇上最聪明、最快乐的孩子！"

这句话深深打动了小男孩，在继母的关怀下，他开始努力学习。多年以后，他创造出成功的 28 项黄金法则，帮助千千万万的普通人走上成功之道。他就是沟通大师卡耐基。

赞美也是激励下属最有效的方式之一。作为领导者，应该学会赞美下属的每一次进步，哪怕只是一点点进步。只有这样，才能激励他们不断创造佳绩。通用电气公司前 CEO 杰克·韦尔奇就非常懂得赞美下属。每次只要下属有进步，他都会亲自写信鼓励他们，方法虽然简单，但却总能立竿见影。"经营之神"松下幸之助同样是一位善用赞美的高手。他经常给下属打电话，询问他们的近况，如果一切顺利，他会说："很好，希望你继续努力。"每一位接到电话的下属，无不为得到总裁的关心和赞美感到欢欣鼓舞，从此更加努力地工作。

由此可见，赞美就像空气，人人不能缺少。一句赞美的话，虽然只需几秒钟，但却具有神奇的功效，甚至能改变人的一生。因此，学会赞美吧！它会让你成为生活的赢家。

## 赞美要具体，让对方感觉到你的诚意

**心理策略：**生活中，笼统的赞美总让人感觉缺乏诚意，像是在敷衍人。与此相反，具体化的赞美不但让对方感受到了我们的真诚，同时也满足了他们期待下文的迫切心情。

1976 年 1 月，尼克松的女儿朱莉和女婿戴维到中国访问，毛泽东在自己的客厅接待了他们。当戴维第一次见到这位伟人时，他忍不住多看了一会儿。

“你在看什么?”戴维的凝视显然引起了毛泽东的注意。

“我在看您的脸，”戴维说，“我觉得您的脸上半部分长得特别好看。”毛泽东听完后哈哈大笑。随后，他们在谈笑风生中开始了会谈。

戴维的聪明之处在于，他并没有笼统地赞美：“毛先生真是伟大，真是了不起!”相反，他指出了具体的赞美部位，让人感觉很真诚，没有丝毫的谄媚之意。

生活中，我们都有这样的体会：当别人赞美我们时，如果言辞比较空泛，我们会感觉对方缺乏诚意，故意敷衍人，甚至会怀疑他们动机不纯。事实上，诸如“你好棒啊”“你真聪明”“你很能干”这样的赞美，不但达不到预期的效果，反而会引起对方的不满和反感。

美国心理学家海伦·克林纳德用大量的实验证明，赞美用语越具体，其有效性就越高。这个结论告诉我们，在赞美别人时，务必要具体，务必要言之有物。例如：

笼统地夸孩子聪明，远不如说：“你有股钻劲儿，我发现，每次解几何题时，你总能找到第二种解法。”听到这样的赞美，孩子肯定会很高兴，下次解题时也就会更加努力。

笼统地夸女士漂亮，远不如说：“我发现，你的眼睛很漂亮，又大又亮，睫毛还很长。”听到这样的赞美，她心里肯定是美滋滋的，自然就愿意和你做朋友了。

笼统地夸下属能干，远不如说：“你这次立大功了，要不是你拿出具体的数据，这单生意没准就黄了。”听到这样的赞美，下属肯定如遇知音，以后对你会更加死心塌地。

为什么具体化的赞美更能打动人呢?答案很简单，要说出对方的优点，你就必须用心观察。因此，你的赞美越具体，说明你越关注对方。不仅如此，当你赞美别人“真棒”“真漂亮”时，他们的内心深处立刻会有一种期待，想听听下文——我到底棒在哪里?我漂亮在哪里?这个时候，如果你能够说出具体的原因，必然会令他们很感动。

相反，如果你的赞美止于泛泛而谈，必定会令对方大失所望。例如，妻子买了新衣服，往往会问自己的丈夫："你觉得我的新衣服如何？"如果丈夫每次都回答："很漂亮。"妻子肯定会有一种被敷衍的感觉。如果丈夫能够具体指出漂亮在哪里，妻子肯定会喜不自禁。

既然具体化的赞美有如此神效，那么，如何才能发现对方的具体优点，并以恰当的语言表达出来呢？我们不妨从以下三个方面入手：

**指出具体部位**

在赞美对方的外貌、服饰时，我们可以具体指出他们身上的闪光点，例如，皮肤白皙、眼睛明亮、身材苗条、领带别致……人们都有一种倾向，即把局部印象扩展至整体评价，夸一个人眼睛漂亮，她会感觉自己全身都很漂亮。因此，局部赞美就等于整体肯定。

**与名人相比较**

社会名人具有较高的知名度，同时也是众人仰慕的对象，将对方与名人相提并论，无疑会让他们受宠若惊。例如，赞美女性有气质时，可以说她长得像奥黛丽·赫本；赞美IT老总有创意时，可以说："在IT行业，我就佩服两个人，一个是乔布斯，另一个就是您。"

**列出具体事实**

在赞美对方的性格、脾气、品位和才华时，我们可以列出具体的事实，并给出相应的评价。这样的赞美，相当于是向对方传递了一种信息，即我们的赞美是真诚的、发自肺腑的。例如，赞美对方的演讲很棒时，可以这样说："你的演讲很精彩，尤其是那个故事……"

## 先贬后褒，给对方意外的惊喜

**心理策略：**对于渴望得到的东西，人们总是希望逐渐增多，而不是逐渐减少。赞美也不例外，贬低只为蓄势，褒扬才是目的，先贬后褒式的赞美往往会给人意外的惊喜。

明代有个大豪绅，为给母亲祝寿大摆筵席，并请唐伯虎赴宴。酒酣耳热之际，众宾客纷纷向老夫人献寿辞。轮到唐伯虎时，好话都已说尽。就在大家翘首以盼时，唐伯虎却让众人见识了一回什么叫耸人听闻。只见他稍作思索，然后慢悠悠地念道："这个婆娘不是人。"

此言一出，众人大惊失色，都以为唐伯虎酒后失言，不知道该怎么办才好。谁知道，唐伯虎却不紧不慢地念下去："九天仙女下凡尘。"听到这里，大家悬着的一颗心，才算是落了地，纷纷拍案叫绝。然而，掌声未落，却又听唐伯虎念道："生下儿女都是贼。"

刚刚缓和了的气氛，马上又凝固了起来。全场鸦雀无声，大家都在想：这个家伙究竟卖的什么药？只见唐伯虎微微一笑，念出了最后一句："偷得蟠桃献母亲。"

顿时，全场掌声雷动，主人一家更是眉开眼笑。

唐伯虎别出心裁的赞美，可谓语惊四座。他巧妙地运用先贬后褒的手法，先将大家的期望降得很低，然后突然峰回路转，让他们在情绪的蹦极中，体验到了极端的快乐。

生活中，为了给别人制造惊喜，我们也经常运用这样的手法。例如，好友过生日时，我们会故意假装忘记，然后暗中精心布置。等他以为被大家遗忘之际，烛光晚宴伴随着歌声，缓缓出现在他的面前。想想看，有谁能够招架得住这样的情感攻势？

我们都有这样的体会：两杯同样的温水，如果先把手伸到冷水里，然后再伸到温水里，会感觉水很热；如果先把手伸到热水里，然后再伸到温水里，会感觉水很凉。其实，赞美别人也是同样的道理。先挑一些无关痛痒的小毛病，然后再恰如其分地给予赞扬，不但不会令人反感，反而会让人感觉更加真实，而且意外的惊喜往往更能打动人。

心理学家阿伦森用实验证明了这个道理。在一次实验中，他把 80 名大学生分成了四组，每组都有七次机会听到某个同学对他们的评价。第一组为贬抑组，即七次评价只说缺点不说优点；第二组为褒扬组，即七次评价只说优点不说缺点；第三组为先贬后褒组，即前四次说缺点，后三次说优点；第四组为先褒后贬组，即前四次说优点，后三次说缺点。

结果，在询问被试大学生对该同学的评价时，最喜欢该同学的竟然是先贬后褒组，而不是褒扬组。阿伦森实验告诉我们：人们喜欢那些对自己评价不断提高的人，而不喜欢那些对自己评价不断降低的人。这个现象在心理学上称为阿伦森效应，也叫增减效应。

之所以会这样，其实跟我们的心理很有关系。人们对自己渴望得到的东西，总是希望逐渐增多，而不是逐渐减少。例如，我们渴望升职，却不能接受降职；我们渴望加薪，却不能接受减薪。再比如，聪明的小商贩在称东西时，总是先放少量的，再不断往上加，绝不会一上来就放很多，然后再往回拿。虽然最后斤两都一样，但给顾客的感觉却大不一样。

做生意如此，评价人也是如此。逐渐增强的评价，尤其是先贬后褒式的评价，很容易赢得人们的好感；而逐渐减弱的评价，尤其是先褒后贬式的评价，常常令人失望，甚至获罪于人。那么，如何做先贬后褒式的评价呢？一种有效的办法是：先否定过去，再肯定现在。

例如，评价熟人时，可以说："刚开始我觉得你这个人挺清高的，后来时间长了，我发现你其实是个很随和的人，我喜欢你这样的人。"评价领导时，可以说："原来我只知道你是个优秀的领导者，没想到，你对技术也这么精通，完全可以和专业的工程师媲美了。"

类似的评价，反过来说，会有天壤之别。例如，妻子对丈夫说："我原以为你很有出息，没想到你就是个窝囊废！"这样的话一旦出口，免不了一场家庭纠纷，甚至闹得不欢而散。

## 背后说人好话，远比当面恭维更有效

**心理策略：**对于当面的恭维，人们总感觉有些虚伪，甚至怀疑对方的动机。但是，背后的恭维，却没有虚假奉承的嫌疑，因为人们通常认为，背后说出的话肯定是发自内心的。

在《红楼梦》里，有这样一个情节：

有一次，史湘云劝贾宝玉立志仕途经济，谁知贾宝玉却大为恼火，对袭人和史湘云说道："林姑娘从来说过这些混账话不曾？若她也说过这些混账话，我早就和她生分了。"巧的是，林黛玉正好从窗外经过，无意中听到了宝玉对自己的称赞，不觉又惊又喜。

在林黛玉看来，贾宝玉的此番称赞显然是出于真心的，没有半点谄媚之意。试想，如果贾宝玉当面称赞林黛玉，就她那好猜疑的脾气，恐怕早就认为贾宝玉是在故意讨好她了。

赞美的话，不直接告诉对方，而是通过间接的途径，让对方知道。这是一种高明的技巧。当面说人好话，对方可能会认为你在奉承他，讨好他。然而，背后说人好话，对方却会认为你是真心的，因为人们通常认为：当面说的坏话不算坏话，背后说的好话才是好话。

美国有位政治家曾经说过：背后颂扬别人的优点，比当面恭维更为有效。尤其是在下属称赞领导时，当面说和背后说，更是有着天壤之别。当面称赞领导，不但会遭到同事的敌意和蔑视，认为你故意拍马屁，讨好领导，甚至还会让领导脸上挂不住，认为你不够真诚，倒不如在背后称赞领导。这样，既不会有拍马屁之嫌，也不会让领导难堪。

从前有个县令，特别喜欢别人称赞他。凡有政令发布，总要下属交口称赞，他才会高兴。有个衙役想讨好他，于是想了个绝妙的办法。他故意在县令背后放风说："凡是身居要职的人，大多喜欢别人的奉承。只有我们县令不是这样，他对别人的称赞从不放在心上。"

这番话很快就传到县令耳中，县令果然心情大悦，从此对他刮目相看。该衙役的聪明之处在于，他并没有当面称赞自己的领导，而是以背后议论的方式，通过第三者将自己的赞颂之意传递给对方。如此安排，不但消除了别人的误会，还因为第三者的添油加醋，增强了称赞的效果。由此可见，在各种恭维策略中，背后恭维无疑是最愉悦人，也是最安全的。

不仅如此，背后恭维还能消除对方的误会，发挥化敌为友的神奇作用。"铁血宰相"俾斯麦就非常精于此道。当他遇到与自己意见不合的下属时，他不会针锋相对，而是有计划地在别人面前赞扬对方，因为他知道，总有人会把这些话说给敌视他的下属听。

美国总统林肯同样深谙此道。对于攻击他的对手，他从来不打击报复，而是以自己博大的胸怀来化解对方的敌意，甚至在别人面前恭维他们。有一次，有人告诉林肯，陆军部长埃德温·斯坦顿在背后骂他是该死的傻瓜。此话要是说的别人，或许只是传话人的恶意中伤，但要说到斯坦顿，那就不得不让人怀疑了。毕竟，这个家伙素以出言不逊著称，他甚至在林肯就任总统的头几个月里，就曾骂他"愚不可及"，甚至称他是"原始的大猩猩"。

谁知道，林肯听到此番评价后，非但没有生气，反而心平气和地说道：

“如果他对我的评价是个该死的傻瓜，那么，很可能我就是像他说的那样。我深知他的为人，他办起事来总是非常认真，而且他说过的话，也十有八九是正确的。”

林肯这番以德报怨的话，很快就传到了斯坦顿的耳朵里。他深受感动，非常诚恳地向林肯表达了自己的歉意。试想，如果当时林肯听到传言时，大发雷霆，当面痛斥斯坦顿，两人的关系势必会急剧恶化。而通过在众人面前表明自己的信任，林肯巧妙地化解了对方的敌意，同时促使对方认识到自己的错误。在那以后，林肯和斯坦顿的关系逐渐变得亲密无间。

## 患难见真情，最好的赞美是雪中送炭

**心理策略：**生活中，最需要赞美的不是那些早已功成名就的人，而是那些备受冷落，或者身处逆境的人。所谓患难见真情，在别人失意之时送上真诚的赞美，别人会一辈子记得你。

一个在失败中备受煎熬的人，最需要的是什么？不是食物，不是饮料，而是别人的赞美！失意中收获的一句赞美，不但能够熨平一个人的心灵创伤，甚至能够改变他的人生轨迹。

19 世纪初期，伦敦有个年轻人想当作家。可惜他家境贫寒，举步维艰。12 岁那年，父亲因债务问题入狱，他被迫中途辍学。为了生存，他不得不到鞋油厂做童工。在一个老鼠肆虐的仓库里，他白天贴标签，晚上练习写作，在恶劣的环境下，延续着自己的作家梦。然而，一次又一次的退稿，沉重打击了他的信心，他只好深夜去寄稿子，因为怕被人笑话。

直到有一天，他的稿件终于被录用了！虽然没有一分钱稿费，但他还是很高兴，因为他得到了编辑的鼓励和赞赏，这让他热泪盈眶，深受鼓舞，从此坚定了自己的信念。

在那以后，他以更大的热情投入到文学创作中，最终写出了《雾都孤儿》《双城记》等不朽的篇章。这个年轻人就是英国著名作家查尔斯·狄更斯。

俗话说：患难见真情。最需要赞美的人，不是那些早已功成名就的人，而是那些备受冷落，或者身处逆境的人。他们平时很难听到赞美的话，一旦被人赞美，犹如久旱逢甘霖。成名后的狄更斯自然是享尽了各种赞誉，但是，最令他感动的，恐怕还是这位编辑的赞赏。

生活中，我们都有这样的体会：饥肠辘辘时，哪怕清茶淡饭，我们也会垂涎欲滴；酒足饭饱后，即便山珍海味，我们也会索然无味。有人做过这样的实验：一个人如果右手举300克的砝码，左手即便放上301克，也感觉不到差别，只有增加到306克时，才会感觉有些重；如果右手举600克的砝码，则左手要增加到612克，才能感觉到差别。也就是说，原来的砝码越重，就要加更大的砝码，才能感觉到差别。这个现象在心理学上称为贝勃定律。

贝勃定律告诉我们，要多做雪中送炭的事情，少做锦上添花的事情。我们都知道，在单位里，领导在位的时候，人们前呼后拥，因此，对于别人的赞美，他们往往不太在意。然而，一旦退休或失势，多半是门前冷落鞍马稀。这个时候，他们更在意别人对自己的态度。

同样的道理，在社交场合中，人们更容易把目光对准成功人士，却对普通的参与者视而不见。其实，这些被冷落的人，才是我们最需要关心和问候的人。

当对方大权旁落，或者遭受冷落之际，如果你向他们伸出援手，他们势必会对你感激涕零，从此视你为患难之交。西方有句谚语说得好：成功可以招引朋友，失败可以考验朋友。

当下属遭遇挫折时，来自领导的鼓励和赞赏就更加重要了。美国石油大王洛克菲勒有位同事名叫贝特福特，他既是洛克菲勒的合伙人，也是他的下属。

有一次，贝特福特独自负责南美的一桩生意，结果，他输了，而且输得很惨。他感到很自责，甚至觉得没脸再见洛克菲勒。然而，洛克菲勒知道这件事后，非但没有责怪他，反而拍着他的肩膀，诚恳地说："太好了，贝特福特，我刚刚听说你在南美的生意了。"

贝特福特很紧张，他以为洛克菲勒要责备他，于是赶紧解释道："可是，这笔投资蒙受了巨大的损失，就算是竭尽全力，我们也只能收回60%的投资了。"

"这已经很不错了，多亏了你的决断，才为我们创造了如此佳绩。要知道，我们很多时候都干得不如你好。"

这就是洛克菲勒，在本该责备别人的时候，他反而替别人找出一些值得赞赏的地方来。毋庸置疑，经过这番雪中送炭的赞赏后，贝特福特对洛克菲勒将会更加死心塌地！

## 给人一个美名，让他努力去奋斗

**心理策略：**每个人都渴望得到别人的尊重，这种心理驱使人们不断追逐各种头衔和荣誉。卡耐基曾经说过：给人一个美名，就像用魔法棒点在他身上，会使他从头到脚焕然一新。

在美国，有一家全国性的货运公司，效益一直不错。唯一让管理者感到头痛的是，货车司机们的送货差错率很高，有近万分之六的货物都送错了地方。为此，公司每年要损失 25 万美元。为了查明原因，提高送货质量，公司特意请来著名质量管理大师戴明进行诊断。然而，经过一段时间的调查后，戴明却给出了令管理层感到惊讶的建议。

他们无法想象，以质量管理著称的戴明，给出的建议竟然与质量细节毫无关系。尽管满腹狐疑，但他们最终还是尊重戴明的权威，在公司内部落实了这项建议。令他们万万没有想到的是，没过多久，奇迹就发生了。公司的送货差错率在短短不到 30 天内，迅速从万分之六下降到万分之一。

你一定很好奇：戴明究竟给出了什么样的建议呢？其实很简单，他就是建议将货车司机的头衔改为技术员，仅此而已。然而，就是这样简单的建议，却带来了奇迹般的结果。

究其原因，主要是因为它满足了人们内心深处渴望得到尊重的心理。正是这种心理，驱使人们不断追逐各种头衔和荣誉。尽管这种头衔是虚的，但它的功效却非同小可。

琴德夫人是卡耐基的朋友。有一次，她雇了一名女佣人。当她打电话询问该女佣以前的女主人时，对方却告诉她该女佣表现并不好。于是，在这名女佣来上班的第一天，琴德夫人对她说："妮莉，我昨天打电话给你以前做事的那位夫人，她说你诚实可靠，会做菜，会照顾孩子，但就是平时不太注意卫生。我想她一定在撒谎，谁都看得出来，你穿得很整洁……我敢打赌，你会把房间打扫得非常整洁。相信我们会相处得非常愉快。"

结果，她们果然相处得很好。妮莉得到了赞赏，她希望顾全这种荣誉，而她也确实这么做了。事实上，她宁愿多花点时间，也要把房间打扫干净，因为她不想让琴德夫人失望。

拿破仑之所以能够在19世纪初横扫欧洲，就是因为他懂得用头衔和名誉来激励自己的下属。他毫不吝惜地赏赐他们各种头衔和荣耀：他将1500多枚十字勋章授予他的臣民；他重启法兰西陆军上将军衔，并将这一荣誉赐给18位功勋卓著的将军；他还授予优秀士兵“大军”的光荣称号……这些举措，有效地激发了下属的荣誉感，同时大大提升了部队的战斗力。

生活中，除了头衔和荣誉以外，还有一种东西，最能够激励人，那就是信任。中国自古就有士为知己者死的说法，这种忠诚多半就源自信任。我们都曾有过这样的经历：

当领导分派任务给我们时，常常会说：“只有你能够完成这项工作。”听到这样的评价，我们总是会热血上涌，宁愿牺牲下班时间，也要保质保量地完成工作任务。

当别人有事求助于我们时，常常会说：“这件事就拜托你了，别人我不放心，只有交给你我最放心。”听到这样的评价，我们就算有千万个理由拒绝，也实在于心不忍。

在中国革命的历史上，毛泽东同志就非常善于利用信任来激励部下。1935年，当彭德怀率部在吴起镇成功击退敌人的包围时，毛泽东兴奋异常，立即挥笔写下“谁敢横刀立马，唯我彭大将军”的著名诗句。1945年抗日战争胜利后，东北成为国共两党的必争之地。就在此时，毛泽东将前线的军事指挥权交给了林彪——“只有林彪能担此重任……”备受鼓舞的林彪，率领东北野战军迅速横扫整个东北，为解放战争的最终胜利立下了汗马功劳。

# 第十一章
# 说服他人的心理策略

DISHIYIZHANG

## 一开始就让对方不反对

**心理策略：**要想说服别人，一开始就让对方不反对，是实在要紧不过的事情。事实上，我们得到的肯定答复越多，我们就越能够为自己的意见争取主动权。

在说服别人的时候，我们通常会怎么做？大部分人一上来就表明自己的主张，却无视对方的观点和立场，结果导致对方产生抵触情绪。最终，不但无法说服对方，反而闹得双方不欢而散。我们再来看看，《聪明的一休》中的一休是如何说服大将军足利义满的。

有一次，大将军足利义满准备在安国寺举行品茶会，于是将自己心爱的龙目茶碗放在了那里，没想到被一休不小心摔碎了。就在此时，义满派人过来取龙目茶碗，大家顿时慌了神，不知所措，唯有一休镇定自若，他笑着对大家说："不用担心，让我来应付好了。"

见到大将军后，一休笑着问道："义满大人，人或动物，以及世间一切有生命的东西，最终都会死掉，对不对？"

义满不知一休葫芦里卖的什么药，只好答道："是的。"

接着，一休又问道："世间一切有形的东西，最终都会破碎消失，对不对？"

义满再次答道："是的。"

听完义满的回答，一休突然满脸无辜地说道：“义满大人，您最心爱的龙目茶碗已经碎了，我们无力阻止，我相信，您一定会原谅我们的，对吧?”

“哈哈……”义满仰天大笑，“我这个老头子，还是上了小和尚的当了。”

在这个故事里，一休的聪明之处在于，他并没有一上来就谈及茶碗已碎的事实，而是从对方的角度出发，强调彼此共同的观点，从而诱使义满不断地说“是”。最终，再悄无声息地过渡到自己的主张，等到义满突然察觉时，怎奈自己已经作出了肯定的结论。

两千多年来，苏格拉底一直被人们尊称为“最有智慧的说服者”。他的秘诀是什么?很简单，就是一休使用的方法。直到今天，这种方法仍然被人们公认为是“最聪明的劝诱法”。

为什么说服别人时，要尽量避免对方说“不”呢?这是因为，人们一旦说“不”，自尊心就会驱使他们固执己见。即使意识到自己的错误，他们也会坚持到底。因此，要想说服别人，一开始就让他不反对，是实在要紧不过的事情。这在心理学上称为欧弗斯托原则。

很多经验老到的推销员和谈判高手都深知这个道理。他们每次谈判前，都会和对方闲聊几句，以这种方式来诱使对方作出肯定的回答。美国西屋电气公司的推销员埃里森就是利用这种策略，成功地说服一位大客户继续购买自己的产品。

有一次，埃里森好不容易说服某个大客户购买自己的产品。可是，等他赶到那家公司时，对方的总工程师却对他说：“埃里森，我们不准备再买你的电机了。”经过了解，原来是对方觉得埃里森的电机太热，会烫到手。埃里森明白，这个时候和对方争辩毫无益处。

于是，他对总工程师说：“史密斯，我非常赞同你的说法，如果电机确实过热，你当然不能买，毕竟你花了钱，总不希望买到热量超标的电机，对吧?”

“是的。”史密斯回答道。

“按照电工协会的规定，电机的温度最多只能比室温高 72 华氏度，对吧?”

“是的，可是你的电机已经超过了这个温度。”史密斯说。

“你们车间的温度是多少?”埃里森问他。

“75 华氏度。”史密斯想了想，然后答道。

“这就对了，”埃里森说，“75 华氏度加上 72 华氏度等于 147 华氏度。如果你把手放到147华氏度的水里，你的手会不会被烫伤呢?"

"是的。"虽然不情愿，史密斯还是不得不承认。

"那么，"埃里森继续说，"我建议你不要把手放在147华氏度的电机上。"

"我想你是对的。"史密斯回答道。

谈判结束了，整个过程没有争辩。埃里森不但消除了对方的偏见，而且成功地说服对方继续购买自己的产品。他的策略很简单，那就是始终让对方作出肯定的回答。

## 向对方施以小恩，让他产生亏欠心理

**心理策略：**每当受人恩惠时，我们都会有一种亏欠感，为了摆脱它，我们会想尽办法回报对方，以求内心的平衡。实验证明，在说服别人时，亏欠感甚至比好感更有影响力。

如果有陌生人给你寄贺卡，你会回吗?也许你会犹豫，但大部分人都会回。不信来看看这个实验：有心理学家曾给素不相识的陌生人寄贺卡，原以为只有少数人会回，结果大部分人都回了，这些人甚至都没有打听一下这个陌生的教授是谁。

究竟是什么力量，让这些陌生人回寄贺卡呢?答案是亏欠感。我们都有这样的体会：每当受人恩惠时，我们都会有一种亏欠感，这种感觉如芒刺在身，令人浑身不自在。为了摆脱它，我们会想尽各种办法回报对方。这就是心理学上的互惠原理。

互惠原理的威力在于，无论在什么情况下，即使是陌生人，甚至是我们不喜欢的人，只要在请我们办事之前，给我们点小恩小惠，我们答应对方的可能性就会大增。换句话说，一旦我们接受了对方的恩惠，对方就拥有了对我们的影响力。

心理学家丹尼斯·里根曾经做过一个实验：他让自己的助手乔化装成彩票推销员，和一个实验对象共同参加一次艺术鉴赏。实验在两种情况下进行。第一种情况，乔在鉴赏期间买来两瓶可口可乐，一瓶送给对方，一瓶留给自己；第二种情况，乔没有给对方任何小恩小惠。

鉴赏结束后，乔请对方帮个小忙。他说他在卖彩票，如果他卖得最多，就可以得到50美元奖金。因此，请对方帮忙买一些，“买几张都行，当然越多越好了。”

结果你猜怎么样，第一种情况下卖出的彩票数量是第二种情况的两倍！由此可见，在互惠原理的影响下，人们很容易答应那些在没有亏欠感时肯定会拒绝的请求。

有趣的是，这种亏欠感甚至比好感更有影响力。受了恩惠的实验对象，不管喜不喜欢乔，都会产生回报他的想法，于是买了更多彩票。这一点，国际象棋大师费舍尔深有感触。

2005年4月，冰岛政府不顾美国的反对，以压倒性的投票同意国际象棋大师，同时也是美国逃犯的费舍尔加入该国国籍。是什么原因，让冰岛政府冒着与美国交恶的风险，接受一名美国逃犯呢？要弄清事情真相，就要从30多年前的那场比赛说起。

1972年，国际象棋冠军赛在冰岛举行。费舍尔过五关斩六将，一路杀进决赛。他的对手是苏联象棋大师斯帕斯基。这是一场世纪之战，引起了全世界的广泛关注。

最终，费舍尔以125∶85的总比分赢得比赛，成为历史上第11位世界冠军。冰岛同样成为这场比赛的大赢家，通过媒体的报道，之前默默无闻的冰岛开始为世人所熟知。

对此，冰岛人民铭记于心，尽管很多人并不喜欢费舍尔，但他们还是很感激费舍尔为冰岛作出的贡献。于是，时隔30多年后，他们以提供庇护的方式来报答他。

生活中，互惠原理的影响随处可见。例如，朋友请你吃饭，下次见面时，你会本能地想请他吃饭；妻子忙着干家务活，丈夫看到后，即使辛苦了一周，也会觉得心有愧疚；商场里的推销员请你免费品尝样品，一旦你尝过后，就再也没有理由拒绝购买。

几十年前，安利还只是一家小公司，如今已发展成全球最大的直销企业。是什么原因，让安利取得如此骄人的成绩？答案是互惠原理。在安利，有一种免费试用的方法，销售人员会将抛光剂、清洁剂、洗发液等打包放在一起，带到顾客家中。无论顾客是否感兴趣，他们都可以在不收取任何费用的前提下，将这些产品留在顾客家中免费试用。

那些答应试用的顾客，很快就发现自己陷入了互惠原理的深渊，他们在亏欠感面前乖乖地缴械投降，花钱买下已经试用的一部分产品。而这正是安利所期待的。

俗话说：知恩图报。动物尚且如此，何况人乎？所以，如果你想说服别人，就要向对方施以小恩，让他产生亏欠心理，这样他才会接受你的请求。

## 让对方作出承诺，他就会有言行一致的压力

**心理策略：**人们一旦作出承诺，就会产生一种必须保持一致性的压力，这种压力迫使当事人与过去的行为和认知保持一致。这在心理学上称为承诺和一致原理。

如果你一个人乘火车远行，中午想到餐车吃饭，你会怎么做？把行李留在座位上，径直离去，还是叮嘱旁边的人，让他替你看管？毫无疑问，你会选择后者。你为什么要这么做？如果不叮嘱一句，他还会替你看行李吗？不妨来看看心理学家托马斯的实验。

在纽约的海滩上，研究人员将浴巾放在地上，仰面躺下，悠闲地听着收音机。几分钟后，他从浴巾上爬起，向海滩走去。过了一会儿，第二位同事来了，他假扮成小偷，拿走了收音机，然后迅速离去。或许你已经想到，通常情况下，人们都不会冒险去阻拦小偷。事实上，在 20 次实验中，只有 4 个人挺身而出。随后，他们对实验过程稍稍做了调整，然后又做了 20 次实验，结果却大相径庭。这一次，第一位同事走向海滩前，叮嘱周围的陌生人帮他看管物品。也就是这个简单的改变，让挺身而出的人迅速增加到了 19 人！

究竟是什么力量，让之前保持沉默的旁观者，一个个变成了孤胆英雄呢？答案是承诺。事实证明，人们一旦作出承诺，就会受到言行一致的压力。一方面，言行不一通常被视为一种不良的品行，会招致人们的谴责；另一方面，它还会引发内心的冲突，进而产生不舒适感，这在心理学上称为认知失调。海滩上的游客，因为一句叮嘱成为孤胆英雄；同样的道理，火车上的乘客，因为一句叮嘱成为你行李的守护神。这就是承诺的力量。

心理学家早就发现，在打电话邀请对方参加某项活动时，如果最后叮嘱

一句："那就拜托你了！到时候见，好吗?"并在说完后等待对方的回应。这样做，可使对方出席的概率显著提升。无独有偶，很多精明的商人都非常善于利用承诺，来促使人们作出购买决定。

在美国，圣诞节前是玩具销售的旺季。然而，过了圣诞节，玩具店的生意又会变得十分惨淡，因为大人们刚刚花光了所有的预算。那么，怎样才能既保持旺季的销售量，又能够在随后的淡季中维持正常的销售需求呢？很多玩具商想到了一个绝妙的主意。

他们会在圣诞节前投放某种玩具的广告，孩子们看到后，会让自己的父母购买。可是，当父母们来到玩具店时，却发现这种玩具断货了。于是，只好购买其他玩具作为补偿。

其实，断货只不过是玩具商制造的假象，他们故意不充分供应。等到圣诞节过后，他们又会重新投放这种玩具的广告，并且开足马力生产。这个时候，孩子们又开始嚷嚷：那是我要的圣诞礼物！可怜的父母们，为了履行当初的承诺，只好再次跑到玩具店去购买。

承诺和一致原理告诉我们：在说服别人的时候，不妨先让对方作出承诺，这样，他们在言行一致的压力下，就会更容易接受我们的观点和看法。以下是四种最具威力的承诺：

**公开承诺**

体育比赛开始前，我们经常会看到运动员当众宣誓。这其实是一种公开承诺，它比私下或者口头承诺要强有力得多，原因很简单，公开承诺面对的是大众，涉及的人很多，一旦违背誓言，所需承受的压力也比私下或者口头承诺要大得多。

**书面承诺**

书面承诺有白纸黑字作证据，不容易反悔，因而得到了广泛的应用。例如，很多公司都会让自己的员工制订月（季、年）度计划，并且以书面的形式记录下来。这样做，可以起到强化其动机的作用。一旦完不成计划，势必会面临巨大的心理压力。

**阻力承诺**

人们都有这样的倾向：对于自己努力得到的东西，往往会比较珍惜。很多公司都深知这个道理，他们在招聘过程中，会安排很多的面试环节，面试者需要经过层层筛选，才能最终成为公司的正式员工。事实证明，这些员工的忠诚度相对而言会比较高。

**自主承诺**

很多父母在教育孩子时，不外乎惩罚或奖励两种手段。然而，心理学家告诉我们，威逼或利诱之下作出的承诺，往往具有较差的持久性。相反，如果让对方认为是自己主动作出的承诺，那么，他们会愿意承担更多的责任，而且其效果也会更加持久。

## 巧借群体压力，迫使对方顺从

**心理策略：**人们会受到多数人的影响，而跟随他们的行为或思想，这就是心理学上的从众效应。从众效应告诉我们，在说服别人的时候，任何证据的效果都比不上别人的行动。

如果在你逛街的时候，身边有个人驻足仰望星空，你会是什么反应？多半会匆匆离去，不曾留意。然而，如果是三个人，甚至更多的人，同时仰望星空，你还会置之不理吗？显然不会，你的目光很快就会被吸引过去。这就是心理学上的从众效应。

1952 年，心理学家阿希用一个精彩的实验，证明了从众效应的巨大威力。他拿出两张卡片，一张上面画着一条垂直线，另一张上面画着三条相似的线。然后，让志愿者对比两张卡片，说出三条相似线条中，哪一条和垂直线一样长。为了突出实验效果，他故意将其中的两条线画得长短不一，以至于小孩都能给出正确答案。同时，他还给志愿者设下一个圈套：在这些志愿者里，有些并不是真正的志愿者，而是配合阿希做实验的人。他们的任务是，在真正的志愿者说出答案之前，抢先说出自己的答案。当然，这些答案全都是错误的。

实验结果令人吃惊。在单独进行测试时，所有的志愿者都给出了正确的答案。然而，当听到其他人的答案都一样时，他们即使知道是错误的，也会跟随大多数人，说出错误的答案。仅仅是其他人所说的话，就足以改变人们的观点，这就是从众效应的威力！

究竟是什么原因，让人们甘愿牺牲自己的个性，屈从于群体的意见呢？

答案是每个人内心深处的社会认同感和模仿欲望。我们都渴望归属于某个群体，渴望得到别人的认同，为此，我们必须和其他人保持一致，否则就可能遭到别人的孤立。与此同时，我们会本能地模仿别人，尤其是当我们对自己缺乏信心，或者面临不确定性时，我们更有可能接受并参照别人的行为，因为经验告诉我们，参照大多数人的做法，能够使我们少犯很多的错误。

生活中，我们总以为凡事都由自己决定，但其实，我们更像是在岸边等待下水的企鹅。当我们缺乏足够的信息时，我们会一边观望，一边收集信息。例如，很少有人会去空荡荡的饭店吃饭，因为那会让人联想到饭菜不可口；相反，我们会选择那些门庭若市的饭店。

从众效应给我们的启示是，在说服别人的时候，任何证据的效果都比不上别人的行动。聪明的商家常常利用人们的这种从众心理，来推销自己的产品。例如，面对犹豫不决的顾客，他们会说“这种款式在我们这里卖得很好”“这个户型已经有很多人预订”，等等。

美国电视购物节目主持人科林·斯若特就曾巧妙地利用从众心理，成功地打破了电视购物频道近20年来保持的销售纪录。

在传统的电视购物节目中，最常见的营销手段莫过于夸张的广告词、狂热的听众，以及名人的推荐。然而，在最近的节目中，斯若特却突发奇想地改变了以前的电话用语。就是这个简单的改变，却引发了电视观众的购买狂潮，人们都以为自己买到的是热销产品。

那么，斯若特究竟做了怎样的改变呢？很简单，她只是将购物专线的电话用语由“接线员正在等待您的来电，欢迎立刻拨打”，改变为“接线员正在忙碌中，请稍后再拨”。

看出有什么差别了吗？前一句话给人的感觉是接线员十分清闲，由此联想到购物观众寥寥无几；后一句话给人的感觉是接线员十分忙碌，由此联想到购物观众积极踊跃。

从众心理就这样，巧妙地撬动了人们内心的购物欲望。

有意思的是，人们往往更愿意效仿那些与自己相似的人，而不是与自己格格不入的人。这意味着，要发挥从众效应的最大威力，就必须注意效仿对象与说服对象的相似性。例如，领导在说服下属遵守某项新政策时，不能光顾着找口才好但却与说服对象格格不入的员工当说客，而要找那些平时与说服对象有着相似经历或观点的员工。

## 人贵言重，让权威替你说话

**心理策略：**古人云：人微言轻，人贵言重。对于权威和专家的话，人们总是有一种敬畏感。因此，在说服别人的时候，如果能够借助权威的力量，势必会增强我们的说服力。

如果有人告诉你，你这个年龄段的人吃补品大有裨益，而对方不过是个普通人，你一定会有些质疑。现在，这个人的头衔是中国营养协会的高级研究员，你对上述的话有何感想？如果你知道对方不仅是高级研究员，还是国务院的特级专家，你的感想是否会发生改变？如果对方是诺贝尔生物学奖的获得者呢？你对上述的话又有何感想？毫无疑问，随着对方头衔的不断升高，你对他所说的话也会越来越深信不疑。这就是心理学上的权威效应。

心理学家曾经做过这样的实验：在给心理学系的学生们上课时，向他们引荐了一位德语老师，并告诉他们这位德语老师是从德国来的著名化学家。实验时，这位化学家告诉学生们，他最近发现了一种化学物质，挥发性很强，有些气味，请在座的学生闻到气味就举手。结果，当他打开瓶盖时，从第一排到最后一排，几乎所有学生都举起了手。

这个时候，心理学家才告诉学生们：所谓的德国著名化学家，不过是本校的德语老师，而瓶子里的液体，也只不过是蒸馏水而已。那么，究竟是什么原因，让学生们确信自己闻到了气味呢？很显然，是著名化学家的头衔迷惑了他们。这就是权威效应的巨大威力！

人们为什么会对权威深信不疑呢？答案是，遵从权威人士的命令会给我们带来很多好处。当我们还是孩子的时候，权威人士（如家长、老师）懂的比我们多，我们发现，听从他们的建议总是很明智。长大以后，基于同样的原因，我们还是愿意接受权威的忠告。只不过这个时候，权威人士变成了雇主、医生和律师等。因为他们所处的有利位置，他们可以接触到更多的信息，拥有更多的权力，所以，按照他们的建议行事，基本上八九不离十。

人们对于权威的服从，有时候甚至到了令人咂舌的程度。例如，在医院里，护士对医生的处方唯命是从，即使处方上有明显的错误，也极少提出质疑。在美国，就曾经发生过这样一起令人匪夷所思的医疗事故。当时，一位病人因为耳痛去看医生，医生在诊断完后，本来想在处方上写“滴入 Right ear（右耳）”，却缩写成了“滴入 Rear（肛门）”。结果，护士最后真的把药物滴入了病人的肛门里！令人震惊的是，整个过程居然没有人表示过质疑，包括护士和病人。显然，他们都太迷信于医生的权威了，以至于丧失了主动思考的能力。

正因为权威效应拥有如此巨大的威力，所以，很多人常常利用它来说服别人。例如，商家为了说服顾客，常常请权威人士为自己的产品代言；辩手为了证明自己的观点，常常以权威人士的话作为论据。古人云：人微言轻，人贵言重。著名航海家麦哲伦深谙这个道理。

当年他为了实现自己的航海梦，四处奔走，寻求资助。然而，自从哥伦布航海成功后，很多骗子假借航海之名，骗取国王的钱财，因此，国王对所谓的航海家都持怀疑态度。

怎么办呢？麦哲伦百般思量，终于想到一个主意。他邀请当时著名的地理学家路易·帕雷伊洛与他同行，前往王宫说服西班牙国王卡洛斯一世。结果，正是帕雷伊洛在国王面前合情合理的叙述，以及他对麦哲伦航海必要性的分析，最终说服了国王。

尽管事后人们发现，帕雷伊洛当初对世界地理的认识并不全面，甚至错漏百出，但这已经不再重要，因为国王正是在他的权威暗示下，最终成全了麦哲伦的伟大成功。

有意思的是，权威效应的威力如此巨大，以至于即使你不是真正的权威，而只要带点权威的象征，就足以让人们放弃思考，进入唯唯诺诺的顺从状态。例如，在牙膏广告里，只要出现穿白大褂的人，就会让你联想到医生，从而相信牙膏会有不错的疗效。

## 故意制造短缺，让对方感到机不可失

**心理策略：**当某种东西非常稀少，或者开始变得稀少起来的时候，它就会变得更有价值，这就是短缺原理。短缺原理告诉我们，通过故意制造短缺，可以极大地影响对方的行为。

话说当年，八国联军肆虐中国时，慈禧太后为了逃避战乱，一路颠沛流离，来到了山西。在乔家大院，乔家人用野菜团招待了她。没想到，在宫中享尽天下美食的慈禧，居然对此赞不绝口。倘若在宫中，野菜团当然算不上美味，然而对于逃难中的慈禧，它可比任何美味都要可口，毕竟它填饱了肚子。这个例子形象地解释了心理学上的短缺原理。

当某种东西非常稀少，或者开始变得稀少起来的时候，它就会变得更有价值，这就是短缺原理。简单来说，就是“机会越少，价值就越高”。这个规律在收藏界尤其明显。

我们都知道，有时候带有瑕疵的收藏品，例如错版的邮票或者纪念币，往往比那些没有瑕疵的收藏品更有价值，这是因为这些瑕疵品世所罕见，不可多得。所以，在古董行里，店主总是声称自己的收藏品是唯一的，甚至不惜以砸真品的方式来人为地制造短缺。

人们为什么对短缺的东西如此情有独钟呢？答案是，可能会失去某种东西的想法，在人们的决策过程中发挥着重要作用。事实上，害怕失去某种东西的想法，比希望得到某种东西的想法对人们的影响更大。研究人员曾经假扮电力公司的员工做过调查：他们告诉一组用户，通过节约用电，每天能省50 美分；告诉另一组用户，如果不节约用电，每天将损失 50 美分。结果，在节约用电的用户中，后者比前者多出 3 倍！这说明，强调损失比强调收益更能说服人。例如，在劝说某人戒烟时，强调吸烟的危害就比强调戒烟的好处更有效果。

短缺原理常常为商家所利用，其中，以数量有限、时间有限两种策略最为常见。在运用数量有限策略时，商家会告诉顾客某种商品供应紧张，不能保证一直有货。例如，开发商对前来购房的顾客说：“这个户型很热销，目前只剩下几套，再不买恐怕就没机会了。”其目的是让购房者认识到，房源紧缺，机会不容错过，从而迫使他们作出购买承诺。

与数量有限策略相对的是时间有限策略，也就是对顾客购买某种商品的机会加以时间上的限制。例如，超市和网站经常搞限时抢购活动，以此来激发人们购买的兴趣。很多顾客看到后，即使自己不需要，也会踊跃购买，只为了抓住眼看就要溜走的机会。

著名时尚品牌 ZARA 就是善用短缺原理的高手。在 ZARA，你总是能够找到新品，因为这里的服装都是限量生产、限量供应的。即使是畅销款式，每家专卖店也只有两件，卖完后就不再补货。因此，倘若你看上某种款式，千万不能犹豫，否则就可能永远与它失之交臂。正是通过这种制造短缺的方式，ZARA 培养了一大批忠实的追随者。

与 ZARA 相比，苹果公司对短缺原理的运用更是娴熟。从 iPhone 系列到 iPad 系列，我们经常看到苹果产品在各地屡屡脱销的场景。这其中既有产能不足的原因，更是苹果公司运用短缺原理的结果。以 iPhone4 为例，苹果公司先是告诉市场，有新一代的产品即将面市，但却不作进一步的说明。直到消费者不断咨询时，乔布斯才缓缓现身，在开发者大会上作隆重介绍。结果，等到 iPhone4 面市时，各种广告铺天盖地，与之前形成鲜明对比。在此期间，苹果公司可谓吊足了消费者的胃口，所以产品刚一上市，就遭到买家的疯狂抢购。

有意思的是，当某种机会变得越来越稀缺的时候，我们会失去一部分自由。而失去自由的感觉让我们不堪忍受，因此，我们都有一种强烈的维护现有自由的愿望，甚至不惜为此而奋力抗争。这也解释了为什么有的时候，越是别人反对的事情，我们越是干劲十足。

## 用对方的观点说服对方

**心理策略：**每个人都有表达自己的意愿，也渴望实现自己的想法。因此，如果你想说服对方接受自己的想法，那么，最好的办法就是让对方觉得这个想法是他自己的。

第一次世界大战结束后，美国总统威尔逊亲赴巴黎，试图游说欧洲各国成立国际联盟。然而，他心里很清楚，此行所面临的阻力很大，尤其是来自法国方面的反对意见。就在威尔逊准备前去会晤法国总理克里孟梭的前 10 分钟，他的顾问豪斯上校向他献上了一个绝妙的策略。

豪斯上校对他说：“总统阁下，您在与克里孟梭总理会晤时，可以先谈谈海洋自由问题，毕竟这是法国急需解决的问题，而且这个问题与国际联盟密切相关。”

结果，克里孟梭果然对这个问题非常感兴趣，最终决定支持成立国际联盟。

生活中，很多人都在为自己的想法得不到别人的认可而感到烦恼，却从来不去考虑对方的兴趣所在，以及他们最迫切的需要。从上面这个案例可以看到，威尔逊总统之所以能够赢得“老虎总理”克里孟梭的支持，完全是因为他告诉对方，成立国际联盟可以满足他的某种需要，从而巧妙地将自己的诉求与对方的需要完全融合在一起。

我们都曾有过这样的经历：当我们试图说服别人去做某件事情的时候，他们多半会不乐意。然而，如果我们从对方的角度出发提出这个问题，同时引导他们对此作出评价，然后再将自己的观点融入对方的观点之中，那么，对方多半会欣然接受我们的建议。

这个策略之所以会奏效，是因为每个人的观点和立场都是不同的，而且他们只对自己，以及与自己相关的人或事情感兴趣，所以，如果你从对方的观点出发去接近他们，对方会在潜意识里相信，这一切都是源于自己的创意，而不是沿袭他人的思想。这在某种程度上激发了他们的自尊心，让他们感觉自己很重要，从而更愿意接受你的意见和想法。

著名报业大亨威廉·赫斯特早年就曾运用这个策略，成功地说服漫画家托马斯·纳斯特为自己重新画了一幅漫画。当时，旧金山的电车横行肆虐，造成了很多伤残惨剧。为了减少此类事故的发生，赫斯特想通过漫画的形式来敦促电车公司在电车前加装保险杠。

然而，纳斯特的第一幅画令他很不满意，于是，他决定让这位曾经创作过《驴象之争》的著名漫画家重新画一幅。可是，这谈何容易呢？直接跟对方说，势必伤及对方的自尊心；不说吧，原来的漫画又不能用。怎么办？思来想去，赫斯特终于想到一个绝妙的办法。

一天晚上，当他和纳斯特共进晚餐时，他极力赞美那幅画，然后话锋一转，说道：“这里的电车已经造成了很多孩子伤残。我有时候在想，这些电车司机哪里像是人，他们简直就是吃人的恶魔。他们开车从来不动脑子，总是横冲直撞地撞向那些当街玩耍的孩子。”

听到这里，纳斯特忍不住跳了起来，他大喊道：“天哪，赫斯特先生，我保证可以画出一幅完美的漫画，请你把原来那张撕掉吧，我会重新画一幅给你。”

说完他就赶回宾馆里，兴奋地挥舞着画笔，一直忙到了深夜。第二天，他果然给赫斯特送来了一幅足以让电车公司睡不着觉的呕心沥血之作。

要知道，这一切，并不是赫斯特强制的结果。事实上，在整个过程中，他压根儿就没有向纳斯特提出过重画这样的要求。然而，在他的诱导下，纳斯特却主动提出了重画的愿望。而且，在纳斯特看来，这一切完全是自己无意中想到的绝妙构思。这正是赫斯特的高明之处，他在不动声色间达到了自己的目的，而对方却丝毫没有不情愿，甚至还非常开心。

就像纳斯特那样，我们每个人都有表达自己的意愿，也非常渴望实现自己的想法。所以，如果你想让对方按照你的意见去做，那么，最好的办法就是让对方觉得这个意见是他们自己提出的。这样，他们就会心甘情愿地去执行你的意见了。

# 第十二章 驾驭人心的心理策略

DISHIERZHANG

## 要想赢得多一点，开价就要狠一点

**心理策略：**人们在作判断时，往往会受到某个初始值的影响，以至于在随后的行动中，不得不以这个初始值为基础进行估计和调整。心理学研究表明，先开出的价格往往会影响最终的成交价，所以在谈判中，如果想要赢得多一点，就要开价狠一点。

亚历山大大帝是古代世界最著名的征服者之一。他 20 岁继位，21 岁远征波斯帝国。短短十多年间，他的铁骑就踏遍整个欧亚大陆，先后征服了波斯、埃及和印度北部。最终，在行军途中因病逝世，享年 33 岁。请问：亚历山大死于公元 26 年之前还是之后？

看到这个问题，你的最初反应是什么？或许你已经有所察觉，提问者在设计问题时，故意硬塞给你一个年份。而这个年份似乎不太对劲儿，可你又不知道错在哪里。思来想去，还是给出了一个接近于公元 26 年的数字。而实际上亚历山大死于公元前 323 年！

为什么一个随机的数字会最终影响到你的判断？答案是，人们在作判断时，常常会将某个特定值作为初始参照值，以此为起点进行估计和调整。这个参照值就像停靠船舶的锚一样，不管海上的风浪有多大，都会将船固定在它的附近。这就是心理学上的锚定效应。

心理学家卡尼曼和特沃斯基曾经用一个精彩的实验，证明了锚定效应的存在。他们让实验者估计非洲国家在联合国中所占席位的百分比。在此之前，实验者需要转动一个轮盘，上面分布着0—100的数字。当轮盘停止转动，指针停在数字65上时，实验者需要回答：非洲国家在联合国中所占席位的百分比是大于65%还是小于65%？

这是一个常识性的问题，稍加思考就会知道，这个百分比肯定小于65%。但是，实际的比例又是多少呢？实验者给出的平均值大概是45%。

接着，他们又问另一组实验者。这一次指针停在了数字10上。显然，实际的比例肯定要大于10%。结果，实验者给出的平均值大概是25%。

为什么同样的问题，在不同的情况下，会得出如此迥异的答案呢？原因是受锚定效应的影响。当转动的轮盘停止时，指针下的数字就像锚一样，植入了实验者的大脑，尽管他们知道这些数字是随机的，与结果毫无关系，然而，他们的答案还是受到了这些数字的影响。

锚定效应在谈判中有着重要的应用。很多人认为，谈判时最好让对方先开价，这样就可以摸清对方的底牌，进而掌握更多的信息。殊不知，让对方先开价，无异于让对方掌握主动权，因为这个价格会成为谈判中的锚定点，不管你怎么调整，都很难摆脱它的影响。

事实上，你不仅要争取先开价，而且要开价狠一点。只有这样，你才能为自己赢得更大的谈判空间。早在20世纪70年代，英国首相撒切尔夫人就给我们上过生动的一课。

1972年12月，在欧共体各成员国关于费用的谈判中，撒切尔夫人提出，英国在过去几年中承担了大量的费用，却没有获得相应的利益。所以，她强烈要求将英国负担的费用每年削减10亿英镑！这大大超出了各国元首的心理预期，他们原以为英国政府的目标只是3亿英镑。对于如此离谱的天价，他们自然是难以接受，于是提议只能削减2.5亿英镑。

然而，撒切尔夫人却坚持原有的立场不动摇，于是谈判陷入了僵局。

就在此时，法国媒体开始发表文章，批评英国人在谈判中采取高姿态是别有用心。而撒切尔夫人则告诉下议院，一定要坚持她提出的方案，意在暗示对手，谈判并无议价空间。

最终，各国元首实在没办法，只好作出了让步，同意英国人每两年削减8亿英镑的费用。就这样，撒切尔夫人用自己的铁腕手段，为英国人赢得了巨大的利益。

事实上，高开价策略是如此有效，以至于著名外交家亨利·基辛格这样感慨道："谈判桌前的结果完全取决于你能在多大程度上抬高自己的要求。"

## 先提一个小要求，然后再提较大的要求

**心理策略：** 人们一旦接受了一个微不足道的要求，为了给别人留下前后一致的印象，就有可能接受更大的要求。因此，如果你想请对方帮个大忙，不妨先让他帮你个小忙。

一个风雨交加的晚上，饥寒交迫的乞丐敲开了富人家的大门，对前来开门的仆人说："让我进去吧，我只要晾干衣服就走。"仆人心想，这点要求不算过分，于是就答应了。

在富人家的火炉旁，乞丐边晾衣服，边对厨娘说："能借我一口锅吗？我要煮石头汤。""石头汤？"厨娘很惊讶，她想看看石头是怎么熬成汤的，于是答应了。

乞丐在路边捡了个石头，洗净后放到锅里，加入水，然后对厨娘说："可是，我总得放点盐吧？"厨娘觉得这没什么，于是又答应了。

接下来，乞丐如法炮制，先后从厨娘那里要来了蔬菜和肉末。最后，一锅鲜美的肉汤就这样出炉了。乞丐把石头捞出来扔掉，然后抱着锅痛快地喝了起来。

真是个聪明的乞丐！他知道，如果一上来就要一锅肉汤，势必会遭到对方的拒绝。所以，故意先提出一个小要求，让对方无法拒绝，然后再提出较大的要求。就这样，一步步引导对方，直至达到自己的目的。这种现象在心理学上称为登门槛效应，也叫得寸进尺效应。

美国心理学家弗里德曼和弗雷泽做过这样的实验：他们派人假扮成安全驾驶的志愿者，随机访问了一组家庭主妇，请她们在自家庭院前立上一块印制粗劣的大告示牌，上面写着"安全驾驶"四个字，结果只有17%的人答应了这个要求。另一组人则采取了不同的方法，他们先请对方将一个小告示牌挂在自家窗户上，几乎所有的人都欣然答应了。两周后，当他们再次来到这里时，竟然有超过55%的人同意在自家庭院前立上既大又丑陋的告示牌。

同样的要求，只是换了不同的方式，结果竟会如此迥异，这是为什么呢？原来我们每个人都有一种保持形象一致的愿望，一旦我们表现出友善的一面，就会努力维持这一形象，哪怕有时会超出自己的底线。在上述实验里，由于答应了前面那个小要求，让主妇们感觉自己就是“安全驾驶”宣传活动的参与者，所以她们才在后来的活动中答应了更大的要求。

登门槛效应在生活中的应用随处可见。例如，顾客选购衣服时，聪明的售货员总会请顾客先试一试，当顾客将衣服穿在身上时，再想拒绝购买就有些难度了。再比如，在二手车市场上，销售商们总是以低价来吸引顾客，一旦对方同意购买，他们便会以各种理由来说服对方增加一些额外的服务项目，如车内饰、保险杠，等等。

对于那些有求于人，却又苦于无策的人来说，登门槛效应可谓一剂特效药。早在战国时期，齐国丞相田婴的门客就运用这个策略，成功地说服田婴接纳了自己的建议。

田婴乃齐国丞相，地位显赫，极有权势。有一年，他想加高自己的城墙，但是，按照当时的规定，封地上的城墙是不能超过国都的高度的，否则就会被视为欺君。

得知这个决定后，众门客均觉不妥，纷纷提出忠告。然而，田婴却概不接受，他甚至吩咐下人：“凡因城墙之事来找我的，概不接见！”众门客束手无策，只好作罢。

然而，有个门客不甘心，他来到田婴府前，恳求守门人通报一下，并保证只说三个字就走，如果超过三个字，甘愿受罚。田婴听到后，心想：反正就三个字，想说城墙的事，也说不清。于是，便让守门人放行。门客见到田婴后，果然只说了三个字：“海大鱼！”说完扭头就走。这一下，可把田婴急坏了，他连忙喊道：“等一下，你的话还没说完呢！”

门客转过身来，答道：“我保证只说三个字，可不敢拿性命开玩笑。”

田婴无奈，只好说道：“我赦免你，你把话说完吧。”

于是，门客诚恳地对田婴说：“大人听说过海中的大鱼吧，它在水里很有力量，可是一旦离开了水，连只蚂蚁都可以欺负它。其实，这齐国就像大海，只要有齐国的庇护，您还修那么高的城墙有何用？倘若齐国灭亡了，就算修再高的城墙，也无济于事啊。”

听到这番话，田婴方才如梦初醒，最终接受了门客的建议。

## 欲让对方点头，不妨先让对方摇头

**心理策略：**在提出自己真正感兴趣的要求之前，先提出一个较大的要求，当这个要求被拒绝后，对方答应我们的可能性就会增加。所以，欲让对方点头，不妨先让对方摇头。

如果有一天，你正走在马路上，突然有个小男孩走到你面前，问你要不要买几张周六晚上杂技表演的门票，而你对此并不感兴趣，你会怎么做？当然是婉言谢绝。可是，如果小男孩依旧不依不饶，继续追问你："既然你不想买杂技表演的门票，那要不要买几块巧克力呢？每块只需一元钱！"这个时候，你极有可能会答应对方的要求，尽管你并不喜欢巧克力。

这并非虚构，而是著名心理学家罗伯特·西奥迪尼亲身经历过的事情。当他第一次拒绝了那个小男孩的要求后，却发现再要拒绝对方的第二个要求已经变得很困难。

为了搞清楚这其中的奥妙，他和他的助手做了一个实验。他们假扮成少年犯管教所的工作人员，到大学校园里去问大学生："你愿意陪一群少年犯去参观动物园吗？"结果，不出所料，大多数学生都拒绝了这个要求，只有17%的人表示愿意。之后，他们尝试了一种不同的方法。这一次，他们在邀请大学生去陪少年犯之前，先提出了一个更大的要求：担任少管所的辅导员，每周2小时，至少做2年。对于这个近乎苛刻的要求，所有人都予以拒绝。这个时候，研究人员马上问道："如果你做不到，你可以陪一群少年犯去参观动物园吗？"出人意料的是，这一次竟然有50%的大学生愿意前往，几乎是第一次实验时的3倍！

为什么拒绝之后，愿意前往的人反而增加了？按照西奥迪尼的说法，这是因为当人们提出较大的要求遭到拒绝后，再提出一个较小的要求时，对方会认为这是一种让步，根据互惠原理，他也有义务作出妥协。更何况，与较大的要求相比，较小的要求就不显得过分了。

这种现象在心理学上称为留面子效应，它告诉我们，在提出自己真正感兴趣的要求之前，先提出一个较大的要求，当这个要求被拒绝后，对方答应我们的可能性就会增加。

留面子效应在生活中的应用随处可见。例如，珠宝商在向顾客推荐首饰时，往往会先介绍昂贵的首饰，然后再介绍便宜的首饰，这样，有了对比之后，顾客会认为便宜的首饰价格更加公道。再比如，当妻子想让丈夫送自己Gucci时装时，如果先试探对方能不能带自己去欧洲十国游，等对方拒绝之后，再提出自己真正的要求，成功的概率就会大大增加。

由于结合了互惠原理和对比原理，留面子效应有时候会爆发出惊人的力量。1972年6月，美国总统尼克松的竞选班子实施了一个愚不可及的计划，他们闯入民主党全国委员会在水门大厦的办公室，企图安装窃听器并偷拍有关文件，结果被当场抓获，史称水门事件。该事件直接导致尼克松总统于1974年8月引咎辞职，成为美国历史上首位辞职的总统。

堂堂现任总统的竞选班子，竟然潜入对手的办公室窃取情报，这听起来有些不可思议。更令人费解的是，当时尼克松的民众支持率很高，竞选连任可谓唾手可得，而他们潜入的办公室，实际上并没有多少有价值的情报。那么，这样愚蠢的计划又是如何通过的呢？

这个疑问一直困扰着人们，直到后来，大量的相关资料被曝光后，人们才了解到：原来这个耗资25万美元的计划并不是第一个计划，在此之前，该计划的策划者戈登·利迪还提出过两个计划。第一个计划需要耗资100万美元，包括一架拍摄用直升机、一艘载有应召女郎的高级游艇，以及一支执行绑架抢劫任务的小分队。在这个复杂的计划遭到否决后，利迪又抛出第二个计划，删除直升机和应召女郎等内容，将费用降至50万美元，但这个计划也被否决了。最后，当利迪提出第三个计划时，决策者们碍于情面，最终选择了支持，毕竟利迪已经作出了两次让步，更何况，与最初的计划比起来，这个精简版的计划已经好多了。

## 打一巴掌，再给个甜枣

**心理策略：**当我们想给对方制造压力，但又不想让对方产生对抗情绪时，我们通常可以采取黑白脸策略，即先以强硬的姿态打压对方，然后再以温和的姿态安抚对方。

在警匪片里，我们经常看到这样的镜头：警察将犯罪嫌疑人带到审讯室，先由一名警察对其进行威胁、恐吓，声色俱厉地告诉他，警方已经掌握了确凿的证据，而且其他同伙已经认罪。这个时候，电话铃声响起，该警察起身离去，由另一名警察继续审讯，新来的警察态度温和，不但递烟给犯罪嫌疑人，还亲切地安慰、鼓励他。经过这样的审讯后，犯罪嫌疑人很快就招供了。

明眼人都知道，这是警察故意在演戏呢！他们一个唱黑脸，一个唱白脸。唱黑脸的警察旨在给犯罪嫌疑人制造压力，让他屈从；唱白脸的警察旨在安抚对方，使他不致产生对抗情绪。这种打一巴掌再给个甜枣的做法，也就是我们平时所熟知的黑白脸策略。

生活中，黑白脸策略的应用非常广泛。例如，谈判时两个人同时出战，其中一人口气强硬，不断给对方脸色看，让对方感觉“此人不好惹”；另一人则温文尔雅，通情达理，扮演“好好先生”的角色。再比如，父母教育孩子时，父亲态度严厉，痛斥孩子的错误；母亲则态度温和，柔声地告诉孩子：“因为你做错了，爸爸才会骂你，以后不再犯就好了。”

很多精明的领导者都非常善于运用黑白脸策略来驾驭自己的下属，这其中就包括日本著名企业家松下幸之助。有一次，他的下属后滕清一犯了个小错误，松下非常生气。他立刻把后滕叫到自己的办公室，一边气急败坏地用火钳敲打桌子，一边对后滕大发雷霆。

就在后滕被骂得狗血淋头，正欲悻悻离去之际，松下却突然对他说：“等一下，我刚才的脾气实在是太大，不小心把火钳给弄弯了，麻烦你帮我把它弄直，好不好?”

没办法，后滕只好硬着头皮修火钳。令他感到惊讶的是，当松下接过修好的火钳时，竟然脱口赞道：“嗯，比原来好多了，你真棒!”

听到松下的赞美，后滕一肚子的委屈全都烟消云散。更让他想不到的是，就在他离开之后，松下悄悄地打电话给他妻子，告诉她：“你先生今天心情不好，回去后脸色肯定不好看，请你好好照顾他!”本来后滕在遭到松下的痛骂时，已经决定辞职，可是，后来发生的一切，不仅打消了他的这个念头，还激发了他的斗志，他甚至干得比以前还要卖力！这就是松下的高明之处，在批评之后，反而以题外话来赞美下属，从而消除他们的对抗情绪。

黑白脸策略的威力是如此巨大，以至于有的时候，即使对方看清了你的意图，也奈何不了你。美国总统吉米·卡特就曾运用这种策略，成功地解救出被伊朗扣押的人质。

1980 年 11 月，卡特在竞选连任时不幸失利，将在两个月后离任。在此之前，他还有一项重要的任务要完成——解救被伊朗政府扣押的美国驻德黑兰外交人员。他可不想让里根刚上任就坐享其成，可是，如何才能在短短数十天的时间内，迫使对方作出让步呢？

在这个关键时刻，卡特想到了黑白脸策略。于是，他告诉伊朗最高领袖霍梅尼："如果你聪明的话，就跟我合作，千万别等到里根上台！你可不知道，那个家伙曾经演过牛仔，他的副手曾经掌管过中央情报局，而国务卿是著名的鹰派人物亚历山大·黑格！这些家伙比英国人还要疯狂，没有人知道他们会干出些什么事情来。"

对于卡特的表态，里根自然是心领神会，他告诉劫持分子："如果我是你的话，肯定会选择跟卡特政府合作来解决这个问题，他可是个'好好先生'。我想你也不愿意把我当作你的对手。"就这样，在里根总统宣誓就职的当天早晨，人质被释放了。

## 沉默有时候是最好的武器

**心理策略：**沉默是一种无声的武器。适当地沉默，会给对方造成极大的心理压力，让他们在焦躁中失去判断力；适当地沉默，是对挑衅的有力回击，能够巧妙地化解对方的怨气。

人们总是认为，谈判需要唇枪舌剑，气势磅礴。殊不知，有时候，沉默才是最好的武器。发明大王爱迪生对此深有感触。有一次，他想卖掉自动发报机的专利权，筹办一所实验室。可是，他不知道这项专利究竟值多少钱，于是，征求妻子米娜的意见。米娜狠了狠心，说道："你就开价 2 万美元吧，正好够你办实验室的。"爱迪生说："2 万美元，这也太高了吧！"米娜看到丈夫犹豫的样子，又给他出了个主意："要不你就等对方先开价吧！"

有个商人听说爱迪生想卖专利，亲自登门拜访。谈判的时候，商人不断向爱迪生打听专利的价格。爱迪生觉得 2 万美元的价格太高，始终没好意思开口。心想，还是等夫人回来再说吧。结果，商人实在沉不住气了，说道：

"那我先开价吧，10 万美元，你看怎么样?"

10 万美元！爱迪生心里暗自狂喜，这可比他最乐观的预期还要高 5 倍！于是，当场和对方签下了协议。事后，他跟妻子开玩笑说："没想到沉默一会儿，就赚到 8 万美元。"

试想，如果爱迪生没有沉默，而是率先开了口，那么，他得到的或许只是 2 万美元而已。一次无心的沉默，竟换来如此丰厚的回报，这背后到底是什么力量呢？答案是，人们习惯了谈话中的互问互答，一旦对方选择沉默，他们就会感到无所适从。为什么他会无动于衷？是对我不满意还是不感兴趣？这些疑问会萦绕在他们心头，让他们心神不宁，以致方寸大乱。

在波茨坦会议上，斯大林就曾经运用这种策略，成功地挫败了杜鲁门的核讹诈。当时，第二次世界大战结束在即，美、英、苏三国元首在德国波茨坦召开会议，商讨战后事宜。会上，美国总统杜鲁门对斯大林说："美国最近研制成功一种新型武器，其威力比最先进的导弹还要大。"他还向斯大林暗示，这种武器就是原子弹，并且反复强调原子弹的巨大威力。

说完，他目不转睛地看着斯大林，想知道对方听到这番话会是什么反应。然而，让他颇感意外的是，斯大林根本就没作任何反应，他甚至连嘴巴都没动，脸上的表情静若止水。坐在一旁的英国首相丘吉尔从另一个角度观察了斯大林，得到的结果和杜鲁门完全一样！

事后，丘吉尔对杜鲁门说："自始至终，我都在观察他脸上的表情，但他丝毫没有变化，他好像一直在听你说话，而且对你们的新型武器早有耳闻。"

杜鲁门和丘吉尔本来想借着原子弹的威力，在第二次世界大战结束后，从苏联人手中捞取更多的好处。然而，斯大林用沉默打乱了他们的布局，最终瓦解了他们的攻势。

面对来势汹汹的敌人，沉默也是最好的反击策略。著名石油大亨洛克菲勒深谙这个道理。在他年轻的时候，曾经有个粗鲁之徒闯进他的办公室，拍着桌子对他吼道："你这个虚伪的东西，干了很多伤天害理的事情吧，我恨你，我要控告你！"

刺耳的骂声足足持续了十多分钟，整个办公室的人都知道了这件事。正当大家都以为，洛克菲勒会拿起墨水瓶砸向这个粗鲁之徒，或者让门卫将他请出去的时候，洛克菲勒却放下手中的笔，神情自若地看着他，甚至将身子稍稍往前倾，摆出一副洗耳恭听的样子。

那个人对洛克菲勒的举动显然毫无准备。在胡乱发泄一通之后，他逐渐恢复了平静，一言不发地站在那里，似乎在等着洛克菲勒的反驳。然而，洛克菲勒依旧沉默不语。

他本来都想好了各种反驳洛克菲勒的话，可洛克菲勒始终不说话，他又能怎么办呢？

最后，他狠狠地敲了几下桌子，看到洛克菲勒还是无动于衷，只好灰溜溜地离开了办公室。这个时候，洛克菲勒重新拿起了笔，继续往下写，仿佛什么事都没发生过一样。

## 在小处让步，争取大局上的胜利

**心理策略：** 大部分人都不愿意让步，因为让步通常被人们理解为懦弱。然而，心理学家告诉我们，适当地让步，不但无损于我们的利益，反而有助于我们获得大局上的胜利。

生活中，让步是一种策略，也是一种智慧。可是，却有很多人将之视为懦弱，他们在人际交往中，始终坚持寸土不让、毫厘必争的原则，结果落得个两败俱伤的结局。殊不知，与人相处时，适当地让步，不仅不会损害我们的利益，反而有助于赢得大局上的胜利。

清朝大学士张英就是个懂得让步的人。有一年，邻居吴家在修宅砌墙时越过了中界，两家人随后发生了争执，公说公有理，婆说婆有理，谁也不肯相让。结果，纠纷越闹越大，张家人只好给远在京城的张英写信，希望倚仗他的权势压倒对方。

不料，张英阅过来信后，只是释然一笑，然后挥起大笔，写下了一首诗："千里修书只为墙，让他三尺又何妨。万里长城今犹在，不见当年秦始皇。"家人读罢，倍感惭愧，立即将院墙拆让了三尺，大家都称赞张家人的豁达。邻居见状，感动不已，遂将院墙也后退了三尺。两家人的争端就这样平息了，而"六尺巷"的由来也成了一段千古佳话。

在这个故事里，张英本可以利用手中的权力，迫使对方让步，然而，他并没有这样做，而是选择了主动退让。结果，双方最终以圆满收场。这正应了那句话，退一步海阔天空。

既然让步可以换来双赢，那么，是不是让步越大越好呢？显然也不是。心理学家曾经做过这样的实验：他们分别与三组实验对象就某个问题进行谈判。在第一组中，他们做了较大的让步；在第二组中，他们做了对等的让步；在第三组中，他们只做了微小的让步。

结果你猜猜看，哪一组更愿意以较高的代价与心理学家达成协议？既不是第一组，也不是第二组，而是第三组！换句话说，人们更愿意与作出微小让步的一方达成协议。原因在于，在谈判过程中，如果对方突然作出大幅的让步，会让人怀疑其初始报价过高，或者东西不好。而在经过长期的磨合后，最终作出微小的让步，反而会让对方产生信任感和安全感。

这个实验告诉我们，在谈判中，没有让步是不可能的，但是，让步的幅度太大也不行。著名外交家周恩来就是个懂得拿捏分寸的谈判高手。每次谈判时，他总是能够以己方的较小让步换来对方的较大让步，既不让谈判陷入死局，也不会为了妥协而作无谓的让步。

在中美建交谈判时，台湾问题是双方争执的重点。周恩来一开始就表明中国政府的立场，即中华人民共和国是中国的唯一合法政府，解放台湾是中国的内政，美国军队必须撤出台湾。但是，美国国务卿基辛格却一再强调不能背弃台湾，要求换一种方式表达美国的观点。

他坚持在联合公报里写道："美国认识到，在台湾海峡两边的所有中国人都认为只有一个中国，台湾是中国的一部分。"周恩来知道，这是故意用"美国认识到"来代替"美国承认"，旨在保全美国人的面子。考虑到对方已经说出"一个中国"的意思，如此表述基本上可以接受，于是，周恩来微笑着称赞道："博士到底是博士，这可是一项奥妙的发明。"

不过他认为，说"台湾是中国的一部分"，不如说是"一个省"更准确，毕竟在汉语里，省代表了对中央的归属。但基辛格却认为，两者在英语里没多大差别。周恩来并没有在这个问题上过多纠缠，毕竟对方已经满足了我方的要求，遂表示这个问题以后再讨论。

聪明的谈判者在遇到问题时，总会绕道而行，而不会始终纠缠，他们灵活地作出微小让步，让对方有一种胜利的感觉，由此奠定了大局上的胜利。这就是以退为进的策略。

## 巧用疲劳战术，瓦解对方的意志力

**心理策略：**人们在疲惫时，往往注意力不集中，判断力也随之下降，这个时候，很容易被别人说服。因此，很多谈判高手都懂得在耐心的周旋中消耗对手，最终迫使对方作出让步。

在电视剧里，我们经常看到，警察在审讯囚犯时，经常选择在他们疲倦或困顿的时候进行。因为这个时候，囚犯们通常情绪浮躁，警戒松弛，很容易坦白自己的罪行。

生活中，我们也有这样的体验，当我们疲惫不堪或困顿不已时，如果有人向我们提出某种要求，尽管可能对我们不利，我们也很容易满足，因为此时，我们只想尽快得到休息。

美国心理学家丹尼尔·吉尔伯特经过研究后发现，人们在疲惫时，更容易被别人说服。这是因为，疲惫会分散人们的注意力，削弱他们的判断力，即便听到假话，也会信以为真。相反，只要打起精神，或者经过充足的睡眠，他们就会头脑清醒，恢复正常的判断力。

人的这些生理缺陷常常成为谈判中的突破口。精明的日本商人就善于在谈判中运用疲劳战术，耐心地与对方周旋，直到把对方拖垮，他们才全力出击，迫使对方作出让步。

曾经有位美国商人，前往日本洽谈业务。由于事前做了充分准备，他对谈判充满了信心。当他走下飞机时，两名日本公司的职员已经等候在机场。他们热情款待了美国客人，并把他安顿在东京一家高级酒店。正当他准备躺下休息时，对方却告诉他，公司为了迎接他，特意安排了一个美妙的晚宴。美国人见盛情难却，只得从命。

晚宴上，美国人喝得酩酊大醉，等到他带着醉意和倦意回到宾馆时，已经是凌晨1点钟。躺在床上的他，兀自沉浸在晚宴的欢乐气氛中，似乎早忘了第二天的艰苦谈判。

结果，第二天一大早，精力充沛的日本人就敲开了他的房门。谈判准时开始了，可是，美国人此刻却是宿酒未醒，浑身乏力，在对方咄咄逼人的攻势下，显得毫无招架之力，只好草草答应了对方的要求。日本人最终大获全胜。

老谋深算的苏联领导人斯大林，同样是一位善用疲劳战术的谈判高手。在雅尔塔会议上，正是他成功地运用疲劳战术拖垮了罗斯福，为苏联在第二次世界大战后赢得了更多的利益。

1944 年，德国败局已定，美、英、苏三国领导人决定举行最高首脑会晤，商讨战后遗留问题，尤其是如何处置德国的问题。然而，各方在谈判的时间和地点上争执不下。

美国人提议在苏格兰举行会晤，因为那里属于盟军控制区，相对安全，而且离华盛顿和莫斯科距离相等。然而，斯大林却以健康为由拒绝了该提议，他告诉对方："德黑兰会议后，我耳朵疼。医生警告，任何乘飞机的旅行，或者气候的变化，都会对我产生严重后果。"

这个理由让美国人哭笑不得，说到健康问题，罗斯福患心脏衰竭多年，比斯大林可严重多了。苏联方面的态度让美国人极度失望，不过罗斯福仍然耐心地与斯大林周旋。整个夏天，美国方面先后提出雅典、塞浦路斯、耶路撒冷等多个地点，但均被斯大林敷衍而过。

最终，会议地点被定在了乌克兰境内的雅尔塔市，离美国本土 8000 千米！

在时间方面，罗斯福希望定在 1945 年春天，那时天气转暖，他身体也吃得消。然而，斯大林却认为形势发展太快，很多问题迫切需要解决，因此，最高首脑会晤不能耽搁，最迟应该在 1945 年 2 月份内举行。在苏联方面的坚持下，美国人不得不再次作出妥协。

于是，在寒冷的冬天，罗斯福只好拖着病躯，远赴万里，来到了冰天雪地的雅尔塔。当人们见到这位著名的第二次世界大战英雄时，他已是满脸憔悴、步履蹒跚。

随后，艰苦卓绝的谈判开始了。由于时间短、议程紧，首脑会议多达 20 次，再加上各种晚宴和酒会，尽管罗斯福强打精神，但终因体力不支，注意力分散，争辩不过斯大林，最终不得不草草结束会谈，按照苏联方面的意思签订了协议。

仅仅几周后，罗斯福就在美国人的质疑声中黯然离开了人世。

# 第十三章 善意批评的心理策略

DISHISANZHANG

## 将批评夹在赞美中

**心理策略：**当我们听到别人的赞美后，如果再听到其他不愉快的话，就比较容易接受了。沟通高手无不深谙此理，他们总是将批评夹在赞美中，让对方在愉快的氛围中接受批评。

不知你注意到没有，理发师在给客人刮胡子之前，都要往他们脸上抹一些肥皂水。这样，在刮胡子的时候，客人们就不会感到疼痛了。其实，批评人也是一个道理。将批评夹在赞美中，既保全了对方的面子，又避免了他们的对抗心理，从而使其愉快地接受我们的批评。

美国前总统柯立芝就非常善于运用这种策略。柯立芝有一位女秘书，人长得很漂亮，可就是工作不太认真。柯立芝总想找个机会，让她改掉这个毛病。

有一天早上，看到女秘书神采奕奕地来到办公室，柯立芝眉头一锁，计上心来，他对女秘书说："你今天这身衣服很漂亮，真是个年轻漂亮的女孩子。"

柯立芝平时沉默寡言，因此，听到他的赞美，女秘书受宠若惊，脸上不由得泛起红晕。正在此时，柯立芝却突然话锋一转，说道："但也不要骄傲，我相信你能把公文处理得像你一样漂亮。"从那以后，女秘书果然把公文处理得有条不紊。

当我们听到别人的赞美后，如果再听到其他不愉快的话，就比较容易接受了。这就像理发师在给客人刮胡子时，先敷一层肥皂水一样。这在心理学上称为肥皂水效应。

麦金利在竞选总统时同样运用了这种策略。当时，有个助手为他写了一篇演讲稿，自以为很精彩，并在麦金利面前朗读了一遍。然而，麦金利并不满意。怎样才能让对方心甘情愿地重写一遍，同时又不伤及他的自尊呢？麦金利苦思良久，想到了个办法，他对他的助手说："我的朋友，你写得实在是太精彩了，我相信再没有人比你写得更好。事实上，它在很多场合下都适用，可我们现在需要面对的是……在这种场合下，是不是也适合呢？"

"从你的角度来看，它可能非常好。但是，我必须从竞选的大局出发，由此来看，这篇演讲稿有可能会引发很多争议。现在，你按照我说的几点，再修改一遍，然后交给我。"

结果，他的助手很愉快地接受了。后来，他成为麦金利竞选成功的关键人物。

和两位总统相比，很多人在生活中更习惯以简单、粗暴的方式来批评人。他们动辄对别人提出批评意见，完全不顾他人的感受，甚至当着其他人的面，大声痛斥对方。殊不知，这种做法非但达不到批评教育的结果，反而会伤及对方的自尊，引起对方的强烈不满。

玫琳凯公司创始人玫琳凯深知这种简单式批评的弊端。所以，她在批评员工时，总会找出对方的优点来赞美，力争以一种友好的气氛来开始和结束会谈。

在一次业务会议上，玫琳凯发现有个美容师的仪容和着装，与其身份非常不符。她很生气，正准备上前质问时，转念一想：我说了她会听吗？如果她认为我在故意刁难她，很可能会影响到整个会场的气氛。于是，玫琳凯停下了脚步。

可是，怎样才能让对方认识到自己的错误，同时又不会破坏到双方的关系呢？玫琳凯想到了一个绝妙的主意。在会议结束前，她即兴作了一场"美容师的仪容和着装"的演讲，告诉所有的美容师，在平时与客户的接触中，应该如何树立自己的职业形象。

演讲获得了一致好评。那个美容师也意识到了自己的问题，羞愧地低下了头。第二天，当玫琳凯再次看到那个美容师的时候，她发现对方已经换上一身非常得体的衣服，不仅简洁朴素，而且不失职业风范。玫琳凯微笑着冲她点了点头，而对方则感激地向她鞠了一躬。

后来，这位美容师不但改掉了自己的缺点，还成了玫琳凯的得力助手。

## 正话反说，引对方反省自躬

**心理策略：**当我们犯错时，如果别人不但不批评，反而以美言来称赞，我们的内心会感到更加羞愧。这个现象告诉我们，有时候正话反说，比直接批评更能让对方反省自躬。

据说，在非洲南部的巴贝姆族中，如果有人犯了错，族长会把所有人召集起来，将犯错之人围在中间。然后，让大家轮流说出他的优点，以及曾经做过的好事。这样的“赞美仪式”结束后，人们还要载歌载舞，以庆祝犯错之人脱胎换骨、改过自新。

这种批评人的方式，听起来有些匪夷所思，但仔细一想，却有其精妙之处。生活中，我们都有这样的体会：当我们犯错时，如果别人不但不批评，反而以美言来称赞，我们的内心会感到更加羞愧。道理其实很简单。我们都有“犯了错就该受到批评”的认识，一旦这种认识被颠覆，例如，犯了错反而得到了表扬，我们的内心会感到不平衡。为了消除这种不平衡感，我们只好以调整自身的行为来保持两者的一致性。这就是心理学上的反弹琵琶效应。

反弹琵琶的批评方式，用委婉的语言取代了严厉的批评，意在缓和紧张的气氛，让听者在轻松的氛围中接受批评。在我国古代，很多精明的臣子都善于运用这种策略来劝谏。

春秋时期，楚国有个叫优孟的人，善于在谈笑间规劝君王。有一次，楚庄王得到了一匹骏马，对其宠爱有加，不但把它养在华丽的房舍里，还给它披上锦衣，并用枣脯来喂养它。只可惜，此马无福消受，不久就因为肥胖死了。庄王悲痛不已，决定以大夫之礼葬之。

群臣知道后，无不冒死劝谏。然而，庄王主意已决，下令凡为此事进谏者，格杀勿论！就在所有人摇头叹息之际，殿外突然传来号啕大哭之声，庄王定睛一看，原来是侍臣优孟，便开口问道：“爱卿何故如此悲痛？”优孟一边抹泪，一边劝道：“此乃大王心爱之物，楚国又是堂堂大国，以大夫之礼葬之，未免太寒碜。我建议大王以国君之礼葬之，赐之以玉雕棺材，举全国之力挖坑埋葬，通知邻国来吊唁，再修一座祠堂，用牛羊来供奉它，并追封它为万户侯！这样，好让天下人都知道，我们大王把人看得很低贱，而把马看得很高贵！”

庄王听毕，羞愧难当，遂问道：“我的错误竟然严重到如此地步，该如何是好呢？”

优孟答道：“这好办，请大王以六畜的礼节来埋葬它。用土灶做外棺，用铜锅做内棺，用葱姜做调料，用木兰去腥味，用火光做衣服，把它葬在大家的肚肠里吧。”

庄王于是命人将马剖开煮熟吃了。

优孟的精明之处在于，他没有一味地直言劝谏，而是从相反的方向委婉地表达出自己的意愿，既保住了庄王的面子，又让他认识到了自己的错误。这种正话反说的策略，有时候会收获意想不到的奇效。在法国，就有一位老人用这种方法巧妙地挫败了美国商人的计划。

有个美国商人想到法国去倒卖香烟。有一天，他在集市上大肆宣传抽烟的好处。就在此时，一位老人突然从人群中走了出来，大声说道：“女士们，先生们，抽烟的好处实在是太多，除了这位先生刚才讲的，另有三大好处。”美国商人不禁大喜，原来此公是为我说话来了，连忙谢道：“老先生，谢谢您，看您相貌不凡，一定是学识渊博之人，请您快讲。”

老人笑了笑，接着说道：“首先，狗遇到抽烟者，立马就逃跑。其次，小偷不敢到抽烟者家里偷东西。最后，抽烟者永远年轻。”众人听罢，无不称奇。商人则喜得合不拢嘴。然而，就在此时，老人突然话锋一转，说道：“抽烟者驼背的多，狗看到后，以为要捡石头砸它，所以撒腿就跑；抽烟者夜里爱咳嗽，小偷以为他没睡着，所以不敢偷；抽烟者很少有长寿的，所以永远年轻。”众人听后笑得前仰后合，商人则在众人的笑声中灰溜溜地逃走了。

聪明的批评者总是在迂回中，让对方陷入事先设好的圈套中，最终不得不反躬自省。

## 直言曲达，间接的批评更能打动人心

**心理策略**：没有谁愿意在人前示短。因此，对别人的直接批评不但容易伤其自尊，还会激起对方的反抗。如果你旁敲侧击，委婉地暗示对方，他们不但乐于接受，还会感激你。

如果公司有规定，办公室内禁止吸烟，可是，偏偏有人顶风作案，在办公室里吞云吐雾。这个时候，作为领导的你，应该怎么办？很多人可能会指责道："你不知道公司的规定吗？到外面抽去！"然而，如此直接的批评很容易挫伤对方的自尊心，从而遭到他们的反感。

面对同样是违规吸烟的工人，著名钢铁大王司华伯却采取了一种更为委婉的批评方式。他走到工人面前，给他们递上雪茄，然后说道："嗨，兄弟们，不用谢我给你们雪茄，如果你们能到外面去抽，我会更高兴的。"众工人听罢，无不羞愧，对司华伯的好感陡增。

有一次，丘吉尔偕夫人克莱门蒂娜出席了某位要人的晚宴。席间，一位法国外交官对桌上的小银盘爱不释手，但碍于情面，又不好意思开口向主人索要。于是，外交官偷偷将它藏在自己的怀中。然而，这个举动还是被女主人发现了。这是她最心爱的收藏品，一直视其为珍宝，她该怎么办呢？当面揭穿，只会让对方下不了台，最终破坏了晚宴的氛围。情急之下，她只好求助于丘吉尔夫人。克莱门蒂娜略作思考，然后和丈夫耳语了几句。丘吉尔笑着点了点头，随即用餐巾做掩饰，也偷偷拿走了一个小银盘。然后，走到外交官的身边，神秘地对他低语道："这种小银盘真是可爱，我也拿了一个。不过，它把我们的衣服都弄脏了，我们还是把它放回去吧。"外交官听罢，很快明白了丘吉尔的意思，羞愧地将小银盘放回了原位。

一场潜在的冲突，就这样被丘吉尔夫妇巧妙地化解了。在这场危机中，丘吉尔通过模仿外交官的举动，让对方认为偷银盘的不止他一个人，从而给了对方一个台阶，维护了对方的面子，使其不至于在众人面前颜面尽失。事实证明，人们愿意接受这种间接的批评方式。

在领导批评下属时，间接的批评方式尤其重要。英国著名作家毛姆曾经说过：身居高位之人，即使请你批评指正，他真正想要的还是赞美。这是人性所决定的。因此，要想让领导接受你的批评，你就要学会含蓄地表达自己的想法，让领导顿悟，而不是直陈其弊。

西汉鬼才东方朔就善于用含蓄的语言，向汉武帝表达自己的想法。有一次，汉武帝的奶妈因为年纪大，说话啰唆，还好管闲事，汉武帝一怒之下，责令其迁出宫去。可是，奶妈在宫中生活了数十年，早已习惯这里的生活，所以不愿离开宫中。无奈之下，她只好找到东方朔。东方朔笑着对她说："你向皇上辞行时，只要回头看他两次，我就有办法帮你了。"

奶妈于是按照东方朔的吩咐，在向汉武帝辞行时，热泪盈眶，边走边回头看他。就在此时，东方朔大声喊道："奶妈，你赶紧走吧，皇上现在已经不需要你喂奶了，你还担心什么？"汉武帝看到奶妈恋恋不舍的样子，本来就心有不忍，再加上东方朔这一喊，更是羞愧难当。他想起了小时候，奶妈对他无微不至的照顾，而如今，自己却因为嫌她啰唆，就要将她赶出宫去，实在是有些太过分。最终，汉武帝收回成命，允许奶妈继续留在宫中。

东方朔的一席话，表面上看是在劝奶妈不要担心皇上，实际上是在骂汉武帝忘恩负义。可是，这番批评完全隐藏在话里话外，没有任何带刺的语言，从而既让汉武帝认识到了自己的错误，又不至于令其在群臣面前颜面尽失，可谓妙哉！

## 打人不打脸，批评要注意场合

**心理策略：**人们会很自然地改变自己的想法，但如果有人当众说他错了，他会很恼火，甚至更偏执于原来的想法，倒不是因为这种想法有多么重要，而是因为他要为了捍卫自己的尊严而战！因此，在给别人提意见，尤其是给领导提意见时，千万要注意时机和场合。

如果在某次庭审上，你作为辩方律师，发现大法官犯了一个常识性的错误，你会当众予以纠正吗？恐怕不会！因为你知道，这样做只会触犯其尊严，令对方恼羞成怒，进而影响到最终的判决结果。然而在纽约，一位年轻的律师却犯下了如此低级的错误。

当时，他正在为某个重要的案子作辩护，该案牵涉一笔巨款，还有一项重要的法律条文。在辩护过程中，大法官问道："海事法的追诉期限为6年，对吗？"年轻的律师沉默了片刻，随即答道："法官大人，海事法没有这样的条文限制。"顿时，全场鸦雀无声，大家都惊呆了。尽管律师的回答是正确的，大法官确实错了，可是，他却成了最终的输家。

春秋时期，管仲身为齐国宰相，辅佐齐桓公数十年，为齐国的霸业立下了汗马功劳。齐桓公非常信任他，几乎把所有事情的处置权都交给了他，使得他能够顺利地推行一系列政治、经济改革。那么，管仲是如何取得齐桓公的信任的呢？这与他善于进谏有很大的关系。

话说齐桓公在既成霸业后，逐渐变得骄傲自满。有一次，他在朝上突然提出封禅泰山的想法，希望以此来彰显自己的功绩。管仲自然不赞同，但他在朝堂上并没有出言阻止。

退朝后，一位同僚问他为何刚才一言不发，管仲说，齐桓公好胜，不能当面谏阻，而要私下说服。当天晚上，管仲夜访齐桓公，向他力陈了封禅泰山的种种弊端，并以历史上帝王封禅的事例为证，说明当下国家尚不巩固，人民尚不富足，封禅的时机还远未成熟。

齐桓公听罢，无言以对，只好收回成命，放弃了封禅泰山的想法。

管仲通过私下劝阻，有效维护了齐桓公的威严，从而让后者在良好的氛围中，愉快地接受了自己的意见。领导在批评下属时，同样要顾及对方的面子，不能像泼妇骂街一样，横加指责，唯恐别人不知道。否则，极易引起下属的对立情绪，进而影响到双方的正常关系。

对此，玫琳凯公司的创始人、著名女性企业家玫琳凯深有感触。她在批评自己的下属时，总是单独与被批评者面谈，绝对不会当着众人的面大声斥责。因为在她看来，当着众人的面批评下属，不仅会挫伤整个团队的士气，同时也显示出批评者的冷酷无情。

周恩来总理同样是这方面的典范。他总是抱着与人为善的态度，对同志的缺点和错误进行严肃而又亲切的批评。1952年10月，周总理率团访问苏联，与对方商谈援建项目的问题。在抽空讨论修改"一五"计划草案时，他把所有中方人员召集起来，逐字逐句进行修改，甚至连标点符号也不放过。最后，在定稿付印前，他特意叮嘱一位同志要把好最后的校对关。

然而，当总理拿到稿子时，发现里面还是有错，心中难免不悦。不过，他并没有当众批评这位同志，而是在等待更合适的机会。第二天中午，当总理前往代表团驻地，与大家共进午餐时，他特意和这位同志碰了杯，并微笑着对他说："罚酒一杯吧！"

很简单的一句话，严肃而又亲切，既指出了对方的错误，又不致让对方下不了台阶。

## 学会控制情绪，不要迁怒于别人

**心理策略：**人们一旦受到负面情绪的影响，就很难对他人作出客观的评价，甚至会带着情绪去批评人，最终导致双方的冲突。因此，在批评人的时候，要学会控制情绪，不要迁怒于别人。

当你因为工作中的错误而遭到领导的严厉批评，情绪很低落的时候，你通常会怎么做？是自己把火灭在心中，还是迁怒于别人？不同的选择，代表了你对负面情绪的免疫力。

心理学家告诉我们，负面情绪极易传染，它会从上到下，影响到所有人。在负面情绪的控制下，人们往往会失去理智，甚至像愤怒的小鸟一样，以己之躯，砸向肥猪的城堡。

曾经有一位领导，为规范公司的管理，制定了严格的考勤制度。公司上下，无论领导还是普通员工，凡是迟到一次，均要扣发当月奖金。可是，天有不测风云，就在新规实施的第一天，领导却因为在家中看报，耽误了行程。为了赶时间，他不得不超速行驶，结果被警察开了罚单，最后还是迟到了。愤怒的领导刚到单位，又看到一张箭头向下的报表，立刻将销售总监唤到身边，痛斥了一番。其实，那张报表是很久以前的。销售总监不敢辩解，窝了一肚子火，回到办公室，将自己的下属挑剔了一番。下属无缘无故被人挑剔，更是气上心头回到家中，冲着儿子大发雷霆。儿子莫名其妙被骂了一顿，也很恼火，狠狠地踢了猫一脚。

这就是心理学上著名的踢猫效应。踢猫效应告诉我们，负面情绪是会传染的，而人们一旦受到负面情绪的影响，就很难对他人作出客观的评价，甚至会带着情绪去批评人。例如，在批评中使用下列语言：

· 挖苦讽刺——你真是“猪脑子”“扶不起的阿斗”“朽木不可雕也”。

· 以偏概全——“你从来……”“你总是……”“你每次……”。

· 翻旧账本——“你又……”“你以前……”“你还是……”。

· 无奈哀求——“你能不能……”“算我求你了……”。

事实证明，这些消极的语言不但会伤害对方的自尊心，同时也违背了对事不对人的批评原则。一个人，尤其是家长和领导，如果不能在生活和工作中控制自己的情绪，任由踢猫效应滋生蔓延，不仅于事无补，还会引发更大的矛盾，甚至影响整个家庭和单位的和睦。因此，在批评人的时候，要学会控制情绪，不要迁怒于别人。

美国总统林肯就非常懂得控制自己的情绪。无论在工作中遇到什么困难，他总是能以宽容的心态对待别人，从来不会带着情绪去批评人。有一次，陆军部长斯坦顿气呼呼地闯进林肯的办公室，向他抱怨说，有个陆军少将用恶毒的语言攻击他。林肯听罢，微笑着说：“你可以写一封信，狠狠骂他一顿！”斯坦顿觉得这个主意不错，于是立刻写了一封言辞激烈的信，然后请总统过目。

“对！没错！”林肯赞许地说道，“就这样，狠狠骂他一顿。你写得太棒了，斯坦顿。”总统的话让斯坦顿非常解气，然而，就在他把信折叠好，准备放入信封的时候，林肯却突然问道：“你打算怎么处理它？”“当然是寄出去了！”斯坦顿感到有些莫名其妙。

“胡闹！”林肯严肃地说道，“这样的信怎么能寄出去呢？你把它扔到火炉里吧。”林肯停顿了一下，继续说道：“我每次生气时，都是这么做的。你不觉得，写完这封信后，心情好多了吗？”斯坦顿感激地点了点头，然后烧掉了第一封信，重新写了一封温和的信。

生活中，我们有时候会无端地遭到别人的误解甚至谩骂。对此，很多人选择了睚眦必报，或者将怨气撒在不相干的人身上。然而，林肯用行动告诉我们，学会控制情绪，以宽容和友善之心来对待别人，才能更好地赢得别人的尊重，同时也会获得别人的理解和支持。

# 第十四章
# 婉言拒绝的心理策略

DISHISIZHANG

## 先发制人，堵住别人的嘴

**心理策略：**有时候，当你发现对方要说一些对你不利的话，或者让你办一些你不想办的事情时，最好的拒绝策略就是抢先开口，给对方以明确的暗示，从而堵住对方的嘴巴。

生活中，经常有人向我们借钱。每当这个时候，我们的内心总是很纠结：借吧，怕有去无回，不借吧，又怕伤感情。那么，有没有一种两全的策略呢？答案是肯定的。如果想拒绝对方，不妨在对方开口之前，先向对方交个底，让他明白你也不富裕，从而羞于启齿。

这种先发制人的策略能够提前堵住对方的嘴巴。有时候，如果对方向我们提出了要求，我们再来拒绝就会很麻烦，弄不好会伤害对方的感情。因此，当你发现对方要说一些对你不利的话，或者让你办一些你不想办的事情时，你可以抢先开口，让对方知难而退。

举例来说，有人仰慕固然是喜事，然而，如果对方非你意中人，而他（或她）却偏偏想要向你表白，这个时候，喜事恐怕就要变成尴尬事了。东汉初年，大司徒宋弘就遇到过类似的烦恼。然而，他却运用先发制人的策略，成功地拒绝了汉光武帝刘秀的提亲。

话说刘秀当了皇帝以后，事事如意，唯独姐姐湖阳公主守寡多年这件事，让他操心不已。刘秀多次派人给她提亲，可是走马观花看了很多，就是没有中意的。一问之下才知道，原来自己的姐姐看上了才识俱佳的大司徒宋弘。于是，便谋划着给姐姐做媒。

有一天，姐弟俩商量好，由弟弟在屏前问话，姐姐则藏在屏风后偷听。不一会儿，宋弘来了。刘秀先谈了些正事，然后话锋一转，问道："俗话说，地位高了换朋友，财富多了换妻子，这难道不是人之常情吗?"宋弘早就听说湖阳公主对自己有意，听刘秀这么一问，就猜到接下来要谈什么事情了。于是，婉转地问道："我曾听说，贫贱之交不能忘，糟糠之妻不下堂。这难道不也是人之常情吗?"一番话说得是正气凛然，让人欲说无词。

刘秀听罢，知道再强求也无益，于是对屏风后的姐姐说道："这事儿看来不成了。"

宋弘的聪明之处在于，他抢在刘秀提亲之前，表明了自己的立场。因为他知道，一旦对方开了口，再要拒绝就难了，更何况对方可是如虎之君，随时可能要了自己的小命。

很多时候，我们不得不面对别人的无理要求。对此，直接的拒绝恐怕会伤了和气，甚至可能引发双方的激烈冲突。这个时候，如果我们提前知道对方的意图，并予以拒绝，就能够牢牢地掌握人际交往的主动权。三国时期，吴国大都督周瑜就曾运用这种先发制人的策略，成功地挫败了曹操的说客蒋干的劝降阴谋。

当时的曹操志向远大，一心想灭了吴国。然而，吴国大都督周瑜精通兵法、足智多谋，一直是曹操的心腹大患。为了除掉这个后患，曹操决定派蒋干前往东吴劝降。周瑜听说蒋干来访，早就猜到他的意图，于是，决定先发制人，堵住蒋干的嘴巴。

两人刚一见面，周瑜就直截了当地问道："子翼千里迢迢来到这里，难道是为曹操来做说客的吗?"蒋干没想到周瑜会这么问，当即愣在原地，半晌才答道："你我分别多时，今日我特来与你叙旧，怎么能说是说客呢?"周瑜笑了笑，引蒋干入席。然后，周瑜对众将领说："这是我的同窗好友，虽然从江北来，却不是曹操的说客，你们不用多疑。"说罢，解下身上的佩剑，交给太史慈，告诉他："你佩上我的剑做监酒官，今日酒宴，只叙旧情，不谈工作，如有违者，请以此剑斩落其首级!"蒋干大惊失色，再也不敢提劝降之事。

宴后，周瑜拉着蒋干的手说："大丈夫在世，遇知己之主，当外托君臣之义，内结骨肉之恩，言必行，计必从，祸福共之。即使苏秦、张仪再世，也动摇不了我的赤子之心!”

就这样，周瑜一环扣一环，始终压住蒋干，让他欲说不能，计划全盘落空。

## 避实就虚，只谈无关紧要的事情

**心理策略：**当别人提出的问题很棘手，或者不怀好意，或者不便回答时，我们要学会避实就虚，巧妙地回答对方的问题，让对方的要求如泥牛入海，从而避免陷入尴尬的境地。

有时候，当别人提出的问题很棘手，或者不怀好意时，如果我们勉强回答，不但会失分寸，甚至还可能闹笑话。在这种情况下，我们要学会避实就虚，巧妙地回答对方的问题，让对方的要求如泥牛入海，从而避免陷入尴尬的境地。

清代大学士刘墉就是个聪明机敏的人。有一次，乾隆皇帝突然问了他一个怪问题：“京城共有多少人?”刘墉虽然有些猝不及防，但还是很镇定地答道：“两个人。”乾隆问道：“此话怎讲?”刘墉不紧不慢地答道：“人再多，也只有男人和女人两种，岂不是两个人?”

乾隆又问：“今年京城里有几人出生？有几人去世?”刘墉答道：“只有一个人出生，却有十二个人去世。”乾隆问道：“此话何解?”刘墉答道：“今年出生的人再多，也都是一个属相，岂不是只有一个人出生？去世的人却分属不同的生肖，岂不是有十二个人去世?”

乾隆听罢，哈哈大笑，对刘墉的妙答深以为然。刘墉的聪明之处在于，他并没有正面回答乾隆的提问，而是通过故意曲解，巧妙地避开了问题的实质，从而化解了对方的攻势。

在外交场合中，经常有记者要求公开某些机密。这个时候，正面回答显然有违政策，严词拒绝又显得僵硬。怎么办呢？最好的策略就是避实就虚，将话题转移到无关痛痒的事情上，在谈笑中婉拒对方的要求。周总理就曾运用这种策略，巧妙地拒绝了记者的无理要求。

在一次记者招待会上，有西方记者问道：“中国人民银行有多少资金?”

这个问题涉及国家机密，如实回答显然不妥，不回答又可能被讥笑不了解国情。就在大家翘首以盼时，周总理眉头一锁，正色答道："18元8角8分。"顿时，全场愕然，大家都不解地看着总理。

这个时候，周总理缓缓解释道："中国人民银行发行的货币面额有10元、5元、2元、1元、5角、2角、1角、5分、2分、1分，加起来合计18元8角8分。中国人民银行有全国人民做后盾，信用卓著，实力雄厚，它所发行的货币，是世界上最有信誉的货币之一。"

话音刚落，全场响起了热烈的掌声，大家都在为总理技惊四座的回答叫好。

在这场交锋中，周总理以他特有的幽默和风趣，巧妙地回避了问题的实质，以"总面额"来代替"总金额"。最终，不但堵住了记者的嘴巴，同时也活跃了招待会现场的气氛。

同样是在记者招待会上，陈毅外长用他的机敏和睿智，成功地瓦解了记者的攻势。20世纪60年代初期，台湾方面凭借先进的美制U-2高空侦察机频频侵入大陆领空，刺探情报。结果，被刚刚成立的解放军导弹部队连续击落。当时，就有西方记者问："最近，中国打下了美制U-2高空侦察机，请问贵方用的是什么武器？是导弹吗？"

这个问题属于国家机密，陈毅完全可以拒绝回答。但是，他并没有这样做，而是举起双手，在空中做了个动作，然后俏皮地说道："记者先生，美国飞机经不起导弹打，我们是用竹竿把它捅下来的。"一句话引得人们哄堂大笑，在场的记者无不为陈毅的机智所折服。

有时候，当形势对我们不利时，如果继续在原来的问题上与对方纠缠，只会陷入更加被动的境地。相反，如果我们能够避实就虚，巧妙地转移话题，就能够迅速扭转不利局面。

## 顾左右而言他，故意把话题岔开

**心理策略：**有时候，当谈论的话题对我们不利时，转移话题无疑是一种有效的拒绝方法。它可以转移别人的注意力，平息别人的怒气，避免正面的冲突，维护双方的面子。

齐宣王喜欢打仗，聚敛财物，上大夫封悦无计可施，只好求助于孟子。

孟子问齐宣王："有人要去楚国，临行前将妻儿托付给朋友照顾。结果，回来后却发现，自己的妻儿正在挨冻受饿。这个时候，他该怎么办？"

齐宣王答道："与之断交！"

孟子又问："掌管刑罚的官员，却连自己的下属都管不了。您说该怎么办？"

齐宣王答道："撤他的职！"

最后，孟子问："四海之内，政局动荡，人民不能安居乐业。您说该怎么办？"

齐宣王无言以对，只好环顾四周，故意把话题岔开了。

这就是"王顾左右而言他"的典故。在这里，孟子给齐宣王下了个套，等齐宣王察觉时，为时已晚。如果顺着对方的意思走，恐怕要陷入对自己不利的境地。于是，只好采取装聋作哑、转移话题的策略，企图以此蒙混过关。

生活中，我们经常面对别人的无理要求，或者不便回答的问题。这个时候，直接拒绝对方，只会令局面变得尴尬。与之相比，转移话题无疑是一种有效的拒绝方法，它可以转移别人的注意力，平息别人的怒气，避免正面的冲突，维护双方的面子。

在一次宴会上，法国皇帝拿破仑就运用这种策略，委婉地拒绝了奥地利王后路易莎有关归还领土的要求。当时，拿破仑正在与俄国皇帝亚历山大一世会晤，碰巧路易莎王后也在场。于是，路易莎王后想利用这个机会，向拿破仑要回被侵占的领土马格德堡。

双方一见面，路易莎就称赞拿破仑的头长得像恺撒，然后直截了当地提出了自己的要求。吃到嘴里的肉，又岂肯轻易吐出？不过，拿破仑也不好当面拒绝，于是故意把话题岔开："夫人的衣服真好看，再配上如此身材，更是相得益彰。"路易莎识破了他的把戏，遂反问道："在这种场合下，难道我们要拿时装做话题吗？"接着，再次提出了自己的要求，态度之诚恳，令拿破仑无法不心动。就在此时，奥地利国王进来了，拿破仑也冷静了下来。

宴会结束后，拿破仑特意送了路易莎一朵玫瑰花。路易莎灵机一动，借机问道："我可不可以理解为这是一种友谊的象征，你已经答应了我的请求？"拿破仑故技重施，用一句无关痛痒的话，引开了话题："这花跟夫人一样美丽！"路易莎最终失望而归。

占了别人的领土，并非什么光彩的事情，如果当面拒绝对方，恐怕会引来一番争执。面对于己不利的局面，拿破仑通过巧妙地转移话题，让对方的诉求——石沉大海。

在言谈交锋中，转移话题还是处于劣势一方扭转败局的不二法宝。苏联领导人戈尔巴乔夫就在一次会晤中，巧妙地通过转移话题，避开了日本首相中曾根康弘咄咄逼人的攻势。

那是一场扣人心弦的交锋，双方在交谈中都有些情绪化，戈尔巴乔夫甚至拍着桌子说道："我听说在日本国内，有人声称，只要日本不断增强经济实力，苏联就不得不乖乖地屈服于日本的经济合作。我想说的是，这种想法很幼稚，苏联人绝不会屈服！"

中曾根康弘也不示弱，他以强硬的口吻回击道："话虽如此，两国加深交往也很重要。当前困扰两国关系的根本是北方领土问题。其根源在于斯大林错误地向那里派遣了军队。"

随后，他缓和了口气，继续说道："你我均系法律科班出身，理应清楚国际法和联合声明意味着什么。国际上都承认日本的主张是合理的。"戈尔巴乔夫有些尴尬，他笑了笑，然后说道："我当法律家亏了，所以当了政治家。"一句话巧妙地避开了中曾根康弘的锋芒。

有时候，当谈论的话题对自己不利时，转移话题无疑是一种明智的选择。

## 学会踢皮球，让对方来接招

**心理策略：**在言谈过程中，当对方的问题很刁钻，不好正面回答时，最好的策略也许是把问题顺势踢还给对方，让对方来接招。只有这样，你才能扭转败局，变被动为主动。

当我们逛商场时，如果对某件商品感兴趣，总会有售货员迎上来问道："你是准备今天买，还是看看再说？"意在打探你的购买意愿，以便在稍后的谈判中占据主动权。

这个时候，你该怎么办呢？顺着对方的话回答，只会落入对方的圈套，因此，聪明的买家总是会告诉对方："我是打算买，不过要看你能给什么样的价格了。"一句话，把皮球踢还给了对方。接下来，售货员为了说服你购买，就会想尽办法满足你的要求了。

这种策略也就是我们俗称的“踢皮球”。在言谈过程中，当对方的问题很刁钻，不好正面回答时，最好的策略也许是把问题顺势踢还给对方，从而扭转被动的局面。著名外交家基辛格博士就曾运用这种策略，巧妙地拒绝了记者有关核潜艇数量的敏感性提问。

1972年5月，美苏两国在莫斯科举行高峰会谈，讨论并签署了限制战略核武器协定。会后，美方代表基辛格在其下榻的宾馆召开了记者招待会。基辛格透露：“苏联每年大约能生产250枚导弹。”

这个时候，敏感的美联社记者突然接过话题，问道：“我们美国的情况呢？有多少导弹配置了分导式多弹头？又有多少艘核潜艇？”

这属于国家机密，自然不便向外界透露。不过，基辛格并没有直接拒绝对方，而是耸了耸肩，然后无奈地答道：“很抱歉，我不知道美国有多少导弹配置了分导式多弹头。不过，核潜艇的数量我倒是知道的，只是我不清楚这是否属于保密的内容。”

记者听罢，兴奋异常，不假思索地答道：“不是保密的。”

基辛格马上反问道：“不是保密的吗？那你告诉我是多少？”记者愣了一下，方才醒悟过来，自己中了基辛格的圈套，只好一笑了之。

面对记者咄咄逼人的提问，基辛格佯装不知情，故意把问题踢还给对方。表面上看，他是在暗示对方，只要政策允许，就可以公布内情，实则是引记者上钩。当对方迫不及待给出答案时，一道无解难题也随之摆在他面前，基辛格就此摆脱了对方的纠缠。

如果说把皮球踢还给对方，是以其人之道，还治其人之身的话，那么，在己方内部相互踢皮球，则多半是演戏给对方看，意在从体力和心理上消耗对手，最终破灭对方的希望。

当吴王孙权派诸葛瑾前往益州，哭诉其全家已被吴国监禁，要求诸葛亮念在手足之情的分上，找刘备要回荆州时，诸葛亮就与刘备、关羽合演了一出踢皮球的好戏。

他先是引其兄来见刘备，说明来意。刘备自然不肯。诸葛亮于是再三恳求，甚至不惜跪拜于地。刘备见状，假意答应出让长沙、零陵、桂阳三郡，并修书给远在荆州的关羽。

诸葛瑾大喜过望，正准备辞行，刘备却对他说：“我义弟性格刚烈，连我都须让他三分，你此去荆州，务必要小心谨慎。”诸葛瑾哪里知道这是个计，兴冲冲就奔荆州去了。

结果，刚到荆州，就被关羽顶了回来：“我和兄长结义于桃园，发誓要匡扶汉室。荆州乃大汉疆土，所谓将在外，君命有所不受，你今日就算说破了天，我也不会让一寸地。”

诸葛瑾在荆州碰了一鼻子灰，只好回到益州找诸葛亮。然而却被告知，诸葛亮有事出远门了。无奈之下，再次找到刘备。这个时候，刘备慢悠悠地劝道：“我义弟性格比较倔，很难说服。你不妨先回东吴，待我拿下东川、汉中诸郡，调云长前去守备。然后，再把荆州交还于你家主公。”诸葛瑾听罢，差点没当场晕过去，最终落得个空手而归。

## 顺杆儿往上爬，引出更荒谬的结论

**心理策略：**生活中，难免遇到他人的故意刁难。对此，我们可以运用归谬法，先假定对方的观点是正确的，然后再对其加以引申、推论，进而得出更荒谬的结论，以此来驳斥对方。

有个地主在家里喝酒，正喝得高兴呢，酒没了。于是，把长工唤到身边说：“你帮我打壶酒去！”长工问道：“钱呢？”地主瞥了他一眼，嘲讽道：“有钱能打酒算什么本事？”

长工一听怒了，嘴上虽没争辩，心里却很不舒服，拿上酒壶就往外走。过了一会儿，端着酒壶又回来了。地主很高兴，提起酒壶就往杯里倒，结果倒了半天也不见一滴酒。怒道：“酒呢？”长工这才慢悠悠地答道：“有酒能倒出酒来算什么本事。”地主差点没气背过去。

不给钱却使唤人去买酒，这地主可算是抠门到家了。然而，面对如此般的责难，聪明的长工并没有与之辩解，而是将计就计，先假定对方的观点是正确的，然后对该观点加以引申、推论，进而得出更荒谬的结论，以达到拒绝对方的目的。这就是我们常说的归谬法。

生活中，谁都难免遇到他人的故意刁难。面对这种情况，我们该怎么办呢？针锋相对，只会引发更大的矛盾；一味忍让，又显得我们软弱可欺。对此，最有效的方法就是以谬归谬，用对方的观点来反驳对方，从而使其落入自己设下的圈套，搬起石头砸了自己的脚。

19世纪末期，著名物理学家伦琴发现X射线（也称为伦琴射线）后，收到了一封陌生的来信，信中写道："我胸中残留了一颗子弹，需要用伦琴射线来治疗。希望你寄一些伦琴射线和一份如何使用伦琴射线的说明书给我。"稍微有点常识的人都知道，伦琴射线是一种电磁辐射，根本就不可能邮寄。寄信人的语气，除了无知，更像是一种戏谑和调侃。

伦琴本想板起脸来，狠狠地教训他一顿，好让他知道这个基本的物理常识。但转念一想，这样做恐怕效果不佳，于是灵机一动，提笔写道："请把你的胸腔寄来吧！"

多么绝妙的反击啊！既然你让我邮寄伦琴射线，而这又绝对不可能做到，那么，我就按照你的逻辑，顺势向你提出一个更荒谬的要求——把你的胸腔邮寄过来！这样的反击，显然比直接的教训要有力得多，而且幽默的调侃也避免了双方的剑拔弩张。

归谬法是如此的辛辣有力，以至于千百年来，许多哲学家和政治领袖对它推崇有加。美国开国元勋华盛顿就非常善于运用归谬法来反驳对手。在美国独立初期的一次制宪会议上，有个议员提议应该在宪法上增加这样的条款：常规部队在任何时候不得超过5000人。

对于普通的纳税人而言，这当然不是什么坏消息，毕竟部队规模越小，纳税人所需承担的税负就越少。然而，对于整个国家而言，5000人规模的部队显然太小了。作为美国总统，华盛顿必须站在国家安全的层面上来考虑问题。可是，他该如何拒绝对方的提议呢？

直接驳斥对方？那只会激起对方的抗拒情绪。这是华盛顿所不愿见到的。于是，他稍作思考后，平静地说道："这位先生的提议很好。不过，我认为还应该加上一条：侵略美国的军队，任何时候不得超过3000人。"该议员听罢，顿时哑口无声，没了脾气。

妙哉！面对目光短浅的议员，华盛顿没有断然否定，而是假定对方的观点是对的，然后在此基础上，推论出"侵略美国的军队，任何时候不得超过3000人"的荒谬条款。只要稍有常识的人都知道，任何一国都无权干涉他国军队的人数规模。既然如此，美国却要在自己的宪法里作茧自缚，这显然是荒诞不经的，也是站不住脚的。该议员的观点由此不攻自破。

# 第十五章
# 化解敌意的心理策略

DISHIWUZHANG

## 放下成见，清空你心中的杯子

**心理策略：**生活就是这样，当你心中充满了对他人的成见时，你就不再可能对他们作出客观的评价，误解也将因此而生。因此，从现在开始，放下成见，清空你心中的杯子。

南隐是日本明治时代的著名禅师。有一天，一位大学教授慕名前去请教。结果，两人刚一见面，教授就开始滔滔不绝地炫耀自己的学识。南隐只是在一边默默地倾听。

不一会儿，教授就讲得口干舌燥。南隐见状，拿起茶壶为他沏茶。直到杯中的水溢出，仍没有停下的意思。教授不解地问道："大师，杯子已满，不用再倒了！"

南隐这才放下茶壶，意味深长地叹道："是啊，既然已满，为何还要倒呢？"

教授何其聪明，马上听出了南隐的弦外之音：既然你已经很有学问了，为何还要来我这里？既然来了，又不肯放下你的傲慢，如何听我说禅呢？想到这里，教授不禁汗颜。

南隐斟茶的故事告诉我们：茶杯的价值就在于它的空，因为唯有倒空的茶杯，方可再行注满。生活中，人与人交往，难免会产生摩擦和意见分歧，久而久之，彼此就难免有成见。不幸的是，当你心中充满了对他人的成见时，你也就不再可能看到他们的优点。

事实上，成见一旦形成，就会侵蚀我们的大脑，蒙蔽我们的双眼，让我们在与人相处时，不是无端地怀有戒心，就是随意地冤枉无辜，以致无法对别人作出客观公正的评价。

《吕氏春秋》记载了这样一个故事：有个农夫，丢了一把斧子，他怀疑是邻居家的儿子偷的。于是，横看竖看，他都觉得对方像是个小偷。后来，他找到了那把斧子，回过头来再看对方，却又觉得无论怎么看，邻居都不像是个小偷。这就是农夫心里的成见在作怪！

可怕的是，人们往往会拼命地维护自己的成见，即使事实证明他们错了，他们仍然会顽固地坚持己见。心理学研究表明，一个人对他人的成见，会得到循环证实。换句话说，如果你对某人抱有成见，久而久之，对方也会对你产生敌意。这反过来会让你觉得，自己当初的判断是正确的。这种循环证实，往往会导致双方的关系越来越糟糕，最终反目成仇。

因此，与人相处，要学会放下成见，清空心中的杯子，切忌以自己的主观意识作为衡量别人的标准。只有这样，才能以一颗公正的心去看待别人，最终认清真伪，辨识好坏。

曾经有个年轻人，坐火车前往波士顿。在路上，遇到了一位盲人老人，便和对方攀谈了起来。当时洛杉矶正在爆发种族骚乱，于是他们谈到了种族歧视问题。

老先生告诉他，自己生于南方，从小就认为黑人低人一等，家里的用人全是黑人，而且他从来不和黑人一起吃饭。到了北方上学后，有一次，他在组织同学聚会时，明确表示不欢迎黑人。这让他的同学感到很吃惊。为此，系主任还找他谈过话，希望他摒弃成见。

年轻人好奇地问："那你一定不会娶黑人做太太了？"

"当然！"老先生肯定地说，"说实话，我当时觉得娶个黑人太太简直是一种耻辱。"

不幸的是，后来他遭遇了车祸，虽然大难不死，眼睛却失明了。在他最困难的时候，一位心理辅导员给了他极大的心理安慰，耐心地开导他，并教会他各种技能。老先生对他非常信赖，凡事都向他倾诉。然而有一天，辅导员却告诉他，自己就是个黑人。从那一刻起，老先生对黑人的成见完全消失了。他觉得对方是个好人，至于肤色，他已经完全不在乎了。

火车快到站时，老先生叹道：“我失去了光明，却也失去了成见，这是多么幸福的事啊！”

在站台上，老先生和夫人热情相拥。年轻人猛然发现，他太太竟然是个满头银发的黑人。

多么令人唏嘘的故事！当老先生眼睛明亮时，对黑人充满了成见，可是，当他失去光明时，却意外地收获了真知。生活就是这样，当你心中充满了对他人的成见时，你就不再可能对他们作出客观的评价。因此，从现在开始，放下成见，清空你心中的杯子。

## 施恩给那些故意刁难你的人

**心理策略：**面对他人的敌意和挑衅，针锋相对只会令双方的矛盾更加激化。因此，聪明的人总是懂得一个道理：战胜对手的最好方式，不是打败对手，而是把对手变成自己的朋友。

生活中，如果有人抢了你的生意，还诋毁你的产品，你该怎么办？以牙还牙，狠狠地打击对方的气焰？这当然不失为一种选择。可是，如果对方仍旧不依不饶，你又该怎么办？

卖砖商人卡尔就遇到了这样的难题。有个冒失的家伙擅自闯入他的传统销售区域，定期走访当地的建筑师和承包商，并告诉他们：卡尔的产品质量不可靠，公司也将关门歇业。

起初，卡尔并没有太当回事，但是，对方的肆意挑衅，还是让他感到怒火中烧，恨不得从地上捡起一块砖来，敲碎那个家伙肥胖的脑袋。

一个星期天的早晨，卡尔向牧师倾诉了自己的苦恼，就在两天前，由于对方的搅和，他刚刚失去了一笔25万块砖的订单。卡尔本以为牧师会告诉他克敌良策，谁知牧师却告诉他，要以德报怨，施恩给那些故意刁难自己的人，而且举了很多例子来证明他的理论。

尽管半信半疑，卡尔还是将牧师的话牢记于心。碰巧就在当天下午，他整理自己的日程安排时，突然发现住在弗吉尼亚州的一位顾客，因为盖办公大楼需要一批砖，而对方指定的产品类型自己并不生产，却与竞争对手出售的产品很类似。这不禁让他犯难了。

到底该怎么办？是遵从牧师的建议，将机会让给对手，还是遵从自己的意愿，让对方永远不知道这笔生意？卡尔的内心在做着激烈的斗争……最终，或许是想证明牧师错了，他鼓足勇气，给对方打了个电话。

可想而知，当对方听到卡尔的声音时，脸上会是什么表情。他简直惊呆了，完全不敢相信，卡尔会告诉他有关弗吉尼亚的那笔生意。更让他意想不到的是，卡尔还答应帮他联系承包商，并推荐由他来承揽这笔生意！天底下，又有谁能拒绝这样的好意呢？

很快，卡尔的付出就得到了回报。他的对手不但停止散布有关他的谣言，还把很多他无法处理的生意转给了卡尔。从那以后，卡尔变得很开心，与对方的恩怨也从此烟消云散。

面对他人的敌意和挑衅，很多人选择了针锋相对、以牙还牙。然而，这样的做法只会令双方的情绪更加对立。因此，聪明的人总是懂得一个道理：战胜对手的最好方式，不是打败对手，而是把对手变成自己的朋友。在这方面，美国总统林肯堪为楷模。

林肯的一生，曾经遭遇过无数次的刁难，每一次，他都能以博大的胸怀，宽容别人，最终与对方化敌为友。蔡斯就是很好的例子。萨蒙·波特兰·蔡斯是林肯执政时期的财政部长，能力很强，也作出过很大的贡献，但却始终对总统之位心存非分之想。入阁两年多，蔡斯不断给媒体和政界人士写信，宣称内阁里除了自己，其余都是平庸之辈，甚至指责林肯一事无成。

对于蔡斯的举动，林肯心知肚明。然而，他却始终保持宽容和克制。直到后来，蔡斯因为竞选失败，赌气辞职，林肯才不得不让他离开。就在人们以为蔡斯将永远消失在林肯的内阁中时，1864 年 10 月，林肯却出人意料地任命蔡斯为联邦最高法院首席法官。要知道，在此之前，很多人都在觊觎这个显赫的职位，包括林肯的亲近朋友。当蔡斯得知这个消息后，几乎不敢相信自己的耳朵，他激动地致信林肯："我必须感谢你的信任，尤其要感谢你作出的这次任命。"蔡斯最终没有辜负林肯的信任，为废除黑人奴隶制度作出了杰出的贡献。

当有人质疑林肯不但不想办法消灭对手，反而故意纵容他们时，林肯只是温和地说道："当他们变成我的朋友时，难道我不是在消灭我的敌人吗？"

把对手变成朋友，这是消灭敌人，也是避免他人挑衅的最佳策略。

## 耐心听完对方的抱怨

**心理策略：**当别人对我们心怀不满或愤怒不已时，最好的办法是闭上嘴巴，耐心听完对方的抱怨，以表示自己愿意了解、尊重他们。这样做，他们心里的怒气就会慢慢消失。

在芝加哥的郊外，有一家生产电话交换机的工厂，福利待遇很好，生活和娱乐设施也很齐全。可是，令厂长困惑不解的是，工人们的士气却很低落，生产效率也急剧下滑。

厂长百思不得其解，只好求助于哈佛大学心理学教授梅奥。很快，梅奥就带领自己的团队展开了研究。结果发现，工厂原先以为会影响生产率的照明条件、休息时间等因素，与生产率的相关性很低，反倒是群体氛围、工作情绪等因素，与生产率的相关性很高。

在一次谈话实验中，研究者分别找工人们谈话，倾听他们对厂方的意见和不满，其间只做记录，不做任何反驳或训斥。在两年多的时间里，这样的谈话共进行了两万多次。

结果，神奇的事情发生了：工厂的产量在两年间大幅度提升！这到底是为什么呢？原来工人们对工厂的各项规章和制度多有不满，可是长期以来却得不到发泄，而谈话实验恰好为他们提供了这样一次机会，在发泄完内心的不满之后，工人们的士气自然是水涨船高。

后来，心理学家将这种奇妙的现象称为霍桑效应，也叫作牢骚效应。

霍桑效应给我们的启示是：面对别人的不满或愤怒，最好的办法是闭上自己的嘴巴，耐心地听完对方的抱怨。相反，遇事不冷静，以怒制怒，只会令双方陷入不理智的泥潭。

美国总统威廉·麦金莱就曾运用这种策略，成功地制服了暴怒的对手。

有一次，几个议员怒气冲冲地闯进了他的办公室，抗议他不久前出台的一项政策。其中，为首的那个议员脾气尤其暴躁，他愤怒地指责麦金莱，甚至使用污秽不堪的语言。

作为总统，麦金莱完全可以狠狠地教训他一顿。然而，他始终默不作声，任由对方尽情地发泄心中的不满。直到对方舌敝唇焦，他才平静地问道：“现在你觉得好些了吗？”说完顿了顿，继而说道：“就你刚才的表现，实在不值得我枉费口舌。不过，我还是可以告诉你。”

那位议员的脸倏地一下红了，他尴尬地向麦金莱道歉。麦金莱微笑着说：“任何人在不了解真相的情况下，失去理智是很正常的。”接着，他向对方解释了出台政策的原委。

当羞愧的议员回到办公室，面对自己的同伴时，他是这样说的：“伙计们，我忘了总统都说了些什么，不过，我想他说的是对的。”

人们在受了委屈之后，通常会夸大自己的愤怒。这个时候，如果我们能够以倾听代替争吵，对方会因为自己的想法有人了解，而获得一种被尊重的感觉，心中的不满自然也就慢慢消失。麦金莱正是基于这个原因，才轻而易举地制服了那个桀骜不驯的议员。

霍桑效应在管理上有着广泛的应用。在日本，很多公司都为员工提供了情绪发泄的渠道，松下公司就是其中的代表。该公司的创始人松下幸之助每天最喜欢做的事情，就是找员工聊天，听他们发牢骚。在这个过程中，他什么也不做，只管认真地聆听。有意思的是，每次谈话结束后，员工的愤怒和不满就会大大缓解，虽然松下在谈话中并没有作出什么承诺。

更有甚者，松下还在所有工厂的吸烟室里，摆上自己的人体模型。来这里吸烟的工人们可以随意地“抽打”自己的总裁，以发泄心中的怨气。随后，吸烟室的喇叭里会响起松下的声音，号召人们为了国家的繁荣而努力奋斗。这种方法虽然简单，却非常有效。

当别人反对我们，或者对我们心存不满时，最聪明的办法是，一开始就让对方说出反对意见。这需要我们闭上嘴巴，竖起耳朵来聆听。只有这样，才能够了解对方的真实意图，表达我们的理解和尊重，从而更好地平息对方的怨气。

## 装傻充愣，解除对方的心理防备

**心理策略：**装傻是一种高明的生存策略。就算你能力再强，也要学会隐藏锋芒，只有这样，才能免遭他人的嫉恨。尤其与领导交往，更要学会隐居二线，不要抢了他们的风头。

人生在世，谁不想表现得比别人聪明？为此，我们可以恃才傲物，可以嘲笑别人，以此来证明自己的英明。然而，当我们这样做的时候，有没有想过，自己才是那个真正的傻瓜？

在美国弗吉尼亚州的一个小镇上，有一个小男孩性情孤僻，行为怪异，镇上的人都喜欢拿他开玩笑。他们总是将一枚5分的硬币和一枚1角的硬币放在一起，让他任意挑选一枚。结果，每次小男孩都会挑5分的硬币。大家都觉得他是一个不折不扣的傻小孩。

终于有一天，一个老太太看不下去了，颇为同情地问那个小男孩："你为什么每次都挑5分的硬币？难道你不知道，1角的硬币比5分的硬币更值钱吗？"谁知道，小男孩却微笑着说："当然知道！但是，如果我挑了1角的硬币，他们下次就不会扔钱给我了！"

这个小男孩就是美国历史上第九任总统威廉·亨利·哈里森！嘲笑哈里森的人，最终不但输了钱，还丢了人，而装傻的哈里森却名利双收。这大概是嘲弄者压根没想到的结局。

生活就是这样，当你表现得比别人愚笨时，很多人会主动来帮你；可是，当你表现得比别人聪明时，没有人会喜欢你。原因很简单，当人们看到比自己聪明的人时，总会产生一种挫败感和嫉妒心；而当他们看到比自己愚笨的人时，总会产生一种优越感和同情心。

在职场上，装傻是一种高明的生存策略。就算你能力再强，也要学会隐藏锋芒，只有这样，才能免遭他人的嫉恨。尤其是在与领导交往时，更要学会隐居二线，永远不要抢了他们的风头，只有这样，他们才会感到安心，也更容易接受你的意见。

在苏联卫国战争期间，斯大林固执己见，几乎听不进任何人的意见。然而，总参谋长华西列夫斯基却总能够将自己的意见灌输给斯大林。他究竟采用了什么办法呢？答案是装傻！

每次开会时，华西列夫斯基总会先讲三条正确意见，然后再讲几条错误意见。在讲正确意见时，他总是口齿不清、说话啰唆、缺乏条理，而在讲错误意见时，他又会变得声音洪亮、用词精准、思维缜密。轮到斯大林讲话时，他会把华西列夫斯基的错误意见批得体无完肤，然后逐字逐句地阐述自己的观点。而这些观点恰恰是华西列夫斯基先前提到过的，只不过他稍加润色而已。就这样，华西列夫斯基在不动声色间，让斯大林接受了自己的意见。

在谈判时，装傻可以消除对方的竞争心理。想想看，面对实力远逊于自己的人，有谁会把他当成竞争对手呢？著名谈判大师罗杰·道森曾经说过，对于谈判高手而言，聪明就是愚蠢，愚蠢就是聪明。在谈判中，你越是装得愚蠢，最终的结果可能对你就越是有利。

曾经有三个日本人，代表公司与美国人谈判，希望购买对方的飞机。美国人一上来就摆出一副强大的阵势，用三台幻灯机，花了两个半小时，向对方介绍了公司和产品的概况，试图在气势上压倒对手。然而，日本人在整个过程中岿然不动。

放映结束后，美方代表得意扬扬地问日本人："看过我们的产品后，觉得怎样？"不料，一位日方代表说："我们没看懂。"美国人的脸上顿时没了笑容，强压怒火问道："到底哪里没看懂？"另一位日方代表微笑着说："我们全部没弄懂。"美国人只好重新放了一遍。

之后，美国人迫不及待地问道："这下该看懂了吧？"谁知道，日本人依旧端坐在椅子上，摇了摇头。美国人彻底没了脾气，像霜打的茄子一样，斜靠在墙上。这时，日本人开始发力，慢条斯理地说出了自己的条件，而美国人脑子里一片空白，稀里糊涂就答应了。

结果，日本人大获全胜，美国人则惨败而归。

## 拿自己开涮，自嘲是最好的解难武器

**心理策略：**面对生活中的窘境，很多人要么束手无策，要么情绪失控。然而，聪明的人却知道，自嘲才是最好的解难武器。他们拿自己开涮，既愉悦了别人，又摆脱了窘境。

生活中，谁都难免遇到点尴尬事。当我们身处这样的窘境时，如何应对才能显得既得体又大方呢？很多聪明人选择了自嘲，他们拿自己开涮，既愉悦了别人，又摆脱了窘境。

美国总统里根就是一位自嘲高手。有一次，白宫举行钢琴演奏会，里根受邀上台发言。就在此时，他的夫人南希不慎连人带椅跌落在台下的地毯上。大家都被这一幕惊呆了，不知道如何是好。然而，南希却灵活地爬了起来，在全场宾客的掌声中，重新回到了座位上。

这个时候，里根利用讲话的间隙，幽默地说道："亲爱的，我告诉过你，只有在我没获得掌声的情况下，你才需要这样表演。"话音刚落，全场响起了热烈的掌声。

英国首相丘吉尔同样是一位自嘲高手。第二次世界大战期间，为了寻求美国的援助，他远赴白宫面见罗斯福。有一天，他正在白宫的大浴缸里泡澡，罗斯福突然进来了。来不及躲闪的他，只好满脸堆笑地说道："罗斯福先生，你瞧，我这个大英帝国的首相，可是什么也没对美国总统隐瞒啊！"说完两人相视大笑，一切问题都在坦诚的笑声中解决了。

里根和丘吉尔在不同的场合，遇到了相似的尴尬。为了摆脱困境，他们采用了相同的策略，即拿自己开涮，对糗事不但不予遮掩、躲避，反而巧妙地加以引申、发挥，自圆其说，从而博得他人一笑。自嘲策略的运用，离不开自嘲者乐观、豁达的个性，有时候，自嘲者甚至不惜拿自己的生理缺陷开玩笑。美国总统林肯就曾多次拿自己丑陋的外貌做文章。

有一次，林肯受邀参加一次集会，会上有人邀请他发言。林肯不好明确拒绝，于是讲了个小故事：一天他在森林里漫步，遇见一个老妇人，对方端详了他半天，然后说道："先生，你是我见过的最丑的男人了。"林肯没有生气，而是微笑着问道："夫人，我实在没办法，你有什么好建议吗？"老妇人想了半天，最后说道："那你总可以待在家里吧。"

说完，林肯就坐下了。大家先是愣了一下，然后对他的机智报以热烈的掌声。众所周知，林肯的相貌之丑是出了名的，陆军部长斯坦顿甚至形容他像个大猩猩。然而，林肯对自己的相貌却从不避讳，甚至巧妙地利用它来做文章，从而委婉地拒绝了对方的邀请。

当我们遇到他人的攻击和责难时，自嘲还是化解对方敌意的利器。通过贬低自己，抬高他人，相互间一笑泯恩仇，这样的事情在历史上屡见不鲜。

当林肯还是国会议员时，他就是通过自嘲，与自己的政敌史蒂芬·道格拉斯化敌为友的。当时，美国国内对于奴隶制的存废展开了激烈的辩论。在一场交锋中，面对林肯的攻势，道格拉斯逐渐沉不住气，开始对林肯进行恶毒的人身攻击，大骂林肯是不折不扣的两面派。

轮到林肯发言时，全场鸦雀无声，大家都在等着看他如何应对。只见林肯镇定地走到台前，沉默了片刻，然后说道："道格拉斯说我有两张脸，大家说说看，如果我有另一张脸，我还会带着这张丑脸来见大家吗？”全场哄堂大笑，道格拉斯也忍不住笑了起来。

只是轻描淡写的一句话，林肯就将对手的攻击化于无形，同时还俘获了所有人的心。这就是自嘲的精妙所在。平庸的人几乎从来不敢运用这种策略，他们只知道展示自己的聪明，嘲笑他人的愚笨。而伟大的人却知道，自嘲才是化解敌意、赢得他人好感的有效方法。

## 如果你错了，就迅速而真诚地承认

**心理策略：**如果我们错了，要迅速而真诚地向对方道歉，只有这样，才能获得别人的谅解。事实上，承认错误远比为自己辩护更有效，而且你能够获得错误以外的东西。

2006年1月26日，当亿万美国观众守在电视机前，等待收看奥普拉的脱口秀节目时，他们惊讶地发现，这位脱口秀女王的开场白竟然是：“我犯了个错误……”

到底是什么原因，让这位声名显赫的主持人低下了高昂的头颅？原来新锐作家詹姆斯·弗雷在其回忆录《百万碎片》中多处虚构情节，而当人们发现弗雷的回忆录虚构和误导读者后，奥普拉竟然在录制一档节目时，为其辩护。节目播出后，奥普拉立即遭到了如潮水般的攻击，书评家们认为，在纪实文学里虚构情节是不可饶恕的错误。

面对人们的质疑声，奥普拉没有选择逃避，而是勇敢地承认自己的错误。她在电视节目里说道：“为弗雷先生辩护，让人感觉事实无关紧要。我对此深感抱歉，我的本意并非如此。”

奥普拉的勇敢之举，非但没有损害她的形象，反而赢得了人们的广泛赞誉。那些先前对她口诛笔伐的书评家们，纷纷掉转笔头，开始称赞她的勇敢和直率。

想想看，如果不是主动道歉，奥普拉还将承受多少人的责难，甚至可能殃及自己的事业。然而，聪明的她，选择了最能赢得人们谅解的方式，即迅速而真诚地承认错误。

人际关系专家卡耐基曾经说过：如果我们知道会被责罚，何不先责备自己，那总比从别人嘴里听到批评，要舒服得多。更重要的是，既然你已承认错误，对方就没话可说了。

当然，如果你的言行只伤及一个人，你只需要对他一个人道歉就行了。可是，如果你伤害的是 4 万个人的感情，你又该怎么办呢？巴拿马总统里卡多就曾遇到过这样的麻烦。

上任之初，里卡多觉得本国护照不够精致，于是下令整改。经过两个多月的艰苦设计，护照管理局终于拿出了令总统满意的方案。随后，里卡多下令加速印制并投入使用。

然而，就在此时，意想不到的事情发生了。有一天，里卡多正在欣赏护照样品，突然发现上面有个细微的错误：国徽上的丁字镐竟然被印成了长柄方锤！

国徽出错，这简直是奇耻大辱，里卡多决定为自己的过失负责。他先是让护照管理局重新更换所有的护照，然后统计出已投入使用的护照数量和名单，结果竟然高达 4 万份！

接下来发生的一切，让所有巴拿马人吃惊并为之动容。在第二天的电视讲话上，里卡多向这 4 万个人道歉，并拿起手中的名单念道："他们的名字是雷亚罗、奥瓦卡迪亚……"

总统难道真要念完这 4 万个人的名字吗？要知道，按照每个人名 3 秒钟的速度计算，念完这份名单至少也需要 33 个小时，而这还不包括吃饭和睡觉的时间。

所有人都被里卡多的举动震撼了，他们不再去追究总统的过失，而是恳请他保重身体。然而，里卡多依旧坚持念完名单。直到有人在电话里问："总统先生，如果你对我们的意见如此漠视，我们还能指望你广纳良言吗？"里卡多才抬起头来问道："你们真的可以原谅我的过失吗？"全国的观众几乎和电话里的那个人同时喊道："是的，我们原谅你！"

听到这句话，里卡多才停了下来，他向全国的电视观众深深鞠了一躬，说了一声"谢谢我可爱的巴拿马民众"，然后走下了讲台。所有人无不为总统的诚恳而深深感动。

作为一国的总统，里卡多完全可以将责任归于别人，这也是许多人惯用的手法，他们犯了错不敢去面对，而是通过责备他人来为自己辩护、开脱。

然而，里卡多并没有这样做，相反，他勇敢地承认了自己的过失，并将责任归于自己，从而赢得了普通民众的信任。著名演说家斯宾塞·约翰逊曾经说过："真正的强大在于，有足够的智慧和勇气知错就改。"

# 第十六章
# 避免结怨的心理策略

DISHILIUZHANG

## 与人争辩，你永远是输家

**心理策略：**与人争辩，没有人是赢家。即使你在辩论中赢了，你还是输了。没有人会轻易改变自己的主意，因此，与人争辩，除了让对方心生怨恨之外，不会给你带来任何好处。

戴尔·卡耐基和本杰明·富兰克林年轻时，都曾有过一个癖好，那就是喜欢与人争辩。因为这个癖好，他们遭遇了人际关系的危机，直至他们意识到自己的问题，并痛改前非。

卡耐基从小就喜欢和兄弟们争辩，进入大学后，更是选修了逻辑学和辩论术。那个时候的卡耐基，参加过各种各样的辩论赛，以至于辩论几乎成了流淌在他血液中的基因。

这个习惯一直延续到他的而立之年。直到有一天，他到伦敦参加一次晚宴。宴会上，坐在他右边的嘉宾讲了一段很幽默的故事，其中提到一句成语时，他说该成语出自《圣经》。

《圣经》？不可能！卡耐基心想，他明明记得出自莎士比亚的某部作品。为了体现自己的优越感，卡耐基想都没想，就当场予以反驳。可以想象，对方听到后会是什么反应。

他立刻争辩道：“什么？莎士比亚？不可能，绝对不可能，那句话出自《圣经》……”

两人很快就陷入了争执中。巧的是，弗兰克·格蒙就坐在卡耐基的左边。他是卡耐基的老朋友，对莎翁的作品了如指掌。为了公平起见，两人决定请格蒙来评判谁输谁赢。

这个时候，令人意想不到的事情发生了。格蒙先是用脚踢了一下卡耐基，然后说道："戴尔，是你错了……这位先生说得对，那句话确实出自《圣经》！"

卡耐基当时就蒙了，他不知道格蒙为何要这样做。晚宴结束后，卡耐基不解地问格蒙："你明知道那句话出自莎士比亚的作品，却为何偏偏说我错了？"

格蒙回答道："是的，没错，那句话出自莎士比亚。可是，戴尔，我们是来参加晚宴的，不是来争辩的。为何非要当着众人的面，证明那位先生错了？这样做，对你有什么好处？再说，那位先生也没征求你的意见啊！最后，我想说的是，戴尔，永远避免正面的冲突。"

格蒙的一番话，令卡耐基如梦初醒。回顾多年来，自己参加过的数千场辩论，有哪一场自己真正赢过？即使辩论赢了，可结果还是输了，因为你失去了对方的友谊。

卡耐基的教训可谓深刻！生活中，我们经常为了某件小事，和别人争得面红耳赤，甚至将对方批得体无完肤，只为了证明自己是对的。可是，这又能怎样呢？没有人会轻易改变自己的主意，即使你在辩论中赢了，对方也未必服气。而你呢，除了收获一份怨恨，还有什么？

富兰克林小的时候，同样执迷于与人争辩。那个时候的他，喜欢泡在父亲的书房里，阅读有关宗教辩论方面的书，由此受到了辩论术的熏陶。巧的是，镇上有个孩子也喜欢读书，富兰克林与之交往甚密，两人经常讨论各种问题，每次都想要驳倒对方。

然而，这种喜欢辩论的习性严重影响到富兰克林同其他朋友的交往。每次见面时，他总是打击所有与自己意见不合的人，却从来不肯接受他人的意见，以至于他的朋友们都认为，如果富兰克林不在场，他们会自在得多。结果是，富兰克林发现自己的朋友越来越少。

直到有一天，一位老朋友把他叫到身边，狠狠地教训了他一顿，他才幡然醒悟。从那以后，他改掉了傲慢、粗野的习性，不再固执地与他人争辩。很快，富兰克林就发现，自己又获得了朋友们的好感。在后来的政治生涯里，富兰克林始终保持了谦逊的态度，也正因为如此，虽然并不善于辞令，但他提出的意见还是获得了广泛的支持，其影响力也日渐深远。

最后，如果生活中的你，热衷于与人争辩，请记住富兰克林的一句话：“如果你争辩，或许你会赢，但这种胜利是短暂而空虚的……通过争辩，你永远得不到对方的好感。”

## 凡事留有余地，不要把对方逼上绝路

**心理策略：**人非圣贤，孰能无过？面对别人的过错，切不可穷追猛打，将对方逼上绝路，而应该胸怀大度，原谅对方的过失。俗话说，放人一条生路，就是给自己留一条后路。

有位高僧受邀参加一次素宴。席间，在一碟精致的素食里发现了一块肉，他的徒弟故意将肉翻出来，好让宴会主人看见，以教训一下炒菜的厨师。高僧见状，立刻用筷子将肉盖住。过了一会儿，他的徒弟又将肉翻了出来。高僧心有不悦，再次将肉盖住，然后贴近徒弟的耳朵低语道：“你要是再翻过来，我就把肉吃了。”徒弟听罢，再也不敢翻动那块肉。

宴会结束后，高僧辞别了主人。在归途中，他的徒弟不解地问道：“师父，刚才那个厨师明知道我们不吃荤，却在菜里放了一块肉。我只是想让主人知道，你为何要阻止我？”

高僧语重心长地答道：“每个人都难免犯错，不管是有心的还是无意的。如果让他的主人知道了，少不了一顿责骂，甚至被辞退。这是我不愿见到的，所以我宁愿把肉吃掉。”

高僧的话可谓发人深思。生活中，我们有多少人，一旦占了理，得了势，就揪住对方的错误穷追猛打？殊不知，这样的做法不但解决不了问题，反而会激起对方的不满，甚至从此与对方结下怨仇。因此，聪明的人都知道，凡事要留有余地，切不可把对方逼上绝路。

作为同时代的富商巨贾，胡雪岩和乔致庸虽然经商之道大相径庭，但是，在他们身上却有一个共同点，即凡事留有余地，做事从来不做绝。面对出卖自己的朱福年，胡雪岩以自己的宽容和忍让来感化对方，令后者感动不已，誓死追随其左右；而面对不共戴天的仇人，乔致庸不但没有发泄私愤，反而以博大的胸怀来接纳对方，令后者感恩戴德，以死相报。

胡雪岩和庞二是生意伙伴，两人合伙收购生丝，逼压洋人，抬高国人丝价。然而，就在这当口，庞二的手下朱福年却背地里从中作梗，甚至拿了东家的银子自己做生意。

面对如此吃里爬外的行为，是可忍，孰不可忍？按照庞二的想法，对付这种小人，就该狠狠地整治一顿，然后让他立马走人。然而，胡雪岩觉得不能把事情做绝了。

于是，他换了一种高明的手法。先是派人暗中摸清朱福年自立户头、转移丝行资金的底细，然后再到丝行查账，找出朱福年在账目上的漏洞。尽管掌握了大量的证据，胡雪岩也只是点到为止，从来不曾深究。他甚至故意留出时间，让朱福年查点账目，弥补过失。朱福年何等聪明之人，早就看出了两位东家对自己的猜疑之心，故而整天惶惶不可终日。

终于有一天，胡雪岩找到朱福年，开诚布公地对他说，只要他以后尽心尽力，以前的事情概不追究，而且会在庞二面前替他说话。或者，如果他愿意，也可以跟着自己打天下。

一席话说得朱福年热泪盈眶，激动不已，从此对胡雪岩死心塌地，再无二心。

比起胡雪岩，乔致庸面对的家仇更令人痛彻心扉。咸丰初年，乔致庸的兄长乔致广在包头做生意时，因为落入邱天俊的圈套，大量吃进高粱，结果导致银根吃紧，经营陷入困境。乔致广因此积郁成疾，最终英年早逝。可以说，对乔家而言，邱家就是不共戴天的仇敌。

乔致庸执掌生意后，在师爷孙茂才的指点下，略施小计，便使邱家的生意陷入困境。就在大家都以为乔致庸会乘胜追击，一鼓作气置邱家于死地时，乔致庸却出人意料地抛弃世俗之见，主动向邱家人施以援手，最终帮助其渡过难关。

对于乔致庸的仁义之举，邱家人自然是感恩戴德，发誓不再与乔家为敌，而且如果乔家有难将鼎力相助。后来，当乔致庸深陷天牢时，邱家人果然尽力疏通关系，营救乔致庸。

人非圣贤，孰能无过？面对别人的过错，胡雪岩和乔致庸没有穷追猛打，而是大度地予以包容，最终，在放别人一条生路的同时，也给自己留下了一条后路。

## 揭人不揭短，维护他人的自尊心

**心理策略：**人与人交往，最忌讳的就是说话口无遮拦，许多人因为图一时口快，不小心触犯了对方的隐私，最终与他人结怨。因此，与人相处，要学会相互尊重，切忌揭人伤疤。

俗话说，打人不打脸，揭人不揭短。人与人交往，最忌讳的就是说话口无遮拦，许多人因为图一时口快，不小心犯了对方的忌讳，最终与他人结怨，甚至引来杀身之祸。

在我国的春秋时期，就曾发生过这样一起离奇的弑君事件。身为一国之君的宋闵公，仅仅因为自己的一句玩笑话，就被大将军南宫万砸死在棋盘下。

当时，宋闵公携众臣前往郊外游玩，南宫万也在陪侍之列。玩到尽兴之时，宋闵公突发奇想，让群臣逐一展露绝活，有的人弹奏，有的人舞剑……轮到南宫万时，只见他举起手中的长戟，往空中一抛，然后稳稳接住，再抛再接，一连十几次，惹得众人连声叫好。

然而，南宫万的精彩表演却让宋闵公醋意渐生。他命人拿来一副棋，要与南宫万切磋棋艺，输者罚酒一碗。南宫万耍戟是把好手，下棋可就远远不及宋闵公了。几个回合下来，就喝得酩酊大醉，却执意要与宋闵公再战。宋闵公哈哈大笑："你这个贼囚犯，还想赢我？"

原来一年前，南宫万带兵攻打鲁国时，不慎被对方活捉，后在宋闵公的求情下，才得以脱身。南宫万视之为奇耻大辱，然而，宋闵公却偏偏不知趣地触及了对方的伤疤。

南宫万当时就很生气，只是慑于君臣之礼，不敢发作，强颜欢笑。这时，突然传来周庄王驾崩的消息，宋闵公当即说道："既如此，我当遣使入都吊唁。"南宫万一听，马上自告奋勇："小人从来没去过国都，此番愿代大王前往吊唁，顺便领略一下国都的繁华。"

没想到，宋闵公却笑道："我们宋国难道没人了吗？要派你这个囚犯去丢人？"引得周围的人狂笑不止。南宫万再也抑制不住心中的怒火，大声吼道：

“你这个无道昏君，可知道囚犯也会杀人!”说罢，抡起桌上的棋盘，就往宋闵公头上砸去，宋闵公当场毙命!

作为一国之君，没有病卧床榻，没有战死沙场，却倒在了棋盘下，宋闵公的死可谓窝囊。然而，这一切，都要归罪于他的口无遮拦。生活中，每个人都有自己不愿提及的往事，或者生理上的缺陷，它们就像龙鳞一样不可触，一旦有人触及，就会遭到对方的强烈反击。

在犹太人的生活中，流传着瑞什·拉吉什和拉比乔拿森之死的故事。两个人因为互相仰慕而结识，最终却因为互揭伤疤，双双殒命，让人不禁扼腕叹息。

拉吉什是力大无比的角斗士，年轻时经常与猛兽搏斗，而拉比乔拿森则是巴勒斯坦的著名学者。有一天，拉比乔拿森在约旦河里洗澡，拉吉什看到后，也跳进了河里。

“你应该把你的精力放在律法的研究上。”拉比乔拿森说道。

“那么，你的美丽，”拉吉什说道，“就应该贡献给妇女了。”

拉比乔拿森没有生气，而是接着说：“如果你向神忏悔，我就让你娶我的妹妹，她比我还美丽。”拉吉什心动了。于是，在拉比乔拿森的劝说下，拉吉什开始潜心研究，最终成为与拉比乔拿森齐名的学者。然而，这一切，却因为一场口角之争而彻底改变了。

在这场著名的交锋中，两人争辩剑、刀、匕首等器物，什么时候会成为宗教仪式上的不洁之物。拉比乔拿森认为，在熔炉里锻炼过的是不洁之物，而拉吉什则认为在水中浸泡过的是不洁之物。因为两人当初在水中相识，所以拉比乔拿森认定拉吉什是在侮辱自己。

自尊心受损的拉比乔拿森脱口言道：“强盗懂得自己营生。”暗示曾经使用过刀剑等武器的拉吉什是强盗。拉吉什听罢，狂怒不已，冲着对方咆哮道：“你对我有什么帮助？我以前在竞技场是大师，如今在这里也是大师。”一场辩论最终演变为两个人互揭伤疤的争吵。

尽管后来，拉吉什意识到了自己的错误，多次向拉比乔拿森道歉，但后者始终不肯原谅。最终，拉吉什在积郁中死去。听闻死讯的拉比乔拿森后悔不已，不久后也离开了人世。

仅仅因为相互揭短，两条人命就这样没了，揭短对人际关系的杀伤力由此可见一斑。因此，请记住这个教训吧，无论如何，不要去揭别人的伤疤，否则，别人会永远记恨你。

## 保持适当的距离，尊重对方的隐私

**心理策略：** 俗话说，距离产生美。与人交往，距离太远，容易有生疏感；距离太近，又容易产生矛盾。因此，只有保持适当的距离，才能维持彼此间良好的人际关系。

假如你正在餐厅里吃饭，周围非常空旷，就餐的人很少。可是，就在此时，突然有个陌生人坐到了你身边，你会是什么感觉？肯定疑心大起：这个人到底想干什么？

心理学家曾经做过这样的实验：当阅览室刚开门，第一个读者刚落座时，研究人员尾随其后，进了阅览室，在周围全是空座的情况下，偏偏坐到了那位读者的身边，然后观察他的反应。这样的实验总共重复了80次，结果，没有人能够容忍别人闯入自己的空间。

由此可见，与人交往，保持适当的距离非常重要。当然，这种距离既包括时间和空间的距离，也包括心理的距离。大哲学家叔本华曾用刺猬的寓言，形象地解释了这种关系。

在寒冷的冬天，刺猬们被冻得瑟瑟发抖，为了取暖，只好抱在一起。可是，由于身上有刺，它们又不能靠得太近，否则会将对方扎伤。如此反复，直至最终找到一个合适的距离，既能感受到对方的温暖，又不至于被对方身上的刺给扎伤。这就是所谓的刺猬法则。

生活中，我们都有这样的体会：与某个人的关系越亲密，越容易和对方产生矛盾，反倒不如当初相识的时候更容易相处。类似的情况还发生在家人和夫妻之间。所谓距离产生美，小别胜新婚，频繁的接触容易产生视觉疲劳，偶尔的分离反而有助于双方关系的升温。

法国总统戴高乐就是个懂得利用刺猬法则的人。这位戎马一生的法国人，在他十多年的总统生涯里，始终坚持一个信念："保持一定的距离！"这个信念深深影响了他和其他幕僚的关系，凡是在他身边工作的人，包括秘书处、办公厅等部门，没有谁能够干满两年以上。

有一次，他曾对新上任的办公厅主任说："我会使用你两年。想必你也知道，在参谋部，没有人能够以那里的工作为职业，而在办公厅，你同样需要做好这样的准备!”

戴高乐之所以这样做，主要有两个原因：其一，调动是正常的，不调动才是不正常的；其二，他不想让某些人成为自己离不开的人。这或许与他的军旅生涯有关。我们都知道，军队都是流动的，哪里有任务，就到哪里去。所谓流水不腐，户枢不蠹，一旦允许某些人长期留在自己身边，他们的思维方式就会严重影响到自己的判断力，这是戴高乐所不愿见到的。相反，他希望自己的身边永远有新鲜的血液，这样既可以保证思维和决策过程充满活力和朝气，同时也可以很好地避免身边的“亲信”滥用总统的职权，危害国家的利益。

戴高乐的做法可谓令人敬佩。反观我们身边的很多领导，由于不能和下属保持适当的距离，要么与下属感情淡漠，隔阂很深；要么与下属称兄道弟，以致影响到正常的工作。

通用电气公司前总裁斯通就主张“人际关系应该保持适度的距离”，并在工作中身体力行。他自知在工作中，与高层管理人员接触较多，所以，工作之余，从来不邀请同事到家中做客，也不接受别人的邀请。然而，对于普通员工，他却是关怀备至，甚至偶尔“家访”。

有一次，斯通到医院看望一位病人，结果被护士拦下了。尽管斯通使尽招数，软磨硬泡，护士却严守院规，毫不让步。她哪里知道，眼前这位和蔼可亲的老人，竟然就是商界巨子斯通先生！而斯通探望的病人，并非他的家人，而是通用电气公司销售员哈森的妻子。

后来，哈森知道这件事情后，感动不已。为了报答斯通对家人的关怀，他坚持每天工作 16 个小时，最终在全美销售业绩评比中名列前茅。这都得益于斯通的适度距离管理。

## 会兜圈子，才不会碰钉子

**心理策略：**在人际交往中，心直口快固然招人喜欢，但有时候，过于直白的表述却令人难堪。因此，必要的时候，要学会兜圈子，只有这样才能更好地与人相处，避免结怨。

在人际交往中，心直口快固然招人喜欢，但有时候，过于直白的表述却令人感到难堪，轻则影响到双方的关系，重则会激怒对方，从此与他人结下怨仇。

举个简单的例子，当别人有求于我们，而我们又不便答应时，直接的拒绝可能会令对方颜面扫地。这个时候，如果我们绕过问题，以旁敲侧击的方式来暗示对方，效果会更好。

当小罗斯福第四次连任总统时，有记者曾去采访他，请他谈谈对第四次连任的感想。罗斯福没有正面回答，而是请记者吃三明治。能获如此殊荣，记者又岂肯错过？拿起三明治，很快就吃完了。罗斯福笑了笑，递给他第二块。记者感激涕零，也吃了。不料，罗斯福又递给他第三块，记者简直是受宠若惊，虽然肚子很饱，还是勉强吃了下去。谁知道，罗斯福见他吃完了，又问："再吃一块吧？"记者实在吃不下去了，只好婉言谢绝。这个时候，罗斯福微笑着说："我想你现在不会再问我第四次连任的感想了吧！因为你已经有了切身体会。"

真是一次精彩的拒绝！面对记者的提问，罗斯福没有直接驳回，而是通过巧妙的类比，让记者在感同身受中，不得不无奈地接受现实。同时，也保全了记者的面子。

与拒绝相比，批评更容易激怒对方，因此，也更需要圆通的处理艺术。当身边的人犯错时，我们不能视而不见，更不能恶语相向，而要学会兜圈子，以委婉的语言来加以劝诫。

清代著名文人郑板桥早年家境贫寒，有一年除夕，由于没钱买肉，只好向屠户赊了个猪头。结果，还没等下锅，就被屠户要走，转手卖了高价。郑板桥对此记恨在心。直到后来，他到山东潍县做了县令，还特意规定杀猪的不准卖猪头，以示对屠户的惩戒。

夫人闻之，感觉不妥，于是在家中吊了只老鼠。半夜，老鼠的挣扎声吵得郑板桥睡不好觉。郑板桥埋怨夫人，夫人说她小时候好不容易有了件新衣服，却被老鼠咬坏了。郑板桥笑道："是兴化的老鼠咬坏你的衣服，又不是山东的，你恨它是何道理？"夫人接过话茬，说道："你不是也恨潍县的屠户吗？"郑板桥恍然大悟，于是废除了屠户卖猪头的禁令。

面对丈夫有失偏颇的行为，郑夫人没有一味地说教，而是通过巧妙的类比，让郑板桥在回味中认识到自己的错误。显然，与直言劝诫相比，这种兜圈子的方式更容易让人接受。

有时候，当我们想打探某个人的消息时，直接询问可能无法获得我们想要的结果。这个时候，我们就要学会兜圈子，通过迂回包抄的战术来隐藏自己的真实意图。

美国南北战争时期，道奇是西部联军的将军。有一次，他到东部去拜访格兰特将军，顺便去白宫拜见林肯总统。道奇和林肯聊了一会儿，正准备起身告辞，林肯却把其他人打发走，将他单独留下。道奇不知道林肯接下来要干什么，心里忐忑不安。

看到这种情况后，林肯从桌上拿起一本书，然后跷起二郎腿，慢悠悠地念起了书中的某段话。那是一篇很有趣的文章，道奇边听边笑，先前的紧张一扫而空。看到道奇落入自己的圈套，林肯突然话锋一转，问起了他最近拜访格兰特将军的感想。两人一直谈到了中午，林肯最终掌握了格兰特将军及其军队的一切情况，当然也包括道奇对军队的看法。

直到很多年以后，道奇才知道，当时在林肯的桌子上，堆满了各地寄来的要求撤换格兰特的信件。林肯很想知道军队的真实情况，但又不便直接询问，所以故意兜了个圈子，消除道奇内心的疑虑，从而在不动声色间，获得了自己想要的信息。